The Professional Western Cooking

고급 서양조리

김세한·정수식·백태운·공석길·박경태
김병일·송수익·함형만·이재현 공저

(주)백산출판사

머리말
preface

최근 우리나라는 경제성장과 국민소득의 향상으로 건강하고 행복한 삶의 질에 대한 관심이 증가하고 있으며 건강에 대한 욕구 또한 음식과 조리에 대한 사회적 관심으로 이어져 외식산업이 21세기의 유망산업으로 각광받고 있습니다. 우리나라도 외식산업이 더욱 발달하면 '오너 셰프(owner chef)'가 직접 운영하는 식당이 주목받을 것입니다. 이미 프랑스와 일본 등지에서는 오랜 역사를 자랑하는 오너 셰프(owner chef) 식당이 큰 명성을 얻고 있습니다. 조리 실무와 조리 이론을 겸비한 전문 조리사가 운영하는 식당이 많을수록 그 나라의 음식문화와 외식산업은 성장할 것입니다.

본서는 1, 2, 3, 4부로 구성되어 있습니다.

제1부는 서양요리를 이해하고 효율적으로 조리하기 위한 이론적인 부분으로 조리사의 자세, 개인 위생, 서양식 조리방법, 조리기술, 허브와 향신료를 다루었으며 누구든지 이해할 수 있도록 알기 쉽게 설명하였습니다.

제2부는 서양요리의 실기부분으로 서양요리의 각 코스별 요리 순으로 나누어 소개하였습니다.

제3부에서는 서양요리의 소스를 다루었습니다. 실기부분에서 사용했던 소스의 종류와 만드는 법을 이해하기 쉽게 설명하였습니다.

제4부는 서양요리를 전공하는 학생이나 전문 조리사에게 꼭 필요하다고 생각하는 전문조리용어를 실었습니다. 저자가 호텔현장에서 경험했던 부분과 노하우를 토대로 오랜 시간 준비하여 만들었지만 미흡하고 부족한 부분이 많으리라 사료됩니다. 향후 부족한 부분은 선, 후배님의 조언과 지도 편달을 통해 수정 · 보완하여 더 좋은 책이 될 수 있도록 노력하겠습니다. 이 책이 조리를 배우는 학생은 물론 조리를 하는 모든 이에게 조금이나마 도움이 될 수 있기를 바랍니다.

끝으로 이 책이 나오기까지 도움을 주신 선, 후배님께 진심으로 감사드립니다. 어려운 여건 속에서도 조리과정에 묵묵히 함께해 준 서수영, 한민호 외 여러분께 깊은 감사의 마음을 전합니다. 또한 출판을 맡아주신 백산출판사 사장님 이하 모든 분들의 노고에도 감사드립니다. 항상 믿고 묵묵히 따라준 아내와 가족들에게도 고마움을 전합니다.

대표저자 씀

고급 서양조리

Contents

Part 1
서양요리 이론

Part 2
스톡 및 소스

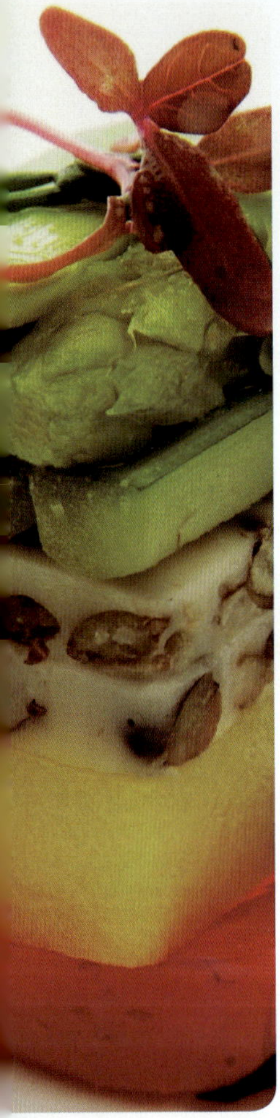

Part 3
서양요리 실기

오르되브르

애피타이저

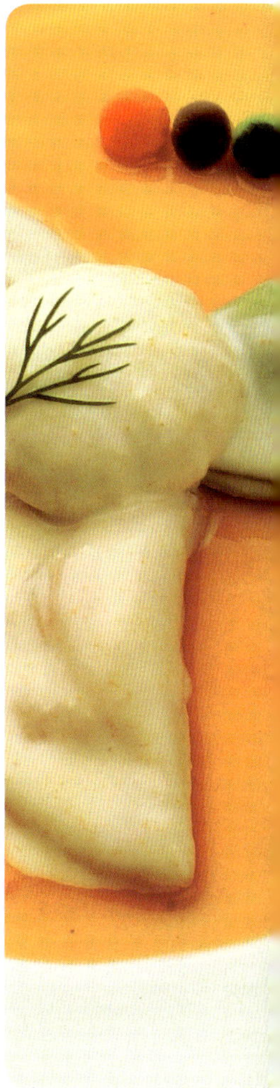

파스타 & 샐러드

수프

주요리

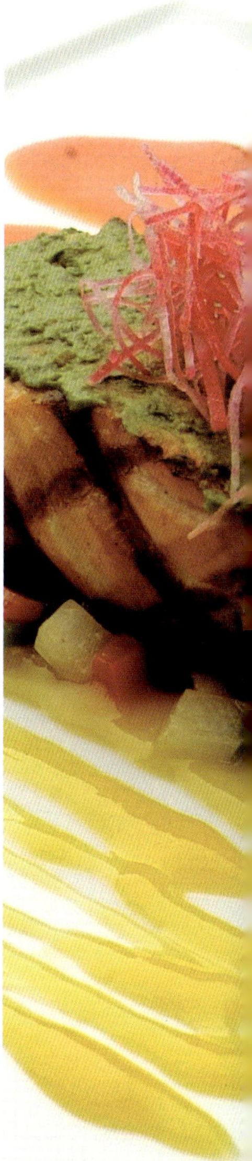

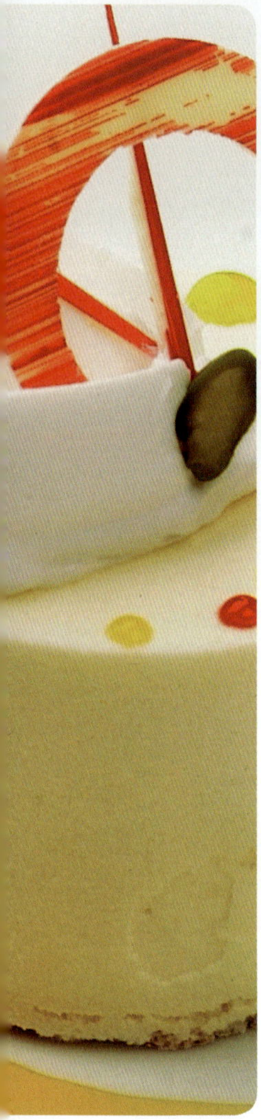

디저트

Part 4
식재료 명칭 및 전문조리용어

Part 1
서양요리 이론

제1장

서양요리 이론

1. 서양요리의 개요(Summary of Western Cooking)

우연한 기회에 불을 접하게 된 인간이 몸을 따뜻하게 하기 위하여 불을 사용한 것으로 전해진다. 불에 익힌 고기가 날것보다 연하고 맛있다는 것을 알게 되면서 고기 맛을 즐기게 되어 불을 조리에 이용하기 시작했다. 육류뿐만 아니라 곡류에 이르기까지 불의 사용으로 인간의 식생활은 다양해졌다. 불을 이용한 최초의 요리법은 구이였다고 볼 수 있으며 뜨거운 불(火)과 숯 위에서 덩어리째 또는 꼬치에 끼워 구웠을 것으로 보이며 기술문명의 발달에 따라 조리방법과 조리형태에도 많은 변화가 나타났다.

서양요리는 목축문화에서 발전해 왔기 때문에 상대적으로 육류에 기반을 둔 조리가 많으며 식재료의 사용범위가 넓고 조리과정에서 가공단계를 거치지 않으면 부패하기 쉬웠다. 향신료와 포도주를 사용하여 음식의 향미를 좋게 하는 조리법과 다양한 소스가 발달하였다.

전 세계적으로 보았을 때 서양요리는 각 나라의 문화적 · 지역적 · 인종적 특징 및 식재료나 식습관에 따라 차이가 있으며 일반적으로 경제발전이 빨랐던 프랑스, 이탈리아, 스페인의 지중해 지역과 독일, 영국 등의 여러 유럽국가와 미국을 중심으로 인접한 각 나라들의 요리가 포함된다. 따라서 서양요리는 미국과 유럽을 포함한 각 나라의 요리를 말한다.

서양요리는 우리나라를 포함한 동양음식과는 달리 식사할 때 와인을 함께 마시며 개인용 그릇, 스푼, 나이프 등이 음식에 따라 다르고 위생적이다. 또한, 식사예법이 우리나라와 다른 점이 많고 식재료에서도 차이가 있으며 그중에서도 육류가 가장 많이 사용되고 우유, 유제품, 버터가 많이 이용된다. 조미료는 식품의 맛을 그대로 유지시킬 수 있도록 소금을 사용하고 여러 가지 향신료와 함께 주류를 사용하여 음식의 향미를 좋게 한다. 따라서 서양요리는 식재료 선택의 폭이 넓고 재료의 분량과 배합이 체계적이고 합리적이며 오븐을 사용하는 요리가 발달하여 간접적인 조리방법으로 식품의 맛과 향미, 색상을 살려 조리하는 것이 특징이다.

2. 서양요리의 역사(History of Western Cooking)

서양요리의 역사는 유럽 국가의 식문화, 지리적 여건, 풍토, 기후 등을 종합해 보았을 때, 그 나라만의 독특한 차이가 있다. 서양요리에 대한 조리법이나 역사를 추정할 만한 기록과 자료가 풍부하지 않으므로 과거 조리방법에 대해서는 확실히 알 수 없지만 유적이나 서적을 통해 약간이나마 추측해 볼 수 있다. 고대의 인간들이 자연에서 얻을 수 있었던 식물의 뿌리, 열매, 줄기, 곡식, 생선, 동물 등과 같은 것들을 날것으로 섭취하다가 우연한 기회에 불을 발견하여 굽는 조리법과 도구를 이용하여 끓이는 방법, 꼬치를 끼워 구워 먹는 방법 등을 사용하게 되면서 조리방법과 조리기구 사용법 등이 발전되어 현대에까지 이르렀음을 알 수 있다.

1) 이집트(Egypt)

고대 이집트 요리의 조리방법이나 흔적은 남아 있지 않으나 상형문자로 새겨진 피라미드와 벽화에 그려진 요리사들의 모습을 발견함으로써, 고대 이전부터 요리가 발달되어 왔다는 것을 알 수 있다. 이집트는 나일강으로 인해 다양한 채소와 과일 및 닭과 생선 등이 풍부하였으며, 풍부한 식량 덕분에 여유가 생겨 문화, 예술이 발전하였다. 벽화나 피라미드의 상형문자에 새겨진 제빵요리사들의 작업과정으로 보아 이 시대에는 제빵 · 제과가 유명했음을 알 수 있다.

2) 페르시아제국(Persian Empire)

화려한 연회나 축제가 열릴 때면, 고대 페르시아인은 페르시아의 유명한 비타민 C가 풍부한 오렌지를 껍질과 함께 설탕에 조려 마멀레이드(Marmalade)로 만들어 사용하였으며, 포도주 등과 함께 황금용기에 담아 정성스럽게 차려냈다. 아시리아(Assyria)의 왕 사르다나팔로스(Sardanapalos)는 세계 최초로 요리대회를 열어 대회에서 우승한 자에게 많은 상금을 주고, 새로운 요리를 개발한 사람에게도 상을 주었으며, 이러한 시대적 여건으로 조리가 점차 발전하였다.

3) 고대 그리스(Ancient Greece)

고대 그리스인들이 즐겨 마시던 '하이드로멜(Hydromel)'은 발효시키지 않은 벌꿀을 물에 타서 마신 것으로 이후 다양한 재료 변화와 포도 등의 재배가 활발해지면서 와인으로 바뀌었다.

그리스는 지중해성 기후여서 여름에는 덥고 건조하며 겨울에는 비가 오고 추운 날씨이다. 이런 기후 덕분에 그리스 일대는 포도와 올리브가 잘 자랐으며, 소규모의 목축업이 농업경영의 중심을 이루었다. 바다로 둘러싸여 있어 풍부한 해산물을 이용한 요리가 많았으며, 해산물들을 오래 보관했다 먹기 위해 소금에 절인 염장법을 흔히 사용하였다. 육류는 주로 돼지고기, 양고기가 있는데 허브를 곁들여 먹는 방법이었고, 야생에 서식하는 야생동물들도 요리해 먹었다.

4) 고대 로마(Ancient Rome)

로마시대는 서양요리의 전성기라 불릴 만큼 요리에 대한 관심이 커져 다양한 재료, 조리방법, 조리사 등이 갖추어져 있었으며, 당시 조리를 최초로 알린 아피시우스(Apicius)가 쓴 〈De Re Coquinaria〉라는 조리책과 그리스에서 발달된 조리방법을 기반으로 하여 그리스 요리보다 더욱 섬세한 그들만의 요리를 개발하였다. 초기 로마제국의 요리는 육류 외에 보리와 콩가루를 이용한 죽 종류가 만들어졌고, 이 시대 요리의 특징은 소스에 다양한 종류의 향신료를 사용한 것인데, 주로 꿀과 과일시럽, 식초, 와인을 사용하여 시고 달콤한 맛을 내는 것이었다. 또한 다양한 종류의 치즈와 와인이 만들어지면서 요리는 화려하고 예술적으로 변화해 갔다.

로마의 국력이 강력해지면서 아시아와 주위 여러 나라 정복에 나섰던 군인들의 귀환으로 새롭고 다양한 요리의 기술과 방법, 식재료가 로마에 들어오게 되면서, 요리의 전성기를 맞이하게 된다. 하지만 향락문화로 치달은 부유한 로마인들은 화려한 연회와 파티를 즐기며 낭비를 일삼다가 결국 향락문화의 만연으로 종말을 맞게 된다. 전성기 때 개발된 조리법들은 서양조리의 발전에 많은 영향을 주었으며, 현대에도 이어지고 있다.

5) 20세기(Twentieth Century) 이후의 요리

20세기 서양요리의 대표적인 변화는 '새로운 요리'를 뜻하는 누벨 퀴진(Nouvelle Cuisine)으로 고대의 예술적이고 기름진 요리에서 탈피하여 식재료 본연의 맛을 살려낸 단순하고 가벼운 새로운 방식의 요리를 만들어낸 것이다. 고대의 요리는 유지나 버터, 치즈 등과 동물성이 많이 포함되어 건강을 해친다는 문제가 있어 새로운 요리법을 창조하기 시작했다. 과일이나 채소와 같은 자연 그대로의 식재료를 사용하여 건강에 좋은 가볍고 담백한 요리를 만들었다. 누벨 퀴진의 기본 특징은 유지나 버터를 사용하여 무거운 소스를 만드는 대신에 수분 증발에 의한 농축을 이용하여 가벼운 소스를 만든다는 점이었다. 특히 누벨 퀴진은 신선한 재료들을 구입할 뿐만 아니라 먹는 식감과 음식을 담아내는 과정 등에 세심한 주의를 기울였다.

21세기는 무엇보다도 건강이 우선시되는 시대이기 때문에 건강을 바탕으로 한 요리가 유행하고 있다. 신선하고 건강한 음식을 먹음으로써 병을 예방 · 치료하는 게 요리의 목적이다. 조리의 궁극적 목적이 건강한 삶을 지속시키고 요리를 먹음으로써 포만감을 느끼며 눈으로 즐길 뿐만 아니라 병을 예방하고 치료하는 방법으로 발전하고 있다.

3. 서양요리의 나라별 특징

1) 프랑스(France) 요리

프랑스는 지중해와 대서양, 북해를 연결해 주는 유럽문화의 중심지로 불린다. 기후가 온화하고, 목축업이 중요한 위치를 차지하며, 농업이 발달한 프랑스는 세계에서 유명한 요리법을 소유하고 있다.

루이 13세(1601~1643) 때에는 요리의 법칙과 조리법을 체계적으로 기술해 놓은 책이 바렌에 의해 간행되었으며 이를 기본으로 하여 프랑스 요리가 한층 더 발전하는 계기가 되었다.

루이 14세(1643~1715) 때에는 프랑스 문화가 유럽 전체에 막대한 영향을 주면서, 왕족과 귀족들이 식사나 연회를 할 때 프랑스 요리장에게 맡길 정도로 프랑스 요리의 황금기라 할 수 있다. 루이 14세는 왕족과 귀족들만을 위한 연회를 화려하게 열었으며, 요리의 장식을 중요시

조화로운 맛의 배합에 천부적인 소질이 있었으며 성실하고 꾸준하게 노력하여 프랑스 요리에 깊이를 더하고 요리를 예술적인 작업으로 승화시켰다. 요리를 통한 시각적인 분위기와 장식을 연출하고 조리이론에 관한 수많은 저서를 남겼다. 저서로는 〈왕실과 제과인(Le Patussuer Riyal Parisien)〉, 〈파리의 호텔 요리장(Le Ma Tre d'Hotel Francaise)〉 등이 있다.

② 조르주 오귀스트 에스코피에(George Auguste Escoffier)

조르주 오귀스트 에스코피에(1846~1935)는 프랑스, 런던에서 활동하던 프랑스 전통요리의 대표 요리사로 존경받는 유명한 프랑스의 요리장이다.

그는 프랑스 '요리의 제왕'이라 불릴 만큼, 고전 프랑스 요리를 현대에 맞게 분류하고 체계를 정리 · 종합하여 주방에서의 분업과 요리사들의 업무를 분류하여 정리하였다. 또한 아름답고 예술적인 작품일지라도 먹지 못하는 요리는 제외시켰다. 그는 런던의 사보이 호텔(Savoy Hotel, London), 칼튼 호텔(Carlton Hotel)에서 생애의 반 이상을 요리장으로 일하면서 세계적인 명성을 떨쳤다. 에스코피에가 쓴 〈요리의 길잡이(Le Guide Culinaire)〉는 요리안내서이며 현대의 요리사들에게도 귀하게 여겨지고 있다.

프랑스는 지형과 기후의 차이에 의해 지역별로 다양한 형태의 요리법이 발달하였으며, 로마 요리의 영향을 많이 받았다. 따라서 로마의 문화와 기술을 바탕으로 요리의 기틀을 다졌다. 고대 프랑스도 고대 로마의 식습관과 조리방법의 영향을 받아 와인 만드는 방법이나 로마에서 유행하던 요리들을 프랑스 상류계급사회에서 흔히 볼 수 있었다. 프랑스 요리의 역사는 빵의 역사라 불릴 만큼 그들의 식탁이나 식사에서 빵이 빠지지 않았다. 그들은 지역 곳곳에 밀과 보리, 수수농사를 지어서 빵을 만들어 먹었다.

프랑스는 전통이 깊고 다양한 지역요리가 있어 자세하게 분류하기는 어렵지만, 전체적으로 특성 있는 음식은 다섯 지역으로 분류할 수 있다. 북부지역의 음식은 플라망드 지역에서 많이 생산되는 식재료를 주로 사용하며, 거위 기름과 브랜디를 주로 사용하는 남서부지역 음식, 버터와 크림을 주로 사용하는 노르망디의 영향을 받은 북서지역 음식, 이탈리아 음식의 영향을 많이 받은 남동부지역 음식, 독일의 영향을 받아 라드 기름을 사용하는 동부지역의 음식으로 분류할 수 있다.

일상에서 프랑스인들이 가장 즐기는 요리는 레드와인을 듬뿍 첨가해서 만드는 뵈프 부르기뇽(Boeuf Bourguignon)과 코코뱅(Coq Au Vin)이다.

프랑스에서 버터를 많이 사용하는 지역은 낙농을 중심으로 하는 노르망디와 사브아 및 그 주변에 위치한 지역들이다. 유통업의 발전으로 대부분의 지역에서 품질 좋은 버터를 사용하였지만, 최근에는 건강상의 문제로 동물성 버터의 사용이 줄고 대신에 올리브오일과 버터, 그리고 라드(Lard)를 섞어서 사용하고 있다. 그러나 프랑스의 음식은 그 지역 특유의 기름을 사용하여 본래의 맛을 유지하기 때문에 현재도 전통을 중시하는 프랑스의 지역요리는 버터를 많이 사용하고 있다.

2) 이탈리아(Italy) 요리

이탈리아는 공업이 크게 발달한 밀라노를 중심으로 한 북부요리와 해산물이 풍부한 남부요리로 구별된다.

이탈리아는 우리나라와 같이 삼면이 바다로 둘러싸인 반도국으로, 요리도 우리나라와 비슷한 점이 많다. 산이 많아 목축지로 이용되며 보리, 밀, 옥수수 등의 곡물이 주로 생산된다. 남부지방에서 주로 생산되는 밀은 좋은 파스타의 원료로 사용되고 있다.

이탈리아의 북쪽은 알프스산맥을 경계로 위치해 있고, 프랑스, 스위스, 오스트리아와 인접하며, 동쪽은 아드리아해, 서쪽은 티레니아해에 면한다. 추운 산악지역을 제외하고는 온난한 지중해성 기후로 평원을 중심으로 기온의 교차가 큰 편이다. 이탈리아의 북부지방은 다른 나라와 무역을 하면서 산업화되어 경제적으로 풍족하고 농업이 발달해서 쌀, 과일, 채소 등이 풍부하고, 유제품이 다양하다. 이탈리아 북부의 대표적인 요리는 옥수수를 이용한 폴렌타(Polenta), 리조토(Risotto) 등이며, 밀라노(Milano)풍 리조토와 피에몬테(Piemonte)풍 리조토가 있다. 남부지방은 올리브와 토마토, 모차렐라 치즈가 유명하고 지중해에서 나는 해산물을 이용한 요리가 많다. 이탈리아 요리는 음식의 종류와 사용되는 재료가 과일, 채소, 소스, 육류 등으로 다양하다.

각 지역마다 소스나 향신료를 이용한 대표 요리가 있으며, 대중적인 음식으로 피자와 파스타가 유명하고, 이탈리아에서는 수프 대신 면류를 내는 것이 특징이다.

3) 네덜란드(Netherlands) 요리

네덜란드는 동쪽으로는 독일, 남쪽으로는 벨기에와 접하며, 서쪽과 북쪽은 북해와 접해 있다. 네덜란드는 위도가 높은 곳에 있지만, 북부지역은 북해의 난류와 편서풍의 영향을 받는 해양성 기후로 여름과 겨울의 날씨가 온화한 편이라 농업이 활발하고, 대부분의 지역이 농목지로서 낙농과 원예업이 발달하였다. 네덜란드는 농업이 뒤늦게 발달하여 음식문화가 많이 발달하지는 않았지만 이곳에서 생산되는 치즈는 세계적으로 유명하고, 우유에 있는 유산균을 그대로 사용해 치즈를 숙성시키므로 고유의 맛과 향이 있다. 이 중 네덜란드를 대표하는 젖산균 숙성치즈인 하우다(Gouda)와 빨간 사과와 비슷한 에담(Edam)이 있다.

네덜란드의 주요리에는 감자가 많이 사용되며 감자를 삶아 소스와 함께 먹거나 다른 식재료를 넣어 만들어 먹는다. 네덜란드의 음식은 검소한 편이고, 다양한 조리법을 이용한 감자요리와 수프나 스튜, 생선요리, 스테이크 등이 있다. 바다와 인접한 나라로 해산물도 다양하고 푸짐하지만, 이 중 가장 유명한 것은 북해 근해에서 잡히는 청어를 가공하여 만든 해링(Haring)이라는 식품이다. 청어요리는 청어의 머리 쪽을 잘라 속을 발라낸 후 소금에 절인 음식으로, 절인 청어의 꼬리부분을 잡고 잘라 먹는 것이 일반적이다.

4) 독일(Germany) 요리

독일은 유럽 중앙부에 위치해 있으며 9개국과 국경을 접하고 있다. 북해 및 발트해와 가까이 있어 도나우강 외에 큰 강은 북해나 발트해로 흘러들어온다. 북서부지역은 해양성 기후, 남동부는 대륙성 기후로 봄은 늦게 오고, 여름은 짧고 온화하나 변덕스러운 날씨이고, 겨울은 한랭하다. 독일은 농업이 대부분을 차지하고 있으며 주요 농산물로는 호밀, 감자, 낙농제품, 홉(Hop) 등이 있다. 농업은 목축과 밀접하여 가축을 사육하고 사료작물을 만들며, 어업은 연안어업 외에 북해나 북극해에서는 조업을 하는데 주로 청어, 대구 등이 잡힌다.

독일은 기후와 지리적 위치 때문에 겨울에는 채소를 구하기가 쉽지 않아 콩이나 양배추, 오이 등을 소금에 절여 보관하였고, 햄이나 소시지 등의 고기를 가공하여 보관하는 방법이 발달하였다. 독일의 음식은 햄이나 소시지를 만들 때 화학적인 조미료를 사용하지 않으며 주재료의 맛을 그대로 유지하기 위해서 다른 식재료는 거의 사용하지 않고 본 재료의 맛을 살리면서 요리를 만든다. 또한 독일은 맥주가 유명한데 부족한 식수로 인해 일상적인 음료에 많이 이용된다. 독일의 맥주는 순수성으로 유명하며 지역에 따라 맥주의 종류와 맛이 천차만별이고 식사할 때나 음료를 마실 때 빠지지 않고 이용된다.

5) 러시아(Russia) 요리

러시아는 유라시아대륙 북부와 발트해 연안으로부터 태평양에 이르기까지 세계에서 가장 넓은 영토를 가진 곳이다. 흑해와 카스피해 사이의 남쪽 국경에는 유럽 최고봉의 엘브루스산을 포함한 카프카스산맥이 있고, 유럽과 아시아의 경계에는 우랄산맥이 있다. 러시아의 광대한 영토의 대부분은 한랭한 지역이 많고, 해양의 영향을 받는다. 러시아는 넓은 영토를 가진 만큼 지역마다 다양한 요리가 발달했다. 러시아 요리는 과거의 화려한 요리와는 달리 소박하고 영양가가 풍부하다. 추운 북쪽에서는 식재료를 구하기 힘들기 때문에 남쪽에서 생산되는 과일, 채소 등을 사용하고, 양배추, 감자, 사탕무, 오이와 같은 채소를 절여 오래 보관할 수 있는 음식이 있다. 대체적으로 신맛이 강하거나 약간 짜게 먹는 것이 특징이다. 러시아에서는 유제품이 풍부하여 스메타나와 버터 등을 사용한 요리가 많으며, 유명한 요리 보르스치(Borscht)는 감자, 당근, 양파, 양배추 등의 채소를 넣고 비트로 붉게 색깔을 낸 수프이다. 피로시키(Piroschki)는 빵이나 파이반죽으로 만든 껍질에 고기나 채소를 채운 빵이다. 음료로는 보드카, 크바스, 코냑, 포도주가 유명하고, 그 밖에 홍차에 잼을 넣은 차를 포함해 다양한 종류의 차가 있다.

6) 스위스(Switzerland) 요리

스위스는 동쪽으로 리히텐슈타인, 오스트리아, 서쪽으로 프랑스, 남쪽으로 이탈리아, 북쪽으로 독일에 접해 있으며 위도와 해발고도가 높지만 기후는 온화한 편이다.

스위스는 유럽대륙의 중앙에 위치해 있으며, 외국 문화가 끊임없이 유입되어 3대 문화권의 언어가 사용되었고, 스위스에 인접한 나라 독일, 프랑스, 이탈리아 문화의 영향을 받아 지역별로 다양한 요리들이 발달되었다. 스위스는 식생활문화가 소박하며 쉽게 구할 수 있는 재료만을 이용해 서민적인 소탈함과 따뜻함을 풍기는 것이 특징이다. 낙농업이 가장 많이 발달하였으며 다양한 종류의 치즈가 생산되어 각각 특유의 맛과 향미가 있으며 식사 후에 디저트로 치즈를 먹는 편이다. 치즈를 사용한 대표적인 요리에는 퐁뒤(Fondue)가 있다. 퐁뒤는 포도주 등의 와인과 치즈를 따듯하게 데워 녹이면서 빵을 찍어 함께 먹는 요리이다.

7) 영국(United Kingdom) 요리

영국은 그레이트브리튼제도와 아일랜드섬 북동부에 있는 북아일랜드로 이루어진 섬나라이다. 서쪽으로는 대서양, 동쪽으로는 북해가 있으며 남쪽의 도버해협을 사이에 두고 프랑스와

인접해 있다. 기후는 서해안의 해양성 기후로 따뜻한 편이고, 습기가 많아 안개가 자주 끼는 편이고 비가 자주 내린다. 이러한 날씨로 인해 영국은 과일의 생산량이 부족하고 서늘한 기후 때문에 감자가 많이 생산되어 감자튀김, 으깬 감자 등 감자로 만든 다양한 요리가 발달하였다.

영국인들은 보통 하루에 4번의 식사를 하는데, 아침, 점심, 티타임, 저녁을 먹는다. 아침식사와 오후에 차를 마시는 것은 영국의 전형적인 식사법으로 유럽인들이 아침식사를 간단히 먹는 것에 비해 영국인들은 일을 하기 위해서 아침을 든든히 먹어야 한다는 이유로 아침식사가 푸짐한 것이 특징이다. 아침식사는 시리얼, 베이컨, 달걀, 소시지, 토마토, 과일주스 등으로 푸짐하며 실속 있게 먹는다.

영국의 전통요리는 가정에서 먹는 로스트비프(Roast Beef)로서 쇠고기를 덩어리로 크게 잘라 소금으로 양념하여 석쇠나 팬에 구운 것을 말한다. 때로는 구운 감자와 양고기를 구워 채소를 곁들여 먹는다. 요크셔푸딩(Yorkshire Pudding)은 짭짤한 맛을 가진 푸딩으로 로스트비프와 함께 먹거나 잼 또는 달콤한 시럽 등을 곁들여 디저트로 먹기도 한다.

8) 스페인(Spain) 요리

스페인은 프랑스의 남서쪽에 있는 피레네산맥을 경계로 하여 유럽에 연결되어 있는 이베리아반도에 위치하며 프랑스, 포르투갈, 모로코와 접하고 있다.

스페인 음식은 더운 지방의 음식답게 맛과 향이 강하여 매콤달콤하고 향신료를 많이 쓰는 특징이 있다. 특히 마늘을 매우 좋아해서 각종 요리에 즐겨 쓰며, 그 외에 고수(Cilantro)라 불리는 허브와 육두구, 정향, 후추, 고추, 생강 등 다양한 향신료를 많이 사용하며 전 세계적으로 올리브를 가장 많이 생산하는 만큼 올리브유를 다양하게 쓰는데 샐러드드레싱은 물론 수프, 채소나 해물의 절임용으로도 이용된다. 스페인 남부와 북쪽의 리오하(Rioja) 지방은 지중해성 기후로서 연중 따뜻하고 강수량이 적당하여 포도재배에 최상의 조건을 갖추고 있어 유럽에서 대표적인 포도주 산지로 손꼽힌다. 안달루시아 지방을 중심으로 생산되는 셰리 와인(Sherry wine)은 포도주를 증류하여 얻은 브랜디를 일부 첨가하여 도수를 높인(18~20도) 포도주로서 스페인을 대표하는 술이며, 단맛이 적고 알코올도수가 낮은 것은 식전용으로, 단맛이 많은 것은 후식용으로 이용한다.

9) 미국(American) 요리

미국은 1776년 독립선언을 하고 13개 식민지를 주로 하는 미합중국을 탄생시켰다. 현재는 본토의 48주에 알래스카와 하와이를 합친 50개 주, 컬럼비아 특별구(수도 워싱턴)로 이루어진 연방공화국이다.

미국 음식은 인디언 원주민의 식생활문화와 식민세력이었던 스페인, 프랑스의 식문화, 영국과 이민자들인 독일, 유대인 등 다양한 국가의 음식문화가 혼합되어 있다. 또한 식품가공 및 식품저장기술이 세계에서 가장 우수하며 유통시스템의 발달로 전 지역에서 다양한 종류의 식재료를 얻을 수 있다. 이 밖에 핵가족화와 맞벌이 부부의 증가로 조리시간을 최소화한 반조리식품이나 완전조리된 편의식품을 많이 사용한다. 미국의 음식은 고칼로리, 고지방, 고단백질이며 아이스크림과 콜라 등 단것을 즐기고 어디서든 간단하게 먹을 수 있는 핫도그, 햄버거, 샌드위치 등 패스트푸드를 선호하여 비만한 사람들이 많다. 하지만 요즘은 다이어트에 관심이 많아져 'No(Low) Fat, No(Low) Salt, No(Low) Sugar'라는 문구를 자주 볼 수 있는 것처럼 건강에 신경을 많이 쓴다.

4. 서양요리의 식사예절

호텔이나 레스토랑에서 식사하기 위해서는 복장과 용모가 단정해야 하며 식사예절이 필요하다. 또한 격식 있는 레스토랑을 이용할 때에는 예약이 꼭 필요하며 테이블에서의 식사예절이 요구된다.

서양요리의 식사예절은 영업장이나 레스토랑에서 식사를 즐겁고 맛있게 먹기 위해서 지켜야 할 준수사항이며 여러 사람들의 안전을 위해 지켜야 할 약속이라 할 수 있다.

1) 올바른 식사예절

① 호텔이나 고급 음식점을 이용할 때에는 정장차림을 한다.

② 음식점을 이용할 때에는 사전 예약과 시간을 준수한다.

③ 음식점을 이용할 때에는 안내원의 안내를 따라야 한다.

④ 식당에서 좌석을 정하고 앉을 때는 고객 중 누가 제일 중요한 분인가를 생각해야 한다.

⑤ 웨이터가 제일 먼저 의자를 빼주는 분이 상석이다.

⑥ 여성 고객이 의자에 앉을 때는 남성이 도와준다.

⑦ 옆 좌석과의 거리는 주먹 2개 정도의 거리를 두고 앉는다.

⑧ 식당에서는 메뉴를 천천히 보는 것도 매너이다.

⑨ 핸드백과 본인의 소지품은 테이블 위로 올리지 않도록 한다.

⑩ 냅킨은 손님이 테이블에 다 앉으면 무릎 위에 가지런히 펼쳐 놓는다.

⑪ 식사 도중에는 자리 이동을 지나치게 하지 않도록 한다.

2) 테이블에서의 기본예절

테이블 예절이란 식사 중에 기본적으로 지켜야 할 예절을 의미하며 상대방을 위한 배려와 존중이 중요한 부분이라고 할 수 있다. 누구나 즐거운 식사를 하고 또한 함께한 사람도 즐길 수 있게 하기 위해서는 테이블 예절을 꼭 지켜야 한다.

① 식당에서 식사할 때에는 얼굴 또는 머리를 만지거나 다리를 포개지 않는다.

② 식탁에 놓여 있는 나이프와 포크는 바깥쪽에서 안쪽으로 놓인 순서대로 사용한다.

③ 포크를 사용할 때에는 왼손에서 오른손으로 옮겨 잡아도 무방하다.

④ 테이블에 기본적으로 세팅되어 있는 것은 위치를 옮기지 않도록 한다.

⑤ 식당에서 바닥에 떨어진 나이프와 포크는 줍지 않는다.

⑥ 식사 시 손에 쥔 나이프와 포크를 위로 세워서는 안 된다.

⑦ 식사를 다한 뒤에는 나이프와 포크를 나란히 접시 오른쪽 아래로 비스듬히 놓는다.

⑧ 테이블에 놓인 냅킨을 수건으로 사용해서는 안 된다.

⑨ 식사 시 부득이한 경우를 제외하고는 입에 넣었던 음식은 그대로 삼키는 것이 예절이다.

3) 애피타이저, 수프, 빵 식사 시 예절

① 요리는 나오는 순서대로 바로 먹는 것이 좋다.

② 카나페나 오드블은 기물을 이용하기도 하지만 손으로 집어서 먹는 것이 보기가 좋다.

③ 소금과 후추는 음식의 맛을 보고 가미한다.

④ 수프는 접시의 안쪽에서 바깥쪽으로 향해 미는 것같이 하여 떠서 먹는다.

⑤ 수프를 먹을 때는 소리를 내며 먹지 않는다.

⑥ 손잡이가 달린 수프는 손잡이를 들어서 마셔도 된다.

⑦ 빵은 수프를 다 먹은 뒤에 먹는다.

⑧ 빵은 나이프나 포크를 사용하지 않고 손으로 뜯어 먹는다.

⑨ 버터는 빵 접시에 먼저 옮긴 후, 빵에 발라 먹는다.

4) 와인 예절

① 와인을 선택할 때에는 와인의 생산지, 포도의 수확연도, 양조장의 이름, 요리와의 조화성 등을 고려해야 한다.

② 와인을 따를 때나 이동할 경우 병 안에 침전물이 일어나지 않도록 조심히 따른다.

③ 와인을 테이스팅할 때에는 초청한 사람 또는 남성이 한다.

④ 적색 와인은 공기와 결합시켜 마시면 좋다.

⑤ 와인을 따를 때는 냅킨으로 와인 병의 입을 닦아야 한다.

⑥ 샴페인은 어떤 요리와도 어울리기 때문에 식사 중 언제 마셔도 괜찮지만 한두 잔 정도가 좋다.

5) 메인요리 식사 시 예절

육류요리는 생선요리에 비해 단단하므로 포크와 나이프를 잡고 위에서 아래로 천천히 누르듯이 썰면 쉽게 자를 수 있다. 스테이크를 자를 때는 왼쪽 아랫부분에 포크를 찔러 스테이크를 고정시킨 후 나이프로 한입 크기로 자른다.

① 쇠고기 스테이크의 최상급은 샤토브리앙이다.

② 스테이크 본연의 맛은 고기에서 배어나오는 즙에 있다.

③ 생선요리는 제공되는 서비스의 상태로 먹는다.

④ 갑각류가 나올 때는 갑각류 포크나 나이프를 이용해서 먹는다.

⑤ 소스가 제공될 때에는 요리에 손을 대지 않는다.

⑥ 쇠고기는 오래 굽지 않는 것이 좋다.

⑦ 스테이크는 반드시 세로로 잘라서 제공한다.

⑧ 송아지나 돼지고기는 보통 굽기 온도가 없고 완전히 익힌다.

⑨ 로스트 치킨은 손으로 집어 먹어도 무방하다.

⑩ 스파게티는 스푼과 포크를 사용하여 시계방향으로 말아서 먹는다.

6) 디저트 및 커피

식사가 끝나면 테이블 정리와 함께 디저트가 제공되는데 디저트를 먹기 위해서는 보통 포크와 나이프가 제공되지만 나이프 대신에 스푼이 제공되기도 한다. 디저트에 사용되는 스푼과 나이프는 동일한 기능을 하지만 오른손은 스푼을 사용하고 왼손은 포크를 사용한다.

① 디저트는 스푼과 포크를 이용하여 먹는다.

② 디저트를 먹고 수분이 많은 과일로 입안을 깨끗이 한다.

③ 남성은 여성보다 식사를 먼저 끝내지 않는다.

④ 식후에는 마른 과자를 먹지 않는다.

⑤ 커피는 식사를 끝내고 마지막에 여유를 가지고 천천히 먹는다.

5. 조리사의 기본자세

1) 조리사의 기본자세(Basic Position of Cooks)

조리는 과학이며 예술이라는 의식을 갖고 있어야 하고 조리에 예술적 감각을 가미할 수 있는 자질을 향상시킬 수 있도록 노력해야 한다. 그리고 조리인들은 정성을 다하여 최상의 요리를 제공할 수 있도록 최선을 다해야 한다.

사회구조가 변하고 음식에 대한 시대적인 가치가 변함으로 인해 외식이라는 개념이 생겼고 다수의 사람이나 특정 집단을 대상으로 하는 요리의 비중 또한 점점 커지고 있다. 조리사는 단순히 음식을 만드는 기술뿐만 아니라 식품, 영양, 공중보건에 관한 다양한 지식과 함께 조리에 관한 체계적 · 과학적 이론이 필수적인 자격요건으로 요구되고 있다.

조리사란 여러 식재료를 이용하여 고유의 맛을 유지하는가 하면 새로운 방법으로 독특한 맛을 창조하는 사람을 말한다. 조리사는 음식을 잘 만드는 것은 물론이고 새로운 메뉴를 개발하거나 음식을 아름답게 장식하는 등의 창의성이 필요하다.

음식의 맛이라는 것은 결국 각 재료가 갖고 있는 성분들이 결합하여 화학반응을 일으킨 결과물이므로 양념과 재료가 결합하였을 때 가장 이상적인 맛을 내야 한다. 어떤 조리원리로 예쁜 색을 낼 수 있는지에 대한 과학적 근거가 있어야 한다. 조리사는 그 원리를 알아내기 위해 열심히 탐구하고 노력해야 하며 새로운 요리를 개발하기 위해 연구하고 노력하는 자세가 필요하다.

2) 조리사의 용모(Cooks Appearance)

(1) 위생복장

① 매일 세탁한 것을 입어야 한다.

② 단추가 떨어졌거나 바느질이 터진 곳은 반드시 수선해서 착용해야 한다.

③ 바지의 허리띠를 단정히 해야 하며 앞치마의 끈은 바르게 잘 묶어야 한다.

④ 앞치마는 항상 깨끗하게 착용해야 하며 수시로 점검하도록 한다.

⑤ 명찰은 옷깃에 가리지 않도록 유의하며 왼쪽 정위치에 반듯하게 패용한다.

⑥ 주머니에는 담배 등과 같은 기타 불필요한 것들을 넣지 않도록 한다.

(2) 두발과 모자

① 머리 : 비듬이 없어야 하며 단정히 빗어준다.

② 뒷머리는 유니폼의 깃을 넘어서는 안 된다.

③ 옆머리는 귀가 덮이지 않도록 단정히 잘라준다.

④ 매일 면도해서 깔끔한 상태를 유지한다.

⑤ 식사 후 반드시 양치질을 한다.

⑥ 근무 중에 손으로 코를 후비거나 머리, 얼굴, 입 등을 자주 만져서는 안 된다.

⑦ 모자는 머리 크기에 맞게 조절하여 깊게 써야 한다.

⑧ 여성의 스카프는 머리 전체가 보이지 않도록 유의한다.

(3) 스카프와 앞치마

① 스카프 매는 방법

가. 삼각으로 된 스카프를 반으로 접고, 또 거기서 반을 접는다. 이것을 폭이 5cm 정도 되게 3등분하여 접는다.

나. 양쪽 손으로 잡고 목을 감은 후, 긴 쪽으로 다른 한쪽을 감아서 위로 넣어 감은 스카프 사이로 집어넣어 준다.

다. 한쪽을 당겨 길이를 조절해 주고 양쪽에 나온 부분들은 안쪽으로 돌려 위에서 밀어 넣어 준다.

② 앞치마 매는 방법

가. 앞치마를 허리에 두른 후 양쪽 끈을 잡고 묶는다.

나. 한쪽 부분을 끝에서 8~10cm 정도로 접어 올린다.

다. 매듭의 중앙부분으로 맞추고 나머지 한쪽 끈으로 감아 리본모양을 만들어준다. 이때 너무 길지 않도록 유의한다.

(4) 조리사의 손

① 손은 항상 깨끗이 하며 시계, 반지 등의 장신구는 착용하지 않는다.

② 손톱은 반드시 짧게 깎아야 하며 불순물이 끼지 않도록 유의한다.

③ 손가락에 상처가 있을 경우 밴드를 반드시 착용해야 하며 상처가 심할 경우 작업을 중단해야 한다.

가. 손을 씻어야 할 때

- 조리를 시작하기 전
- 화장실에서 용변을 본 후
- 휴식, 식사 등 개인 용무를 마친 후
- 핸드폰 및 전화 사용 후
- 생육류, 난류, 채소류, 불결식품 등을 만진 후
- 불결한 기구, 용기류 등을 취급한 후
- 손 씻은 뒤 2시간 이상 경과 후

나. 손 씻는 올바른 방법과 순서

- 흐르는 물에 손을 적신 후, 비누칠을 충분히 한다.
- 손, 손목, 특히 손가락 사이와 끝을 잘 문질러준다. 이때 필요하다면 브러시나 솔을 사용해 손톱 사이의 이물질을 깨끗하게 씻어낸다.
- 흐르는 물로 비누를 잘 씻어주고 5%의 소독액을 손에 묻힌 후 30초 정도 문지른 다음 흐르는 물에 다시 손을 깨끗이 씻어낸다.

- 1회용 냅킨이나 새 수건으로 닦아내거나 온풍으로 잘 말린다.

(5) 안전화

주방의 바닥은 항상 물에 젖어 있거나 작업 후 테이블에서 떨어진 각종 부산물과 조리에 사용한 기름 등이 떨어져 있다. 또한 주방의 작업테이블에는 식도와 각종 주방장비가 널려 있기 때문에 주방은 미끄러짐으로 인한 낙상, 찰과상, 주방기구로 인한 부상을 당할 위험이 많은 곳이다.

조리 안전화는 보통 질긴 가죽으로 외피를 구성하고 있고 발가락과 발등 위에는 쇠로 만들어진 안전장치가 들어 있다. 또한 미끄러짐을 방지하도록 바닥은 특수하게 처리한 것이 특징이다. 따라서 안전화는 물체의 낙하와 충격 및 날카로운 물체로부터 발을 보호하고, 감전사고를 방지하는 역할을 한다. 또한 흰색보다는 검은색 계열의 안전화를 착용한다.

조리화는 양말을 반드시 신고 착용하며 신발의 뒷부분을 구겨 신지 않도록 유의하고 더러워진 부분은 깨끗이 세척하여 청결을 유지한다.

6. 서양식 조리방법(Western Style Cooking Method)

조리란 요리를 만드는 데 있어서 식품을 먹기 쉽게 하기 위해 가공하는 것을 말한다. 그러기 위해서는 음식을 어떻게 조리하는지에 대한 지식과 음식의 맛을 알기 위한 훈련된 미각과 후각 그리고 음식의 형태뿐만 아니라 색과 향을 조화롭게 만들 수 있어야 한다.

조리방법은 식품의 종류와 음식에 따라 여러 형태로 변형된다. 좋은 조리방법이란 재료 자체의 자연스러운 맛을 충분히 살릴 수 있고 모양 또한 좋아야 한다. 조리방법은 크게 두 가지로 나뉘는데 생으로 먹는 생식조리방법과 가열과정을 거쳐 익히는 가열조리방법이 있다. 가열조리방법은 적정온도에서 재료를 넣고 끓여야 하며, 시간에 맞춰 재료가 충분히 익도록 하며 지나치게 익지 않도록 해야 한다. 생식조리방법은 재료를 생으로 조리하여 맛을 그대로 살려 먹게 하는 조리방법이다. 예를 들어, 채소나 과일을 생으로 먹거나 신선한 육류, 어류, 패류 등을 가열하지 않고 회로 먹을 경우 신선도와 위생적인 처리가 필요하다.

다음은 기본조리방법(Basic Cooking Skill)의 분류표이다.

<table>
<tr><th colspan="3">조리방법</th><th>예</th></tr>
<tr><td>생식조리방법</td><td colspan="2">열을 사용하지 않고 생으로 먹는 것을 말함</td><td>샐러드, 생선회, 육회</td></tr>
<tr><td rowspan="7">가열조리방법</td><td colspan="2">습열조리방법(Moisture Cooking Method)</td><td>보일링(Boiling), 시머링(Simmering), 포칭(Poaching), 스티밍(Steaming), 글레이징(Glazing)</td></tr>
<tr><td rowspan="2">건열조리방법(Dry Heat Cooking Method)</td><td>기름을 사용하지 않는 건열조리방법</td><td>로스팅(Roasting), 그릴링(Griling) 브로일링(Broilling), 베이킹(Baking)</td></tr>
<tr><td>기름을 사용한 건열조리방법</td><td>소테(Sauté), 딥 팻 프라잉(Deep Fat Frying), 팬 프라잉(Pan Frying)</td></tr>
<tr><td colspan="2">복합조리방법(Combination Cooking Method)</td><td>브레이징(Braising), 스튜잉(Stewing)</td></tr>
<tr><td colspan="3">전자레인지(Microwave Oven)</td></tr>
<tr><td colspan="3">훈연법(Smoking Method)</td></tr>
<tr><td colspan="3">기타 : 그라탱, 글레이즈, 파필롯, 파큭</td></tr>
</table>

1) 생식조리방법(Reproductive Cooking Method)

식품 그대로의 신선함과 감촉, 맛을 느끼기 위한 조리방법으로 채소나 과일을 생으로 먹거나 신선한 육류, 어류, 패류 등을 가열하지 않고 회로 먹을 경우 신선도와 위생적인 처리가 필요하다. 식품의 영양성분 손실이 적으며 식품 본래의 색이나 향, 풍미를 그대로 살릴 수 있다.

2) 가열조리방법(Heat Cooking Method)

식품 조리 시 적정온도에서 적정시간 익혀야 하며 지나치게 익히면 영양의 손실, 연료의 낭

비뿐만 아니라 식품의 풍미를 떨어뜨린다. 식품에 열을 가하므로 미생물이나 병원균 및 기생충, 독소 등이 제거되어 위생적이고 안전하며 식품의 조직을 부드럽게 하여 소화에 도움을 준다.

(1) 습열조리방법(Moist Heat Cooking Method)

습열조리방법이란 뜨거운 수증기에 재료를 넣고 익게 하는 조리방법으로 대류(Convention)와 전도(Conduction)의 원리를 이용한 것이다. 물속에 담가 직접 조리하기도 하지만, 수증기를 일정한 곳에 담아 그 안에서 압력과 함께 익혀 조리하는 방법이다. 일반적으로 재료의 형태를 유지하기 좋으며, 부드러운 음식을 만들 때 효율적이다.

습열조리방법을 이용하여 만든 음식은 삶거나 끓이는 방법으로 보일링(Boiling), 시머링(Simmering), 스튜(Stew), 블랜칭(Blanching), 포칭(Poaching), 브레이징(Braising) 등이 있다.

① 보일링(Boiling)

재료를 물과 육수에 넣고 익히는 방법으로 대표적으로 많이 사용되는 조리방법이다. 찬물에서 서서히 끓여 적은 양의 식재료를 삶거나 채소 또는 파스타를 삶을 때 서로 달라붙지 않게 고온에서 조리할 때는 내용물이 물의 40%를 넘지 않는 것이 좋다. 보일링은 식재료를 데칠 때 많이 사용되는데, 끓인 물에 재료를 완전히 담갔다가 살짝 익히는 방법으로 빨리 건져내어 찬물에 식혀야 한다.

② 시머링(Simmering)

85~95℃의 끓는 물에 재료를 넣고 서서히 익히는 조리방법이다. 시머링은 보일링(Boiling)과 달리 덜 수축하고 덜 증발하기 때문에 생선과 같은 부드러운 살을 가진 재료를 부서지지 않게 익힐 수 있으며, 소스와 같은 액체를 조리기 위해 사용된다. 시머링은 맑은 육수를 끓일 때 대표적으로 사용되며, 육류요리를 할 때는 거의 사용되지 않지만 끓는 물에 데칠

때 사용된다.

③ 포칭(Poaching)

65~83℃의 낮은 온도에서 재료를 넣고 서서히 익히는 조리방법이다. 포칭은 서서히 익히는 조리과정으로 음식이 건조되는 것을 막으며 물의 온도가 80℃ 이상일 때는 재료의 단백질 및 비타민이 손상될 수 있으니 온도에 각별히 주의해야 한다. 일반적으로 달걀이나 생선을 조리할 때 많이 쓰이며, 음식에 같이 제공되는 소스로 포도주나 샬롯, 허브 종류를 넣고 조리한다.

④ 스티밍(Steaming)

뜨거운 수증기가 가득한 공간에 액체가 직접 닿지 않게 하여 재료를 익히는 것이다. 음식의 신선도를 유지하기 좋은 온도는 100℃ 이상이며, 보통 200~250℃ 정도의 뜨거운 상태에서 조리해서 빠른 시간 안에 요리를 완성할 수 있다. 주로 생선, 채소, 육류 등을 익힐 때 많이 사용되며, 영양분의 파괴를 최소화하고 재료 고유의 맛을 유지시킨다. 여기에는 두 가지 방식이 있는데 기압방식은 찜통에 재료를 넣고 직접 가열하여 뚜껑을 닫아 증기로 익히는 방법이고 고압방식은 고압증기를 이용해서 단시간에 조리하도록 만든 찜통을 사용한다.

⑤ 글레이징(Glazing)

오븐이나 팬에 버터, 설탕, 육수 등을 넣고 서서히 조려 색이 나게 하는 조리방법이다. 채소를 글레이징할 때에는 물, 설탕, 버터를 넣고 채소를 마지막에 넣은 후 약한 불에서 채소가 타지 않도록 불 조절을 한 후 수분이 사라질 때까지 서서히 조려준다. 글레이징에 적합한 채소는 당근처럼 단단한 것이며, 윤기가 날 때까지 조리면 된다.

(2) 건열조리방법(Dry Heat Cooking Method)

건열조리방법은 재료를 직접적으로 가열하거나 간접적으로 불을 사용하는 조리방법이다. 재료에 열을 가하여 색이나 모양을 살리기도 하며, 기름으로 조리하기도 하는데 이때 기름의 양이나 온도는 조리의 사용법에 따라 달리한다.

① 로스팅(Roasting)

오븐에서 뜨겁고 건조하게 음식을 익히는 조리방법이다. 로스팅에는 주로 육류나 가금류를 사용한다. 팬에 높은 열을 가하여 뜨거워질 때 기름을 넣고 재료의 표면에 골고루 색을 낸 후 오븐에 넣어 로스팅하는데, 가열온도에 따라 맛이나 색에 영향을 미치며, 육류의 경우 낮은 온도에서 장시간 구우면 수분이나 지방이 손실된다. 로스팅할 때는 재료에 가열한 열로 표면을 빠르게 구워 맛을 유지해 준다.

② 소테(Sauté)

팬을 뜨겁게 가열하여 기름이나 재료를 넣고 순간적으로 익히는 조리방법이다. 높은 온도에서 소테를 하는 이유는 재료의 색을 알맞게 유지할 수 있고, 균일하게 조리되기 때문이다. 적은 양의 재료라도 팬을 충분히 달구어 익히기 때문에 재료의 영양소가 파괴되거나 육류의 육즙이 없어지는 것을 방지한다. 소테를 하기에 알맞은 재료로는 생선, 연한 살코기, 채소, 과일 등이 있는데 빠르게 조리할 수 있으며, 익힌 후에 풍미를 유지할 수 있다.

③ 그릴링(Griling)

가스 · 전기 · 나무 같은 곳에 석쇠를 올려 식재료를 익히는 조리방법이다. 재료를 높은 열에서 신속하게 조리하는 건열조리방법이다. 그릴링은 고기가 얇으면 높은 온도에서 재빨리 굽고 두꺼우면 불을 약하게 해서 서서히 익혀야 하며, 스테이크를 구울 경우 음식이 달라붙지 않고 격자무늬를 만들기 위해 그릴을 45도로 비스듬히 올려서 굽는다.

④ 딥 팻 프라잉(Deep Fat Frying)

기름을 가열해 180~190℃에서 재료를 튀기는 조리방법이다. 식재료를 뜨거운 기름에 잠기게 하여 고온의 기름에서 단시간에 익혀내므로 영양소나 열량과 함께 기름의 풍미가 더해진다. 식재료를 바로 튀기기보다는 빵가루 또는 튀김반죽을 입혀 재료의 모양이나 색의 변형을 방지하고 기름을 흡수함으로써 노릇노릇하게 해준다. 튀길 때는 항상 온도에 유의해야 하며, 재료의 수분을 제거해 주어야 한다.

(3) 복합조리방법(Combination Cooking Method)

① 브레이징(Braising)

오븐의 뚜껑을 덮고 소량의 액체와 고기를 넣어 낮은 온도에서 구워 고기를 연하게 하는 조리방법이다. 브레이징은 습열과 건열을 동시에 사용한 혼합방법으로 저온에서 서서히 끓여야 하고, 온도 조절이 중요하다. 서서히 끓이면 부드러워지면서 연하게 되지만, 저지방의 육류는 질겨지기 때문에 유의한다. 식재료를 기름 두른 팬이나 오븐에 넣고 갈색으로 색깔을 내어 소량의 액체 속에서 부드러워질 때까지 익힌다. 액체는 주로 스톡 외에도 와인이나 물을 사용한다.

② 스튜잉(Stewing)

육류나 채소 등의 식재료를 기름에 볶아 육수나 소스를 붓고 농도가 걸쭉해질 때까지 끓이는 조리방법이다. 습열방식으로 서서히 조리하면 육류가 연해지고 육즙이 풍부해져 맛이 깊어진다. 스튜를 만들 때 육류와 채소를 먼저 갈색이 되도록 볶은 후, 육수나 물을 넣고 서서히 끓이면 색깔이나 맛이 훨씬 좋아진다.

(4) 전자레인지(Microwave Oven Cooking)

전자레인지의 가열 조리원리는 전도, 대류, 복사와는 달리 열원이 따로 있지 않으며 식품 내부에서 열을 발생시켜 식품을 가열하는 특징이 있다. 한편 해동과 데우기에 사용되며, 식품 조리 시 일반 조리법과의 차이점은 식품 가열시간이 짧고 영양소 파괴가 적다는 것이다.

일반 조리의 경우 용기부터 뜨거워지지만 전자레인지에 가열하면 음식부터 뜨거워진다. 해동과 데우기에 많이 사용한다.

(5) 훈연법(Smoking)

식품을 스모크(Smoke, 연기)에 노출시켜서 향미를 주는 조리방법으로 콜드 스모킹(Cold Smoking)과 핫 스모킹(Hot Smoking)이 있다. 콜드 스모킹은 저온에 식품이 익지 않고, 질감에 약한 탈수현상이 일어날 수 있으며 21~38℃의 낮은 온도에서 스모킹하는 것이다.

핫 스모킹은 스모킹과정 동안 식품이 익으며 소시지, 돼지등심, 햄, 삼겹살, 가금류(오리, 칠면조, 닭고기) 등을 71~104℃에서 스모킹한다.

스모크 안에는 약 200개의 화학적 혼합물이 있으므로 육류에 스모킹을 하면 색깔을 부여하고 향미가 나며 저장성이 좋아진다.

7. 허브(Herb)와 향신료(Spice)

1) 허브와 향신료의 개요(Summary of Herb & Spice)

허브(herb)는 '푸른 풀'이라는 뜻을 가진 라틴어 허바(Herba)에서 비롯되었으며 고대에는 향과 약초만을 일컬었지만 현대에는 약, 요리, 향료, 살균, 살충 등에 사용되는 식물 전부를 의미하게 되었다. 요리에서 허브는 식물의 잎만을 사용할 때 부르는 이름이라고 하는 학자도 있으나 성분을 보면 식품이나 음료 등에 보존용 향신료 또는 건강증진제로 첨가되는 식물과 이들 식품, 음료 외에 향수, 화장품 등의 제품에 세정효과를 위해 사용되는 식물 전부라고 해도 무방하다. 허브는 주로 따뜻한 지방에서 자라며, 줄기, 잎, 봉우리 등 부드러운 부분을 이용하고 사람들의 생활에 도움이 되고 향기가 있는 식물을 총칭한다.

향신료(spice)는 요리의 맛과 색, 향을 내기 위해 사용하는 식물의 종자, 과실, 꽃, 잎, 껍질, 뿌리에서 얻은 식물의 일부분이며 식품의 향미를 돋우거나 아름다운 색을 내어 식욕을 증진시키며 소화기능을 도와준다. 향신료는 ① 누린내, 비린내와 화학적으로 결합하여 불쾌한 냄새를 억제하는 기능, ② 식품 자체의 맛과 향기를 동시에 만들어내는 기능, ③ 매운맛, 쌉쌀한 맛 등을 통하여 소화액 분비를 촉진시켜 식욕을 증진시키는 기능이 있다.

향신료는 각종 병의 치료와 예방에 사용되는 등 그 효용이 높고 음식의 풍미를 촉진시키는 식물성 물질이며 영어로 스파이스(spice)라 한다. 스파이스의 어원은 후기 라틴어로 '약품'이라는 뜻인데 이는 우리말의 양념에 해당된다. 향신료는 통째로 또는 가루로 만들어 사용하지만 허브는 신선한 형태로 사용하거나 말려서 사용한다.

2) 허브와 향신료의 종류(Kind of Herb and Spice)

Allspice(올스파이스)

- **산지** 자메이카, 멕시코, 앙티에섬과 남미
- **특성** Pimento, Pimenta, Jamaica Pepper로 알려짐
- **용도** Sausage, 생선 Pickle, Relish와 Dessert에 사용

▲ Allspice

Anise(아니스)

- **산지** 원산지는 동양이나 멕시코, 모로코, 지중해 국가, 유고, 터키 및 러시아
- **특성** 파슬리과 식물, 높이는 45cm까지 자라고 하얀색의 꽃과 가는 잎사귀를 가지고 있으며 씨는 작고 단단하며 녹갈색으로 풍미를 내는 데 이용
  - Vegetable Anise나 Star Anise와 혼동하기 쉬움
- **용도** 양조산업에서 천연재료로 쓰임
  - Liqueur와 음료에 향을 넣기도 하며 기침약 및 Pastry, Candy, 빵, Cookies, Pickle에 첨가함

▲ Anise

– 이 기름은 휘발성이 강해서 씨 보관 시 밀봉관에 넣어야 함

Bay Leaf(월계수잎)

- 산지 지중해 연안
- 특성 높이는 15m 정도이며, 월계수잎을 건조시켜 향신료로 사용
  – 향이 좋아 육수나 차로 이용
- 용도 주로 육류나 닭요리 등에 사용

▲ Bay Leaf

Basil(바질)

- 산지 이란과 인도가 원산지, 이태리, 남프랑스, 아메리카가 주산지
- 특성 일년생 식물로 높이 45cm까지 자라며 엷은 신맛을 냄
- 용도 주로 Pegume, Soup, Spaghetti 및 각종 Sauce에 사용
- 제조법 주로 어린잎을 적기에 따서 사용

▲ Basil

Borage(보라지)

- 산지 지중해 지역
- 특성 휘어진 잎사귀와 줄기에 푸른 꽃이 핌
- 용도 어린잎은 샐러드에 사용하고 푸른 꽃은 식초의 착색에 이용
  Borage는 채소와 함께 끓여서 양배추에 양념으로 이용

▲ Borage

Caper(케이퍼)

- 산지 지중해 국가에서 생산, 이태리와 마조르카 지방
- 특성 케이퍼 작물의 꽃봉오리로서 열매는 크기에 따라 분류하며 크기가 작을수록 질이 좋음
  – 소금물에 저장했다 물기를 빼서 식초에 담가놓았다가 사용
  – 품질은 Nonpareilles(작은 것), Surfines(중간 것), Capucines (큰 것) 등이 있음
- 용도 Smoke Salmon, Sauce류 청어절임에 사용하고 요리와 함께 사용하지 않음

▲ Caper

Caraway(캐러웨이)

- **산지** 소아시아, 유럽과 시베리아, 북페르시아와 히말라야
- **특성** 이년생 식물로 많은 가지를 가지고 있으며 60cm 이상 자라고 하얀 꽃이 피며 열매는 대략 0.3cm 길이. 피어 있고 익었을 때 회갈색을 띠며 암술은 5개의 얇은 고랑이 있음
- **용도** 보리빵, Sauerkraut, Beef Stew, Soup와 Candy에 이용

▲ Caraway

Coriander(코리앤더)

- **산지** 지중해연안, 모로코, 남부프랑스, 동양
- **특성** 딱딱한 줄기를 가진 식물로 높이는 60cm 정도이며 흰색 꽃이 피고 건조된 열매는 작은 후추콩 크기와 같음. 외부에 주름이 잡혀 있고 적갈색을 띠며, 가시가 있음
- **용도** 가루로 만든 Coriander는 생강빵, Cake, Pastry와 Curry에 이용되며 씨앗은 절임을 함

▲ Coriander

Chervil(처빌)

- **산지** 서부 아시아, 러시아, 코카서스
- **특성** 미나리과의 향초로 매우 강한 방향성을 가진 꼬부라진 잎사귀와 북미산 소나무 같은 꽃을 가지고 있음
- **용도** Fresh = Soup & Salad에 이용
  - Dry = Sauce, 양고기 구이에 사용
  - 가늘고 잘게 썰어 Omelet이나 Scramble 등의 달걀요리에도 사용

▲ Chervil

Chocomint(초코민트)

- **산지** 유럽
- **특성** 높이 30~60cm. 초콜릿향과 박하향이 섞인 향이 남
- **용도** 주로 생잎을 사용해 샐러드나 주요리, 디저트를 장식할 때 사용

▲ Chocomint

Cinnamon(시나몬)

▲ Cinnamon

- 산지 중국, 인도네시아, 인도차이나
- 특성 상록수 잡목과 비슷하며 높이는 9m. 외피가 얇을수록 우수품종이며 두께가 굵어질수록 상품가치가 떨어짐. 이 껍질의 향은 아카시아나무보다 순하며 붉은색을 띰. 우리말로 계피라고 함
- 용도 페이스트리, 빵, Pudding, Cake, Candy에 가루로 사용하고 딱딱한 시나몬은 과자 절임, 피클, 과일수프, Compote 그리고 뜨거운 음료로 쓰이며, Cinnamon 기름은 향료나 약재로 쓰임

Chives(차이브)

▲ Chives

- 산지 유럽, 미국, 러시아, 일본
- 특성 부추과의 식물이며 녹색으로 순한 향을 가진 잎사귀와 불그스름한 꽃송이를 가지고 있음
- 용도 잎사귀는 다져서 쓰며 가니쉬로 이용하고 Salad, 생선, Soup, Cream Cheese와 Omelet에 사용

Clove(클로브)

▲ Clove

- 산지 인도네시아, 잔지바르(Zanzibar), 마다가스카르(Madagascar), 펨바섬(Pemba)
- 특성 나무의 크기는 12m, 선홍색의 꽃봉오리를 대나무로 따서 불 곁이나 햇볕에서 말림
  - 못같이 생겼으며 흑갈색으로 강한 향과 얼얼한 맛이 있음
- 용도 Marinades 절임, 양고기다리, Red Cabbage, 청어절임, 피클, 겨자, 과일 등에 이용. 과일, 케이크, 생강빵, 줄케이크, 후추 케이크, 핫펀치, 쿠키와 빵 등에 이용

Cresson(크레송)

▲ Cresson

- 산지 유럽
- 특성 겨자(물냉이)과의 다년생 초본으로 네덜란드에서는 갓냉이라고 함
  - 잎은 크고 진한 녹색이며 줄기는 가늘고 냄새가 좋음

Curry(커리)

- **산지** 인도
- **특성** Curry는 종교형식과 전통에 따라 Turmeric, Coriander, 호로파(Fenugreek), Caraway, Paprika를 섞는 것임
  - Curry는 달콤하며 혼합이 잘되고 순한 향을 가진 밝은 노란색
- **용도** Curry Rice, Chicken Curry, Curry Sauce, 달걀, 채소, 생선요리에 이용

▲ Curry

Dill(딜)

- **산지** 유럽, 미국과 서인도
- **특성** 독일의 정원식물로 캐러웨이와 비슷함. 씨의 각 사면에는 양피지 같은 표피가 있음. 씨나 가지째로 이용
- **용도** Pickle, Salad, Sauerkraut, Soup, Sauce에 이용. 요리를 만든 후 마무리에 사용

▲ Dill

Fennel(펜넬)

- **산지** 남유럽
- **특성** 미나리과의 채소로 종류가 다양하고 맛이 향기로움. 전체에 향이 있어 모든 부분이 이용되고 씨는 건조시켜 분말로 만들어 Pickle과 Soup 등에 사용
  - 특히 뿌리부분이 공처럼 비대해진 것이 있는데 이것은 날로 먹기도 하고 맛과 냄새는 셀러리와 비슷하며 Anise 냄새가 나기도 함
- **용도** 생선 요리에 잘 어울리며 농어 등의 Grill에 향을 첨가함

▲ Fennel

Garlic(마늘)

- **산지** 중앙아시아와 지중해 국가
- **특성** 양파 모양으로 몇 겹으로 된 껍질에 둘러싸인 구근이 성장한 것. 각각의 구근은 몇 개의 하얗거나 보랏빛의 작은 조각으로 이루

▲ Garlic

어져 있고, 얇은 막으로 싸여 있음. 방향성분으로 건조된 마늘은 마늘가루, 인스턴트 마늘다짐, 마늘장아찌로 시장에 나옴

- **용도** Sauerkraut, 멧돼지구이, Gin 및 Liqueurs의 향을 돋우어주며 음식과 함께 조리해야 함

Ginger(생강)

- **산지** 아시아, 일본, 중국, 자메이카, 아프리카
- **특성** 갈대와 비슷한 잎사귀를 가진 초본식물로부터 생산됨. 풍미는 얼얼하고 향기로우며, 가루로 만든 생강은 좀 더 성숙한 근경으로 만든 것으로 색은 황갈색임

▲ Ginger

- **용도** 분쇄한 생강은 피클, 스튜, 달걀, 겨자과일, 과일, 프루츠 케이크, 아이스크림, 페퍼 케이크, 진저밀크, 버무스의 향료로 쓰임
  - 설탕 절임한 생강은 가니쉬로 페이스트리나 제과에 사용
  - 신선한 초록의 생강은 여러 가지 동양요리와 폴리네시아인의 요리에 사용되고 마멀레이드와 제과에도 사용

Horseradish(호스래디시)

- **산지** 중앙유럽과 아시아. 주산지-전 유럽과 미국
- **특성** 뿌리의 색은 황갈색이며 길이는 약 45cm이고 내부는 흰색으로 풍미가 매우 강하며 맛이 얼얼함. 뿌리는 껍질을 벗겨 갈아서 식초와 우유를 넣고 끓임

▲ Horseradish

- **용도** 강판에 갈아서 Sauce와 생선이나 고기 요리에 쓰임. 쇠고기 요리 및 훈제한 연어에 사용

Italian Parsley(이탈리안 파슬리)

- **산지** 이탈리아
- **특성** 보통 파슬리에 비해 진한 녹색의 빛깔을 띠고 향과 맛이 좋음
- **용도** 수프, 소스, 장식용 등으로 사용

▲ Italian Parsley

Juniper(주니퍼)

- **산지** 이태리, 체코, 루마니아
- **특성** 삼나무과에 속하는 나무로 관목상록수. 검푸른 열매는 완두콩만 하고 열매가 나오기 시작해서 두 번째 계절에 따기 시작함
- **용도** Sauerkraut, 멧돼지구이, Gin 및 Liqueurs의 향을 돋워주며 음식과 함께 넣고 조리해야 함

▲ Juniper

Lavender(라벤더)

- **산지** 지중해 연안
- **특성** 전체에 흰색 털이 있으며, 꽃, 잎, 줄기를 덮고 있는 털들 사이에 향기가 나오는 기름샘이 있음. 향기는 마음을 진정시켜 평온하게 하는 효과가 있음
- **용도** 향료식초, 간질병, 현기증 환자약, 목욕제 등에 사용

▲ Lavender

Lemon Balm(레몬밤)

- **산지** 지중해 동부지방, 서아시아, 중부 유럽 등
- **특성** 잎 향신료로 잎이 무성하게 자라며, 레몬 향과 유사한 향이 남
- **용도** 향이 깊어 차나 샐러드, 육류요리 등에 사용

▲ Lemon Balm

Lovage(러비지)

- **산지** 유럽, Scotch Lovage는 북부 England의 토종식물
- **특성** 높이는 180cm이며 방향성이 있는 노란색 꽃 뭉치를 가지고 있음. 꽃 수술과 뿌리는 약재로 이용
- **용도** Roast, Sauce, Soup에 이용되며 채소로 쓰이기도 하고 어린 꽃 수술은 설탕 절임을 하기도 함

▲ Lovage

Mace(메이스)

- **산지** Indonesia Molucca제도가 원산지인 육두구 나무에서 얻은 것
- **특성** 가종피라 불리는 육두구에 적황색을 입힌 것으로 육두구보다 높

▲ Mace

은 방향성을 가졌으며 바삭바삭하고 얇음

- 용도 피클의 조합체로 이용되고 설탕절임, 소스, 파운드케이크, 빵, 푸딩, 페이스트리 등에 이용

Mint/Peppermint(민트/페퍼민트)

- 산지 Peppermint는 유럽이 원산지. 영국과 미국 전역에서 재배
- 특성 특이한 향과 잎사귀, 꽃 등으로 구별. 작살모양의 잎사귀를 가진 Peppermint는 향이 있고 메탄올을 함유. 가장 인기 있는 종류는 붉은 꽃술을 가진 English Peppermint임

▲ Mint/Peppermint

- 용도 Liqueur, Cordials, Candy, 음료 등에 이용
  - Peppermint는 양고기의 냄새를 제거하기 위해 사용
  - Mint Sauce, Mint Ice Cream에 사용

Marjoram(마조람)

- 산지 지중해 지역
- 특성 연한 장미꽃 색을 지닌 식물로서 꽃이 핀 후 잘라서 말리고 잎사귀는 회색을 띤 녹색이며, 마조람은 잎사귀나 분말을 사용. 달콤하면서 아린 맛이 남

▲ Marjoram

- 용도 Potato Soup, Stuffed Goose, Liver Dumplings 소스나 달팽이 요리, 토끼구이, 햄, 고기 덤플링과 허브 소스에 양념으로 사용하고, 잎사귀는 밀봉된 용기에 저장하지 않으면 퇴색됨

Nutmeg(너트메그)

- 산지 인도네시아 몰루카섬, 서인도제도 반다섬과 파푸아
- 특성 평균 높이가 9~12cm, 열매는 복숭아와 비슷하며 속살이 많고 껍질과 핵 사이에 불그스레한 황색으로 덮여 있음. 육두구는 그 열매의 핵이나 씨를 말함

▲ Nutmeg

- 용도 Eggnogs, Cream Pudding, Dessert, Soup, Chicken Fricasse, 송아지가슴고기, 버섯요리, 시금치에 이용

Onion(어니언)

▲ Onion

- **산지** 네덜란드, 이집트, 미국, 이탈리아, 버뮤다
- **특성** 7.5cm로 자라며 속이 빈 줄기와 백녹색의 꽃뭉치를 가지고 있음. 완전한 크기로 자란 것을 건조시키거나 가공 처리하여 인스턴트 양파 다짐, 인스턴트 양파가루, 양파절임, 양파 플레이크 등으로 만들 수 있음
- **용도** 대파는 샐러드와 가니쉬로 이용되고, 탈수 건조된 양파는 수프, 스튜, 고기요리, 소스, 드레싱 조리에 이용하기 편리함

Oseille(오셀리)

▲ Oseille

- **산지** 프랑스(밭이나 정원에서 재배), 네덜란드, 이집트, 미국, 이탈리아, 버뮤다
- **특성** 미나리과의 들풀종류로 잎과 줄기는 특이한 신맛을 가지고 있음
- **용도** 날것으로 조리하는 경우가 많음

Oregano(오레가노)

▲ Oregano

- **산지** 멕시코, 이태리, 미국
- **특성** 박하과의 한 종류로 향이 강하고 상쾌한 맛을 가지고 있으며 건조시킨 잎사귀는 흐릿한 녹색을 띰
- **용도** Pizza, Pasta 같은 이태리 요리가 멕시코 요리에 이용되며 Chili Powder의 원료로 쓰임

Paprika(파프리카)

▲ Paprika

- **산지** 스페인, 남부프랑스, 이태리, 유고, 헝가리
- **특성** 선홍색의 원추형 열매이며 길이는 5~7.5cm
  - 열매의 씨는 노란색이고 채소피클로 먹을 수 있으며 샐러드에 이용됨. 스페인산은 빨간색으로 달콤하며, 헝가리산은 검붉고 얼얼함
- **용도** 음식의 색을 나타내는 데 사용

Poppy(포피)

- **산지** 극동아시아와 네덜란드
- **특성** 양귀비나무에서 얻은 것으로 열매 속에 들어 있는 씨를 쓰기 위해 재배하고 미성숙한 캡슐은 우유 같은 액즙이 있으며 아편의 연료가 되기도 함
- **용도** 건조시킨 것은 빵, 롤빵, 케이크, 쿠키, 샐러드와 캐비지, 국수 같은 연한 요리와 Pastry 필링에도 사용

▲Poppy

Persil(퍼실)

- **산지** 지중해 연안국, 세계 도처에서 재배
- **특성** 미나리과의 초본으로 밝은 녹색. 잎사귀는 꼬부라지고 쪼개져 있음. 특이한 방향성분은 잎과 꽃술에 있는 휘발성 기름 때문임
- **용도** Fresh : 생선, 고기, 채소, 샐러드, 수프 등에 쓰이며 모든 요리의 가니쉬에 이용됨
  - Dry : 가니쉬와 양념에 이용. 건조시켰거나 소금물에 담가놓았을 경우 고유의 향기를 잃게 됨

▲ Persil

Pepper(페퍼)

- **산지** 동남아시아 주로 말라바르해협, 보르네오, 자바, 수마트라
- **특성** 페퍼콘이라는 열매는 완전히 익었을 때 붉은색으로 변함
  - 검은 통후추, 검은 가루후추, 거칠게 간 검은 후추, 흰 통후추, 흰 가루후추 등으로 사용
  - 블랙페퍼는 덜 익은 후추종을 외피가 주름지고 검은색으로 변할 때까지 햇빛에 말림. 이것은 화이트페퍼보다 매운맛이 훨씬 강함. 가장 좋은 품질은 말라바르해협산으로 깨끗이 해서 체로 친 것
  - 화이트페퍼는 같은 작물에서 블랙페퍼가 완숙되었을 때 딴 것. 이것은 수확 후 발효시키고 외피를 씨와 분리시켜 작은 흰색 씨를 말린 것으로 매운 편임
- **용도** 통후추는 고기와 피클에 풍미를 내는 데 이용하고 가루후추는 음식을 양념하는 데 이용

▲ Pepper

Pansy(팬지)

- 산지 유럽
- 특성 제비꽃이라고도 불리며, 색은 보라색, 적색, 자색 등 다양한 색이 있음
- 용도 식용식물로 샐러드나 주요리를 장식할 때 사용
  - Spearmint는 양고기의 냄새를 제거하기 위해 사용
  - Mint Sauce, Mint Ice Cream에 사용

▲ Pansy

Rosemary(로즈메리)

- 산지 지중해 연안
- 특성 솔잎을 닮았으며 녹색 잎을 가진 키가 큰 잡목으로 보라색이고 잎을 그대로 쓰기도 하고 분말로 하여 사용
- 용도 신선한 것이나 건조시킨 것은 고기, 가금류의 요리와 샐러드의 향을 돋우는 데 이용하며 Stew나 Soup에 사용

▲ Rosemary

Red Pepper(레드 페퍼)

- 산지 열대 아메리카, 아프리카의 서인도제도 및 일본
- 특성 식물의 열매는 선홍색이고 크기와 모양이 다양
  - 햇볕에 말리며 Cayenne Pepper는 건조시킨 열매로 가루를 만듦
  - Red Pepper는 강한 향을 냄
- 용도 Tabasco Sauce와 Curry 가루의 필수재료임

▲ Red Pepper

Sage(세이지)

- 산지 유럽 및 미국
- 특성 정원초로서 높이가 90cm까지 자람. 꽃은 푸른색이고 잎은 흰 녹색이며 건조시킨 Sage는 잎부분만 사용함. 향이 강하고 약간의 씁쓸한 맛이 있음
- 용도 가금류 양념과 Sauce 및 송아지고기 요리에 많이 사용

▲ Sage

Saffron(사프란)

- 산지 아시아가 원산지이며 주산지는 스페인, 프랑스, 이태리의 지중해 연안국
- 특성 식품에 넣었을 때 강한 노란색을 띠며 순하고 씁쓸하며 단맛이 남
- 용도 Sauce, Soup, 쌀 요리, 감자 요리, Pastry에 사용
- 제조법 창포 붓꽃과의 일종으로 꽃의 암술을 적당히 건조해서 사용
  – 100g을 얻기 위하여 6~8만 개의 꽃송이가 필요함

▲ Saffron

Savory(사보리)

- 산지 지중해
- 특성 향기로운 초본으로 향을 가진 잎과 연한 라일락 색의 꽃을 가지고 있음
- 용도 Fresh 혹은 Dry한 것을 콩, Sauerkraut, Sausage Stuffing, Vegetable, Soup 및 양고기 구이에 넣어 씀. 이것을 반드시 음식과 같이 넣어 요리해야 함

▲ Savory

Stevia(스테비아)

- 산지 습한 산간지
- 특성 잎에는 감미물질인 스테비오시드가 무게의 6~7% 정도 들어 있음
- 용도 차, 음료, 감미료 등에 사용

▲ Stevia

Thyme(타임)

- 산지 지중해성 식물로 남유럽제국과 지중해 연안이 주산지
- 특성 사향초의 식물로 백리향목 자소과의 작은 관목. 둥글게 말린 잎은 불그스름한 라일락 색이며 입술모양의 꽃을 가진 작은 식물
- 용도 토끼구이, Stew, Ragouts 등 Sauce와 Soup 등에 양념으로 사용
- 제조법 나무의 키가 10cm 정도 자라면 잎을 잘라서 건조시켜 사용

▲ Thyme

Taragon(타라곤)

▲ Taragon

- **산지** 유럽이 원산지이며 러시아와 몽골에서 재배되는 정원초의 일종
  - 프랑스에서 식용으로 최초 재배
- **특성** 다년생 초본으로 잎이 길고 얇으며 올리브색이고 꽃은 작고 단추 같음
- **용도** Pickle Mariner, Bearnaise Sauce, Chasseur Sauce, Taragon은 식초 제조에 쓰임
- **제조법** 4~7월에 재배한 것을 식초에 담가 보존함

Worm Wood(웜우드)

▲ Worm Wood

- **산지** 유럽
- **특성** 90cm 정도의 높이이며 회녹색의 비단같이 고운 줄기와 잎사귀를 가지고 있고 방향성이 강한 꽃을 피움
- **용도** 거위 로스트와 장어요리에 사용되고 Absinthe Liqueur와 Vermouth 제조에 사용됨
  - 줄기를 떼어내고 음식과 함께 끓이거나 가열시킬 수 있음

Turmeric(터메릭)

▲ Turmeric

- **산지** 동아시아, 인도, 아프리카, 호주
- **특성** 생강과에 속하고 풍미는 순하며 강한 방향성을 가지고 있음. 뿌리는 노란색을 띠어 Curcumin이라 부르기도 함
- **용도** 카레가루와 겨자의 중요한 재료 중 하나임
  - Sweden & England에서는 Sauce를 만드는 데 사용하고 India에서는 노란 염색약으로 제조, 사용됨
  - 이것은 반드시 음식과 같이 넣어 요리해야 함

Vanilla(바닐라)

▲ Vanilla

- **산지** 중미가 원산지이며 마다가스카르가 주요 생산국
- **특성** 바닐라콩을 끓는 물에 담가 서서히 건조 후 가공함
  – 이것들을 밀폐된 상자나 주석관에 포장함
- **용도** 풍미크림과 디저트, 차가운 과일 Soup, 쿠키와 케이크, 아이스크림, 캔디에 이용하며 바닐라콩의 꼬투리는 아귀를 벌려 음식과 같이 요리하고 서브하기 전에 콩을 뺌

3) 조미료의 종류(Kind of Seasoning)

Caramel(캐러멜)

▲ Caramel

- **용도** 설탕을 태워 색을 낸 것으로 음식의 색을 낼 때 사용
- **특성** 설탕에 열을 가하면 녹으면서 진하고 맑은 액체가 되고 시간이 지나면서 황금색이 되며 차츰 끈기 있는 갈색 덩어리가 되는 현상을 말함

Lemon(레몬)

▲ Lemon

- **용도** 생선류에 많이 사용하는 것으로 그 향을 이용할 때도 있으나 조리 시에는 조미료로 많이 사용. 즙은 Dressing이나 Sauce에 사용

Glutamate(글루타메이트)

▲ Glutamate

- **용도** 단백질에서 추출한 글루탐산의 나트륨염으로 음식의 맛을 향상시키는 조미료

Oil(오일)

• 종류

- Huile de Salad : 대두유
- Huile D'Olive : 올리브유
- Huile de Sesame : 참기름
- Huile de Noix : 호두기름
- Lard : 돼지기름
- Beurre : Butter(버터)
- Tallow : 소기름

▲ Oil

Mustard(머스터드)

• 종류 Dijon, Ancienne

• 용도 Moutarde a L'Ancienne(=Mayonnaise와 Beurre de Moutarde)는 육류요리에 사용되며, Dijon Mustard는 프랑스 중부지방에서 생산되는 겨자로 고급요리에 사용

▲ Mustard

Salt(솔트)

• 종류

- 재염(Brine Salt) : 지하의 소금지층을 용해해 정제한 후 수분을 증발시켜 얻는 것
- 조리염(Kitchen Salt) : 바닷물에서 얻는 일반적인 소금으로 염화나트륨이라 함
- 암염(Rock Salt) : 바닷물의 자연증발에 의해 채취, 정제되지 않은 것으로 입자가 거칢
- 초석염(Saltpeter) : 질산염, 화학적으로 고기에 빨간색을 착색시킬 수 있는 소금
- 해염(Sea Salt) : 거친 소금으로 풍미는 강하지만 잘 쓰이지 않음

▲ Salt

Syrup(시럽)

- 특성　설탕과 물의 비율을 1 : 1로 끓여낸 것
- 용도　단맛을 내거나 음식을 윤기나게 해서 식욕을 돋움

▲ Syrup

Sugar(슈거)

- 종류
  - Sucre en Poudre : 가루설탕(Sugar Powder)
  - Sucre en Morceau : 각설탕
  - Sucre Granule : 정제되지 않은 흑설탕
  - Sucre Raffine : 정제된 설탕
  - Sucre File : 실사탕 & 솜사탕

▲ Sugar

Vinegar(비니거)

- 종류
  - 발효식초 : 희석 알코올에 초산균을 일으켜 자연적으로 얻어지는 것
  - 가향식초 : 허브, 스파이스 혹은 벌꿀을 첨가한 식초음료
  - 레몬식초 : 식초와 레몬주스를 같은 양으로 섞어 만든 것
  - 농축식초 : 순수한 화학가공공정을 통해 여러 가지 다른 방법으로 제조
  - 포도주식초 : 포도주를 산화시켜 얻는 식초

▲ Vinegar

The Professional Western Cooking

Part 2
스톡 및 소스

제1장

스톡

1. 스톡의 개요

스톡은 채소, 소뼈, 닭뼈, 생선뼈 등을 끓여 만든 액체의 국물이며 끓일 때 맛과 향을 돋우기 위하여 향신료와 허브를 첨가하기도 한다. 스톡의 색은 맑아야 하며 풍미와 질감을 가지고 있어야 한다. 탁월한 풍미의 원천은 값비싼 고기이고 젤라틴의 공급원은 뼈와 껍질에 있다. 풍미가 좋고 비싼 스톡은 고기로 만든 것이고, 질감이 좋고 값싼 스톡은 뼈로 만든 것이다.

풍미는 살코기에서 추출한 아미노산과 감칠맛 성분 때문이고 질감은 뼈에서 추출한 젤라틴이 스톡에 스며들어 묵직함을 느끼게 한다.

스톡을 몇 시간씩 끓여 준비해 놓고 맛을 보면 단맛, 짠맛, 신맛, 매운맛, 쓴맛이 없는 중성의 맛을 가졌으며 냄새도 평범하다. 이 중성적인 맛이 모든 요리에 어울리는 맛의 기초가 된다.

스톡에 사용되는 고기와 뼈의 경우, 가열 정도에 따라 고기 내부에 존재하는 휘발성 물질의 상실, 당의 캐러멜화, 지방의 용해 및 분해 그리고 단백질의 분해 등을 일으켜 풍미에 변화를 준다. 끓이는 동안 국물에 우러나 맛을 내는 성분은 수용성 단백질, 지방, 무기질, 젤라틴 등이다. 뼈를 첨가하여 고기와 같이 끓이면 지방 속에 함유되어 있던 맛 성분이 우러나 풍미를 향상시킨다. 뼈를 끓일 때 국물이 뽀얗게 되는 이유는 뼈에서 우러난 포스폴리피드가 일종의 유화작용을 일으키기 때문이다.

스톡을 만들 때 고기의 독특한 냄새를 제거하기 위하여 셀러리, 양파, 파, 양배추, 당근 등의 채소를 첨가하여 끓이며 이러한 채소류는 황 또는 화합물을 함유하기 때문에 조리과정에서 강한 자극성 냄새를 발한다.

스톡은 부용과 퐁(Fond)으로 나누며 부용은 고기에 찬물을 부어 은근히 끓여 만든 스톡이고 퐁은 뼈와 손질하고 남은 고기부위와 채소를 이용해 만든 스톡이다.

부용은 미트 부용과 쿠르부용으로 나누는데 미트 부용은 수프로 사용되는 육수이다.

쿠르부용은 두 가지가 있는데 물, 와인, 채소, 향료 등을 넣어 만든 채소 부용과 어패류를 포칭할 때 사용하는 생선 부용이 있다.

퐁은 스톡을 뜻하는 불어이고 화이트 스톡과 브라운 스톡으로 나뉜다. 주재료를 데쳐서 찬물을 부어 은근히 끓인 것을 화이트 스톡이라고 하며 화이트 스톡은 피시 스톡과 비프 스톡, 가금류를 이용한 스톡, 송아지 스톡으로 나눌 수 있다.

2. 스톡의 제조과정

스톡은 일반제조과정을 거쳐 끓인 기본스톡, 더블 스톡, 트리플 스톡으로 나눌 수 있다. 더블 스톡은 기본스톡에 재료를 한 번 더 넣어 스톡을 끓이고 트리플 스톡은 더블 스톡에 재료를 다시 넣어 끓인다. 더블 스톡과 트리플 스톡은 일반적인 스톡보다 풍미와 질감이 좋다.

스톡을 끓이는 경우 처음에는 찬물로 끓여야 하며 찬물은 식재료 중에 있는 맛, 향 등의 성분을 잘 용해시켜 준다. 뜨거운 물로 시작하여 가열하면 스톡을 맑게 하는 알부민, 단백질이 식재료 속에서 나오지 못하고 강한 열에 고기 뼈의 섬유조직이 파괴되어 스톡이 탁해진다.

다음으로는 거품을 제거하는데 혼탁하지 않게 향신료와 채소는 첫 거품을 제거한 후에 넣는 것이 좋다.

세 번째는 약한 불로 끓이는데 85~95℃에서 은근히 끓여주어야 맑고 풍미가 있게 만들 수 있다.

네 번째로 채소는 스톡을 불에서 내리기 1시간 전에 넣어주고 향신료는 불에서 내리기 30분 전에 넣어야 주재료인 육수의 맛을 최대한 유지시켜 준다.

다섯 번째로 스톡의 종류에 따라 끓이는 시간을 조정하는데 쇠고기 스톡은 8~12시간, 닭고기 스톡은 2~4시간, 송아지 스톡은 6~8시간, 생선 스톡은 30분~1시간 정도 끓인다.

여섯 번째 내용물이 가라앉은 상태에서 조심스럽게 스톡을 거른다.

일곱 번째 스톡을 흐르는 찬물이나 얼음물에 빠르게 식혀준다.

여덟 번째 보관방법은 냉장보관 2~3일, 냉동보관은 4주 정도 가능하다.

1) 쇠고기 육수(Beef stock)

소는 연한 근육질과 맑은 색의 지방에 심이 섬세한 것이 가장 좋은 고기라고 말한다. 쇠고기 스톡은 질긴 쇠고기 재료로부터 최대한의 맛을 뽑아낼 수 있게끔 오랫동안 은근히 끓여야 한다. 스톡은 표면에 떠오르는 기름이나 회색빛 거품을 제거하기 위해서 한 번 끓인 후, 천천히 끓여서 식혀야 한다. 식히는 동안 육수가 혼탁해질 우려가 있으므로 절대 팔팔 끓여서는 안 된다.

쇠고기 육수 조리과정

▲ 소뼈 핏물 제거

▲ 소뼈 굽기

▲ 채소 볶기

▲ 쇠고기 육수 끓이기

▲ 쇠고기 육수 거르기

2) 닭 육수(Chicken stock)

닭 육수는 우리말로 닭 국물이라고 하며 닭뼈, 닭고기 등을 이용하여 저렴한 비용으로 만들 수 있다. 요리할 때 닭 국물을 사용하면 맛이 부드럽고 구수한 뒷맛을 느낄 수 있다. 식은 후에 묵같이 엉킬 정도면 소스나 수프에 사용하면 좋다.

닭은 흰색 육의 가금류로 어린 닭은 소화가 잘 되고 단백질, 지방, 비타민, 무기질 등을 다량 함유하고 있다.

닭 육수 조리과정

▲ 닭뼈 씻어 핏물 제거

▲ 닭 육수 채소 준비

▲ 닭뼈 굽기

▲ 닭 육수 끓이기

▲ 닭 육수 거르기

3) 생선 육수(Fish stock)

생선 육수의 경우 뼈를 일정기간 모았다가 육수를 만드는데 보관과정이 나쁘거나 흰 살 생선뼈가 아닌 것이 들어가면 육수가 맛이 없어진다. 생선 육수를 만들어 소스를 만들려면 시간적으로 어려울 때가 있다. 급할 때 조개, 홍합 국물을 이용하여 수프, 생선 소스를 만들어도 좋은 요리를 만들 수 있다. 시원하게 끓인 어패류 국물을 약간만 졸여서 사용하면 생선 육수 대용으로 좋다.

기초 육수가 나쁘면 파생되는 소스의 맛도 나빠진다. 신선한 생선은 맑고 선명하며 아가미는 붉은 핑크빛을 띤다. 냄새와 점액이 없고, 맑은 비늘이 단단하게 붙어 있으며, 불쾌한 냄새가 나지 않는다. 또한 생선은 산란기를 전후하여 맛이 떨어진다는 것을 알아둬야 한다.

생선 육수 조리과정

▲ 육수 채소 재료 준비

▲ 생선뼈 씻어 핏물 제거

▲ 육수 찬물 채우기

▲ 생선 육수 끓이기

▲ 생선 육수 거르기

4) 부용(Bouillon)

부용은 '끓이다'라는 뜻의 브이르(bouillir)에서 나온 용어로 수프를 끓이는 데 쓰인다. 부용과 육수의 차이점은 육수에는 소뼈를 넣고, 부용에는 안 넣는다는 것이다. 진한 육수는 맛이 진한 것이고 부용은 맛이 약한 육수라고 보면 간단하다. 육수 하면 냉면에 이용하는 것으로 인식되지만 부용이야말로 국물이라는 용어가 맞을 것이다.

3. 스톡의 종류

채소육수(Vegetable Stock)

재료

Onion(양파) 1ea / Carrot(당근) 1/2ea / Celery(셀러리) 50g / White Radish(무) 30g / Water(물) 2L / Bay Leaf(월계수잎) 1leaf / Spring Onion(대파) 20g / Peppercorn(통후추) 2ea

만드는 법

❶ 양파, 당근, 셀러리, 대파, 무는 얇게 슬라이스한다.
❷ 자루냄비에 ①의 채소, 월계수잎, 통후추를 넣어 끓인다.
❸ ②의 채소육수가 끓으면, 표면의 거품을 걷어주고 20분 정도 서서히 끓인 후, 고운체에 면포를 깔고 걸러준다.

닭 육수(Chicken Stock)

재료

Chicken Bone(닭뼈) 1kg / Onion(양파) 1/2ea / Carrot(당근) 1/4ea / Celery(셀러리) 30g / Garlic(마늘) 1ea / Water(물) 2L / Bay Leaf(월계수잎) 1leaf / Clove(정향) 2ea / Spring Onion(대파) 30g / Thyme(타임) 1ea / Peppercorn(통후추) 2ea

만드는 법

❶ 닭뼈는 흐르는 물에 담가 핏물을 충분히 빼준다.
❷ 양파, 당근, 셀러리, 마늘, 대파는 얇게 슬라이스한다.
❸ 자루냄비에 ①의 닭뼈를 볶은 후, ②의 채소를 넣고 색이 나지 않도록 살짝 볶아준다.
❹ ③의 닭 육수에 파슬리 줄기, 월계수잎, 타임, 통후추, 정향을 넣고 끓인다.
❺ ④의 내용물이 끓으면, 표면의 거품을 걷어주면서 1시간 정도 천천히 끓인 후, 고운체에 면포를 깔고 걸러준다.

생선 육수(Fish Stock)

재료

Fish Bone(생선뼈) 1kg / Onion(양파) 1/4ea / Carrot(당근) 1/4ea / Celery(셀러리) 30g / Garlic(마늘) 1ea / Water(물) 2L / Bay Leaf(월계수잎) 1leaf / Clove(정향) 2ea / Spring Onion(대파) 20g / Thyme(타임) 1ea / Peppercorn(통후추) 2ea / Parsley Stalk(파슬리 줄기) 3g / Butter(버터) 20g / White Wine(백포도주) 30ml

만드는 법

❶ 양파, 당근, 셀러리, 마늘, 대파는 슬라이스한다.
❷ 생선뼈(Fish Bone)는 흐르는 물에 담가 핏물을 제거한다.

❸ 월계수잎, 통후추, 정향, 타임, 파슬리 줄기는 부케가르니(Bouquet Garni)를 만든다.
❹ 자루냄비(Pot)에 버터를 녹여 ①의 채소를 색이 나지 않게 볶다가 ②의 생선뼈(Fish Bone)를 넣어 함께 볶는다.
❺ ④의 내용물에 백포도주(White Wine)를 붓고 1/2로 조린 후, 찬물과 ③의 부케가르니(Bouquet Garni)를 넣고 끓인다.
❻ ⑤의 내용물이 끓으면, 표면의 거품을 걷어주고 20분 정도 서서히 끓인 후, 고운체에 면포를 깔고 걸러준다.

조개 육수(Clam Stock)

재료

Clam(조개) 300g / Onion(양파) 1/2ea / Carrot(당근) 1/4ea / Celery(셀러리) 30g / Garlic(마늘) 1ea / Water(물) 2L / Bay Leaf(월계수잎) 1leaf / Clove(정향) 2ea / Spring Onion(대파) 20g / Butter(버터) 20g / Peppercorn(통후추) 2ea / White Wine(백포도주) 20ml

만드는 법

❶ 양파, 당근, 셀러리, 대파, 마늘은 얇게 슬라이스한다.
❷ 조개는 흐르는 물에 깨끗이 씻어, 소금으로 해감시킨다.
❸ 자루냄비에 버터를 녹여 ①의 채소를 색깔이 나지 않게 볶은 후, ②의 씻은 조개를 넣고 살짝 볶는다.
❹ ③의 조개에 백포도주를 넣고 졸여준 후, 찬물을 부어 10분간 천천히 끓인다.
❺ ④의 내용물이 끓으면, 표면의 거품을 걷어주고 20분 정도 서서히 끓인 후, 고운체에 면포를 깔고 걸러준다.

쇠고기 육수(Beef Stock)

재료

Beef Meat(쇠고기) 1. 5kg / Onion(양파) 1/2ea / Carrot(당근) 1/4ea / Celery(셀러리) 30g / Garlic(마늘) 1ea / Water(물) 2L / Bay Leaf(월계수잎) 1leaf / Clove(정향) 2ea / Spring Onion(대파) 20g / Thyme(타임) 1ea / Peppercorn(통후추) 2ea / Parsley Stalk(파슬리 줄기) 3g / Butter(버터) 20g

만드는 법

❶ 쇠고기는 뼈와 살을 분리한 후, 잘게 썰어 찬물에 담가 핏물을 제거한다.
❷ 양파, 당근, 셀러리, 마늘, 대파는 얇게 슬라이스하여 팬에 색이 나게 볶는다.
❸ 월계수잎, 통후추, 정향, 타임은 부케가르니(Bouquet Garni)를 만들어놓는다.
❹ 달궈진 팬에 ①의 쇠고기를 갈색이 나게 볶는다.

제2장

소스

1. 소스의 개요

소스의 기원은 인간이 짐승들을 수렵하여 단순히 불에 구워 먹던 시절을 훨씬 지나 어느 정도 요리라 할 수 있는 형태의 식사를 했을 때부터 만들어졌을 것으로 보는 견해가 일반적이다. 소스는 냉장 기능이 없을 당시 음식의 맛이 약간 변질되었을 때 맛을 감추기 위해 요리사들이 만들어낸 것이라고 한다. 고기의 질과 냉장 기술이 발달된 오늘날에도 요리의 풍미를 더해주고 맛과 외형, 수분 등을 돋우기 위해 소스의 중요성은 강조되고 있다.

소스는 주재료를 이용한 스톡과 형태를 갖추게 하는 리에종의 결합으로 이루어진 유상 액을 말하며, 부재료의 첨가에 따라 여러 가지 파생소스가 만들어진다.

또한 맛이나 색을 내기 위해 생선, 육류, 가금류, 채소 등 각종 요리의 용도에 적합하게 사용되고 있다. 소스를 가장 맛있게 하려면 좋은 재료로 만든 기초 육수가 좋아야만 기초소스,

즉 모체소스의 맛이 좋아지게 되며, 파생소스는 모체소스의 질에 따라 맛이 좌우되고 요리 또한 소스에 의해 결정될 수 있다.

소스는 육수(stock)와 농후제(thickening)로 구성되어 있으며 다른 재료들과 잘 결합해야만 소스의 맛을 제대로 낼 수 있게 된다. 영양 면에 있어 소화와 흡수를 쉽게 하며, 다양한 식재료의 이용으로 새로운 맛을 창조할 수 있고, 이러한 소스는 색상, 맛, 농도, 윤기 등 모든 요소가 주요리와 조화를 잘 이루게 하는 것이 중요하다.

2. 소스의 분류

소스는 서양요리에서 맛과 색상을 부여하며 식욕을 증진시키고 재료의 첨가로 영양가를 높이며 음식이 완성되는 동안 재료들이 서로 결합되게 하는 역할을 한다.

소스는 17세기 프랑스에서 차가운 소스와 더운 소스로 구분하였으며 모체소스와 파생소스를 구분하면서 다시 갈색 소스와 흰색 소스로 체계화시켜 수많은 소스를 만들었다. 소스는 재료 한 가지만 달라져도 재분류되어야 하며, 일반적으로 색에 의한 분류, 용도에 의한 분류, 기초 소스에 의한 분류, 요리에 따른 분류, 주재료에 따른 분류로 구분할 수 있다. 소스 색에 의한 분류는 대표적인 5가지 색으로 분류되며, 흰색은 베샤멜 소스를 모체로 하고 블론드 색은 벨루테 소스, 갈색 소스는 데미글라스 소스, 적색은 토마토 소스, 노란색 소스는 홀랜다이즈 소스를 모체로 한다.

첫 번째, 베샤멜 소스는 색은 짙은 크림색으로 우유와 루(Roux)에 향신료를 가미한 소스로 프랑스 소스 중 가장 먼저 모체소스로 사용되었다.

두 번째, 벨루테 소스는 피시 스톡과 치킨 스톡 또는 빌 스톡으로 이루어진다. 생선 벨루테는 화이트 와인 소스, 노르망디 소스, 아메리칸 소스로 나뉘며, 치킨 또는 송아지 벨루테는 알망데 소스와 슈프림 소스로 나뉜다. 주로 생선, 갑각류, 달걀, 가금류, 돼지고기, 송아지, 흰살 육류, 로스토 비프 등에 사용한다.

세 번째, 데미글라스 소스는 육류와 뼈 및 채소를 오븐에서 볶아 색을 내어 갈색 육수를 만든 다음 여러 가지 재료를 첨가하여 기본 소스로 사용한다.

네 번째, 토마토 소스는 토마토를 주재료로 하며 완성했을 때에는 붉은색을 지니고 있으며 토마토는 이탈리아 요리에 많이 이용되고, 토마토 소스를 만들기 위해서는 토마토, 채소, 스톡, 허브, 토마토 페이스트가 사용된다. 토마토 소스는 다른 소스와는 달리 입자가 있는 것이 특징이다.

다섯 번째, 홀랜다이즈 소스는 기름의 유화작용을 이용해 만든 소스이다. 달걀 노른자와 따뜻한 버터, 소량의 물, 레몬주스, 식초 등이 서로 혼합하여 완성된다. 소량의 액체와 달걀 노른자를 섞으면서 따뜻한 버터를 첨가하면 난황 속의 유화제가 기름의 입자 하나하나를 감싸서 수분과 함께 고정시키는 역할을 한다.

3. 소스의 종류

시금치 소스(Spinach Sauce)

재료

Spinach(시금치) 200g / Onion(양파) 100g / Flour(밀가루) 20g / Butter(버터) 20g / Fresh Cream(생크림) 150ml / White Wine(백포도주) 150ml / Salt(소금) a little / Pepper(후추) a little

만드는 법

❶ 생선뼈(Fish Bone)를 흐르는 물에 씻어 핏물을 제거해 준다.
❷ 양파, 당근, 셀러리는 쥘리엔(Julienne)으로 썰어준다.
❸ 파슬리 줄기, 통후추, 정향, 월계수잎으로 부케가르니(Bouquet Garni)를 만든다.
❹ 자루냄비(Pot)에 생선뼈(Fish Bone)와 ② · ③의 재료를 넣고 생선 육수(Fish Stock)를 끓인다.
❺ 끓인 생선 육수(Fish Stock)를 체에 거른다.
❻ 밀가루, 버터를 1 : 1로 볶은 뒤 생크림을 넣어 베샤멜 소스(Bechamel Sauce)를 만든다.
❼ 시금치는 줄기를 다듬어 끓는 물에 데쳐 물기를 제거해 준다.
❽ 베샤멜 소스(Bechamel Sauce)에 데친 시금치와 생선 스톡(Stock)을 넣어 끓여준다.
❾ 믹서기(Blender)에 ⑧의 내용물을 넣고 갈아준 후, 고운체로 거른다.

백포도주 소스(White Wine Sauce)

재료

White Wine(백포도주) 150ml / Fresh Cream(생크림) 100ml / Flour(밀가루) 20g / Butter(버터) 20g / Bay Leaf(월계수잎) 1leaf / Thyme(타임) 5g / Clove(정향) 2ea / Peppercorn(통후추) 2ea / Lemon Juice(레몬주스) 20ml / Salt(소금) a little / Pepper(후추) a little

만드는 법

❶ 자루냄비(Pot)에 밀가루, 버터를 1 : 1 동량으로 볶아 화이트 루(White Roux)를 만든다.
❷ 백포도주(White Wine)를 끓여, 월계수잎, 통후추, 타임을 넣고 1/2로 조려준다.
❸ ①의 화이트 루(White Roux)에 생크림을 넣고 저어준 후, ②의 내용물, 생선 육수(Fish Stock)를 넣어 끓여준다.
❹ ③에 레몬주스, 소금, 후추로 양념한다.

채소 비네그레트(Vegetable Vinaigrette)

재료

Onion(양파) 30g / Garlic(마늘) 10g / Red Paprika(붉은 파프리카) 20g / Yellow Paprika (노란 파프리카) 20g / Green Paprika(초록 파프리카) 20g / Vinegar(식초) 10ml / Lemon Juice(레몬주스) 10ml / Olive Oil(올리브오일) 20ml / Salt(소금) a little / Pepper(후추) a little / Sugar(설탕) a little

만드는 법

❶ 양파, 마늘, 적 · 황 · 녹색 파프리카는 곱게 다져(Chopped)놓는다.
❷ 스텐볼(Stainless Steel Bowl)에 올리브오일, 식초, 레몬주스를 넣어 거품기(Whisk)로 저어준다.
❸ ②의 내용물에 ①의 다진(Chopped) 채소를 넣고 소금, 후추, 설탕으로 양념한다.

요구르트 바질 소스(Yogurt Basil Sauce)

재료

Basil(바질) 30g / Garlic(마늘) 10g / Pine Nut(잣) 10g / Olive Oil(올리브오일) 30ml / Parmesan Cheese(파마산 치즈) 5g / Plain Yogurt(플레인 요구르트) 1ea / Salt(소금) a little / Pepper(후추) a little

만드는 법

❶ 바질은 깨끗이 씻어 손질하여 줄기부분을 떼어내고, 물기를 제거한다.
❷ 믹서기(Blender)에 마늘, 잣, 올리브오일, 파마산 치즈를 넣어 곱게 갈아준다.
❸ 곱게 간 바질은 고운체에 걸러 스텐볼(Stainless Steel Bowl)에 담아준다.
❹ 스텐볼에 ③의 바질과 플레인 요구르트(Plain Yogurt)를 섞어 소금, 후추로 양념한다.

블랙올리브 비네그레트(Black Olive Vinaigrette)

재료

Black Olive(블랙올리브) 30g / Dill(딜) 5g / Chervil(처빌) 5g / Olive Oil(올리브오일) 50ml / Vinegar (식초) 20ml / Lemon Juice(레몬주스) 10ml / Salt(소금) a little / Pepper(후추) a little / Sugar(설탕) a little

만드는 법

❶ 블랙올리브는 곱게 다져(Chopped) 면포에 싸서 물기를 제거해 준다.
❷ 딜과 처빌은 곱게 다져(Chopped)놓는다.
❸ 스텐볼에 올리브오일, 식초, 레몬주스를 넣어 거품기(Whisk)로 저어준다.
❹ ③에 ①, ②의 내용물을 넣고 소금, 후추, 설탕으로 양념한다.

잣 비네그레트(Pine Nut Vinaigrette)

재료

Pine Nut(잣) 20g / Parsley(파슬리) 5g / Chive(차이브) 5g / Olive Oil(올리브오일) 50ml / Vinegar (식초) 20ml / Lemon Juice(레몬주스) 10ml / Salt(소금) a little / Pepper(후추) a little / Sugar(설탕) a little

만드는 법

❶ 잣은 곱게 다져(Chopped)놓는다.
❷ 파슬리는 곱게 다진(Chopped) 다음, 면포에 넣어 물에 씻어 물기를 제거한다.
❸ 차이브는 곱게 다져(Chopped)놓는다.
❹ 스텐볼(Stainless Steel Bowl)에 올리브오일, 식초, 레몬주스를 넣어 거품기(Whisk)로 충분히 저어준다.
❺ ④의 내용물에 ①, ②를 넣고 소금, 후추, 설탕으로 양념한다.

망고와 아보카도 살사(Mango and Avocado Salsa)

재료

Mango(망고) 30g / Avocado(아보카도) 30g / Shallot(샬롯) 20g / Lemon Juice(레몬주스) 20ml / White Wine(백포도주) 20ml / Olive Oil(올리브오일) 30ml / Salt(소금) a little / Pepper(후추) a little

만드는 법

❶ 망고는 껍질을 벗긴 후, 파인 브뤼누아즈(Fine Brunoise)로 썰어둔다.
❷ 아보카도는 껍질을 벗긴 다음, 반쪽 부분은 파인 브뤼누아즈(Fine Brunoise)로 썰어 끓는 물에 데친다.
❸ ②의 나머지 아보카도는 다이스(Dice)로 썰어 끓는 물에 데쳐 체에 내린다.
❹ 샬롯은 껍질을 벗겨 곱게 다져(Chopped)놓는다.
❺ 스텐볼(Stainless Steel Bowl)에 ③의 체에 내린 아보카도와 ④의 다진(Chopped) 샬롯에 레몬주스, 백포도주(White Wine), 올리브오일을 넣어 섞어준다.
❻ ⑤에 ①의 망고와 ②의 아보카도를 넣어 소금, 후추로 양념한다.

핑크페퍼콘 드레싱(Pink Peppercorn Dressing)

재료

Pink Peppercorn(핑크페퍼콘) 10g / 레몬 1/6ea / Shallot(샬롯) 5g / Olive Oil(올리브오일) 50ml /Lemon Juice(레몬주스) 10ml / Dijon Mustard(디종 머스터드) 5g / Salt(소금) a little / Pepper(후추) a little

만드는 법

❶ 레몬껍질을 벗겨 흰 부분을 제거하고 잘게 다져(Chopped)놓는다.
❷ 샬롯은 껍질을 벗겨 차이브와 함께 다져(Chopped)놓는다.

❸ 스텐볼(Stainless Steel Bowl)에 핑크페퍼콘(Pink Peppercorn), 올리브오일, 레몬주스, 디종 머스터드를 넣어 거품기(Whisk)로 저어준다.
❹ ③에 ①, ②의 내용물을 넣어 소금, 후추로 양념한다.

핑크페퍼콘 소스(Pink Peppercorn Sauce)

재료

Pink Peppercorn(핑크페퍼콘) 10g / White Wine(백포도주) 150ml / Fresh Cream(생크림) 100ml / Flour(밀가루) 20g / Butter(버터) 20g / Bay Leaf(월계수잎) 1leaf / Thyme(타임) 5g / Lemon Juice(레몬주스) 20ml / Salt(소금) a little / Pepper(후추) a little

만드는 법

❶ 자루냄비(Pot)에 밀가루, 버터를 1 : 1 동량으로 볶아 화이트 루(White Roux)를 만든다.
❷ ①의 화이트 루(White Roux)에 백포도주(White Wine), 생크림, 월계수잎, 타임을 넣고 1/2로 조려준다.
❸ ②의 조린 크림 소스를 고운체에 내려준다.
❹ 자루냄비에 ③의 소스를 붓고 핑크페퍼콘, 레몬주스, 소금, 후추로 양념한 후 저열에 조려 농도를 맞춘다.

레몬 비네그레트(Lemon Vinaigrette)

재료

Lemon(레몬) 1/2ea / Red Paprika(붉은 파프리카) 20g / Yellow Paprika(노란 파프리카) 20g / Orange Paprika(주황 파프리카) 20g / Lemon Juice(레몬주스) 20ml / Olive Oil(올리브오일) 50ml / Vinegar(식초) 20ml / Dijon Mustard(디종 머스터드) 5g / White Wine(백포도주) 10ml / Salt(소금) a little / Pepper(후추) a little

만드는 법

❶ 레몬껍질을 벗겨 흰 부분을 제거하고 잘게 다져(Chopped)놓는다.
❷ 적 · 황 · 주황색 파프리카를 곱게 다져(Chopped)놓는다.
❸ 스텐볼(Stainless Steel Bowl)에 레몬주스, 올리브오일, 식초, 디종 머스터드를 넣어 거품기(Whisk)로 저어준다.
❹ ③에 ①, ②의 내용물을 넣고 소금, 후추로 양념한다.

발사믹 비네그레트(Balsamic Vinaigrette)

재료

Balsamic Vinegar(발사믹식초) 15ml / Olive Oil(올리브오일) 50ml / Shallot(샬롯) 10g / Dijon Mustard(디종 머스터드) 5g / Salt(소금) a little / Pepper(후추) a little

만드는 법

❶ 샬롯(Shallot)은 껍질을 벗긴 후, 잘게 다져(Chopped)놓는다.
❷ 스텐볼(Stainless Steel Bowl)에 ①의 다진(Chopped) 샬롯, 후추, 디종 머스터드를 넣고 섞은 후, 발사믹식초(Balsamic Vinegar)를 넣어 혼합한다.
❸ ②에 올리브오일을 넣으면서 거품기(Whisk)로 잘 저어 소금, 후추로 양념한다.

와사비 소스(Wasabi Sauce)

재료

Wasabi(와사비) 10g / Mayonnaise(마요네즈) 10g / Lemon Juice(레몬주스) 20ml / White Wine(백포도주) 20ml / Olive Oil(올리브오일) 10ml / Salt(소금) a little / Pepper(후추) a little

만드는 법

❶ 미지근한 물에 와사비를 잘 갠다.
❷ 스텐볼(Stainless Steel Bowl)에 ①의 와사비와 마요네즈, 레몬주스, 백포도주, 올리브오일을 넣고 거품기(Whisk)로 저어준다.
❸ ②의 내용물에 소금, 후추를 넣고 양념한다.

베어네이즈 소스(Bearnaise Sauce)

재료

Egg(달걀) 1ea / Onion(양파) 30g / Parsley(파슬리) 5g / Tarragon(타라곤) 5g / Tarragon Vinegar(타라곤식초) 10ml / Peppercorn(통후추) 2ea / White Wine(백포도주) 10ml / Butter(버터) 10g / Lemon Juice(레몬주스) 10ml / Salt(소금) a little / Pepper(후추) a little

만드는 법

❶ 자루냄비(Pot)에 버터를 담아 중탕하여 녹인다.
❷ 양파, 파슬리, 타라곤은 다져(Chopped)놓는다.
❸ 자루냄비(Pot)에 다진(Chopped) 양파, 파슬리 줄기, 타라곤 줄기, 통후추, 백포도주(White Wine)를 넣어 1/2로 조린 후, 고운체에 걸러 식힌다.
❹ 스텐볼(Stainless Steel Bowl)에 달걀 노른자와 ①의 정제버터와 ③의 내용물을 넣으면서 거품기(Whisk)로 저어 유화시킨 후, Tarragon Vinegar(타라곤식초)를 넣고 혼합해 준다.
❺ ④의 소스에 다진(Chopped) 파슬리와 타라곤을 넣은 후, 소금, 후추, 레몬주스로 양념한다.

크레송 소스(Cresson Sauce)

재료

Cresson(크레송) 20g / Wheat Flour(밀가루) 10g / Butter(버터) 10g / Milk(우유) 150ml / White Wine(백포도주) 20ml / Lemon Juice(레몬주스) 10ml / Salt(소금) a little / Pepper(후추) a little

만드는 법

❶ 크레송은 손질하여 끓는 물에 데쳐놓는다.
❷ 자루냄비(Pot)에 베샤멜 소스(Bechamel Sauce)를 끓여 ①의 크레송, 백포도주, 레몬주스로 양념하여 끓인다.
❸ 믹서기(Blender)에 ②의 재료를 갈아 고운체에 걸러준다.
❹ 자루냄비(Pot)에 ③의 내용물과 버터, 소금, 후추를 넣어 양념한다.

파프리카 소스(Paprika Sauce)

재료

Red Paprika(붉은 파프리카) 50g / Orange Paprika(주황 파프리카) 50g / Garlic(마늘) 5g / Onion(양파) 20g / White Wine(백포도주) 10ml / Salt(소금) a little / Pepper(후추) a little

만드는 법

❶ 적 · 주황색 파프리카를 반으로 썰어 씨를 제거한 후, 다이스(Dice)로 썰어놓는다.
❷ 마늘, 양파를 다이스(Dice)로 썰어놓는다.
❸ 자루냄비(Pot)에 ②의 마늘, 양파, ①의 파프리카 순으로 볶은 후, 백포도주를 넣어 조린다.
❹ ③에 채소스톡(Vegetable Stock)을 넣고 충분히 끓여준다.
❺ 믹서기(Blender)에 ④의 내용물을 넣어 곱게 갈아 체에 내린다.
❻ 자루냄비(Pot)에 ⑤의 내용물을 넣고 끓여 소금, 후추로 양념한다.

블랙올리브 파프리카 드레싱(Black Olive Paprika Dressing)

재료

Black Olive(블랙올리브) 30g / Red Paprika(붉은 파프리카) 20g / Yellow Paprika(노란 파프리카) 20g / Green Paprika(초록 파프리카) 20g / Olive Oil(올리브오일) 50ml / Vinegar(식초) 20ml / Lemon Juice(레몬주스) 10ml / Salt(소금) a little / Pepper(후추) a little / Sugar(설탕) a little

만드는 법

❶ 양파, 마늘, 블랙올리브, 적 · 황 · 녹색 파프리카는 곱게 다져(Chopped)놓는다.
❷ 스텐볼(Stainless Steel Bowl)에 올리브오일, 식초, 레몬주스를 넣어 거품기(Whisk)로 고루 저어준다.

❸ ②의 내용물에 ①의 다진(Chopped) 채소를 넣어 저은 후, 소금, 후추, 설탕으로 양념한다.

토마토 소스(Tomato Sauce)

재료

Tomato(토마토) 200g / Onion(양파) 30g / Garlic(마늘) 10g / Celery(셀러리) 20g / Thyme(타임) 5g / Clove(정향) 2ea / Bay Leaf(월계수잎) 1leaf / Olive Oil(올리브오일) 10ml / Tomato Paste(토마토 페이스트) 10g / White Wine(백포도주) 10ml / Basil(바질) 1leaf / Oregano(오레가노) 5g /Parsley(파슬리) 5g / Salt(소금) a little / Pepper(후추) a little / Sugar(설탕) a little

만드는 법

❶ 양파, 마늘은 곱게 다져(Chopped)놓는다.
❷ 토마토는 끓는 물에 데쳐 껍질을 벗겨, 다져(Chopped)놓는다.
❸ 양파, 셀러리, 타임, 월계수잎, 통후추로 부케가르니(Bouquet Garni)를 만들어놓는다.
❹ 자루냄비(Pot)에 올리브오일을 두르고, ①의 다진(Chopped) 마늘, 양파를 볶은 후, 백포도주를 넣어 조려준다.
❺ ④에 ②의 토마토를 끓여준 후, 토마토 페이스트를 넣고 볶다가 ③의 부케가르니(Bouquet Garni), 바질, 오레가노, 파슬리, 육수(Stock)를 붓고 끓여준다.
❻ ⑤의 소스 농도를 맞추어 체에 걸러 소금, 후추, 설탕으로 양념한다.

요구르트 오이 소스(Yogurt Cucumber Sauce)

재료

Cucumber(오이) 1ea / Plain Yogurt(플레인 요구르트) 120ml / Salt(소금) a little / Pepper(후추) a little

만드는 법

❶ 오이는 씻어서 껍질을 제거한 후, 다이스(Dice)로 썰어놓는다.
❷ ①의 오이, 플레인 요구르트(Plain Yogurt)를 믹서기(Blender)에 넣어 곱게 갈아준다.
❸ ②의 요구르트 오이 소스(Yogurt Cucumber Sauce)에 소금, 후추로 양념한다.

토마토 살사 소스(Tomato Salsa Sauce)

재료

Cherry Tomato(방울토마토) 20ea / Onion(양파) 1/2ea / Garlic(마늘) 1ea / Olive Oil(올리브오일) 20ml / White Wine(백포도주) 10ml / Basil(바질) 5g / Oregano(오레가노) 5g / Salt(소금) a little /Pepper(후추) a little / Sugar(설탕) a little

만드는 법

❶ 마늘, 양파는 곱게 다져(Chopped)놓는다.

❷ 방울토마토는 끓는 물에 데쳐 껍질을 벗긴 다음, 콩카세(Concasse)로 썰어놓는다.
❸ 자루냄비(Pot)에 올리브오일을 두르고, ①의 마늘, 양파, ②의 방울토마토 순으로 소테한다.
❹ ③에 백포도주(White Wine), 바질, 오레가노, 소금, 후추, 설탕으로 양념하여 끓인다.

모르네이 소스(Mornay Sauce)

재료

Flour(밀가루) 20g / Butter(버터) 20g / Fresh Cream(생크림) 100ml / Milk(우유) 200ml / Parmesan Cheese(파마산 치즈) 10g / White Wine(백포도주) 20ml / Egg(달걀) 1ea / Salt(소금) a little / Pepper (후추) a little

만드는 법

❶ 자루냄비(Pot)에 밀가루, 버터를 1 : 1 동량으로 저온에서 색이 나지 않게 소테한다.
❷ ①에 우유, 생크림을 넣고 끓여준 후, 파마산 치즈, 백포도주(White Wine)를 넣어 끓여준다.
❸ ②의 내용물을 약한 불에서 끓여 달걀 노른자를 넣고, 소금, 후추로 양념한다.

마늘 비네그레트(Garlic Vinaigrette)

재료

Garlic(마늘) 20g / Onion(양파) 20g / Lemon Juice(레몬주스) 10ml / Olive Oil(올리브오일) 50ml / White Wine(백포도주) 10ml / Vinegar(식초) 10ml / Dijon Mustard(디종 머스터드) 5g / Salt(소금) a little / Pepper(후추) a little

만드는 법

❶ 마늘, 양파는 다져(Chopped)놓는다.
❷ 스텐볼(Stainless Steel Bowl)에 레몬주스, 올리브오일, 식초, 디종 머스터드를 넣어 거품기(Whisk)로 저어준다.
❸ ②에 ①의 내용물을 넣고 소금, 후추로 양념한다.

바질 페스토(Basil Pesto)

재료

Basil(바질) 30g / Pine Nut(잣) 10g / Parmesan Cheese(파마산 치즈) 10g / Garlic(마늘) 10g / Olive Oil(올리브오일) 30ml / Salt(소금) a little / Pepper(후추) a little

만드는 법

❶ 바질은 줄기부분을 제거하여 씻어준다.
❷ 잣을 약한 불에서 볶아준다.

❸ 믹서기(Blender)에 ①, ②의 내용물을 담아 파마산 치즈, 마늘, 올리브오일을 넣어 갈아준다.
❹ ③의 내용물에 소금, 후추로 양념한다.

그랑 브뇌르 소스(Grand Veneur Sauce)

재료

돼지등심(Pork Loin) 300g / 돼지갈비(Ribs of Pork) 200g / Onion(양파) 100g / Carrot(당근) 100g / Celery(셀러리) 100g / Tomato Paste(토마토 페이스트) 20g / Demiglace(데미글라스) 150ml / Red Wine Vinegar(레드와인식초) 20ml / Salt(소금) a little / Pepper(후추) a little

만드는 법

❶ 돼지등심(Pork Loin), 돼지갈비(Ribs of Pork)는 손질하여 고기, 뼈를 팬에서 색을 내어 굽는다.
❷ 양파, 당근, 셀러리는 쥘리엔(Julienne)으로 썰어놓는다.
❸ ②의 채소를 볶다가 토마토 페이스트를 넣어 소테한다.
❹ ①의 내용물과 ③의 채소를 넣어 육수(Stock)를 끓여준다.
❺ 자루냄비(Pot)에 ④의 육수(Stock)와 데미글라스(Demiglace)를 넣어 충분히 끓인다.
❻ 팬에 레드와인식초(Red Wine Vinegar)를 끓여 1/2로 조린다.
❼ ⑤의 소스(Sauce)에 ⑥의 내용물을 넣어 끓인 후, 소금, 후추로 양념한다.

허브 소스(Herb Sauce)

재료

Onion(양파) 30g / Garlic(마늘) 10g / Tarragon(타라곤) 5g / Rosemary(로즈메리) 5g / Thyme(타임) 5g / Bay Leaf(월계수잎) 2leaves / Parsley(파슬리) 5g / Red Wine(적포도주) 30ml / Demiglace(데미글라스) 100ml / Lamb Jus(양고기즙) 100ml / Salt(소금) a little / Pepper(후추) a little

만드는 법

❶ 양파, 마늘은 곱게 다져(Chopped)놓는다.
❷ 소스팬에 버터를 녹여, ①의 양파, 마늘을 연한 갈색으로 볶은 후, 파슬리 줄기, 타라곤, 로즈메리, 타임, 월계수잎과 적포도주(Red Wine)를 넣어 1/2로 조려준다.
❸ ②에 양고기 즙(Lamb Jus), 데미글라스(Demiglace)를 넣고 끓여준다.
❹ ③의 소스 농도가 알맞게 되면, 체에 내려 소금, 후추로 양념한다.

오렌지 비네그레트(Orange Vinaigrette)

재료

Orange(오렌지) 1ea / Orange Juice(오렌지주스) 150m / Lemon(레몬) 1/2ea / Orange Paprika(주황 파프리카) 20g / Lemon Juice(레몬주스) 20ml / Olive Oil(올리브오일) 50ml / Vinegar(식초) 20ml / Dijon Mustard(디종 머스터드) 5g / White Wine(백포도주) 10ml / Salt(소금) a little / Pepper(후추) a little

만드는 법

❶ 오렌지는 껍질을 벗겨 흰 부분을 제거하고 잘게 다져(Chopped)놓는다.
❷ 주황 파프리카를 곱게 다져(Chopped)놓는다.
❸ 스텐볼(Stainless Steel Bowl)에 오렌지, 오렌지주스, 레몬주스, 올리브오일, 식초, 디종 머스터드를 넣어 거품기(Whisk)로 저어준다.
❹ ③에 ①, ②의 내용물을 넣고 소금, 후추로 양념한다.

오렌지 소스(Orange Sauce)

재료

Orange(오렌지) 1ea / Orange Juice(오렌지주스) 150ml / Starch(전분) 20g / Lemon Juice(레몬주스) 20ml / Mustard(머스터드) 10g / Sugar(설탕) a little

만드는 법

❶ 오렌지는 껍질을 벗겨 즙을 내어 준비한다.
❷ 자루냄비(Pot)에 오렌지주스를 끓여 설탕, 전분, 오렌지즙을 넣어 끓여준다.
❸ ②의 오렌지주스에 레몬주스, 머스터드를 넣어 농도를 맞춘다.

샤블리와인 소스(Chablis Wine Sauce)

재료

Chablis Wine(샤블리와인) 150ml / Onion(양파) 30g / Garlic(마늘) 5g / Butter(버터) 30g / Bay Leaf(월계수잎) 2leaves / Demiglace(데미글라스) 150ml / Salt(소금) a little / Pepper(후추) a little

만드는 법

❶ 마늘, 양파는 곱게 다져(Chopped)놓는다.
❷ 소스팬에 버터를 녹여, ①의 마늘과 양파를 갈색으로 소테한다.
❸ ②에 샤블리와인(Chablis Wine), 월계수잎을 넣어 1/2로 조려준다.
❹ ③의 내용물에 데미글라스(Demiglace)를 넣어, 소스의 농도를 맞춘 후, 고운체에 내린다.
❺ ④의 소스에 소금, 후추로 양념한다.

허브 슈프림 소스(Herb Supreme Sauce)

재료

Flour(밀가루) 20g / Butter(버터) 20g / Milk(우유) 200ml / Fresh Cream(생크림) 100ml / 닭 육수(Chicken Stock) 150ml / Lemon Juice(레몬주스) 20ml / Egg(달걀) 1ea / Salt(소금) a little / Pepper (후추) a little

만드는 법

❶ 자루냄비(Pot)에 밀가루, 버터를 1 : 1 동량으로 화이트 루(White Roux)를 만들어 소테한다.
❷ ①의 화이트 루(White Roux)에 닭 육수(Chicken Stock)를 넣어 벨루테 소스(Veloute Sauce)를 만든다.
❸ ②의 내용물에 생크림을 넣어 농도를 맞추고 버터, 레몬즙을 넣는다.
❹ ③의 소스를 체에 거른 다음, 달걀 노른자를 넣고 소금, 후추로 양념한다.

마데이라 소스(Madeira Sauce)

재료

Madeira Liquor(마데이라 술) 150ml / Onion(양파) 100g / Carrot(당근) 100g / Celery(셀러리) 100g / Beef Meat(쇠고기) 200g / Beef Bone(쇠고기뼈) 300g / Tomato Paste(토마토 페이스트) 20g / Bay Leaf(월계수잎) 2leaves / Thyme(타임) 5g / Tarragon(타라곤) 5g / Demiglace(데미글라스) 150ml / Salt (소금) a little / Pepper(후추) a little

만드는 법

❶ 양파, 당근, 셀러리를 쥘리엔(Julienne)으로 썰어 팬에 소테한다.
❷ 쇠고기 스지(Beef Tendon)부분과 쇠고기뼈(Beef Bone)는 팬에 소테한다.
❸ ①, ②의 내용물을 함께 볶아 색을 낸 후, 토마토 페이스트를 넣고 소테한다.
❹ ③의 내용물에 마데이라 술을 넣어 1/2 정도 조린 후 데미글라스(Demiglace), 월계수잎, 타임, 타라곤을 넣고 끓여준다.
❺ ④에 쇠고기 육수(Beef Stock)를 넣어 졸인 후, 체에 걸러 약한 불에서 끓이면서 거품을 걷어내고 소금, 후추로 양념한다.

레드와인 소스(Red Wine Sauce)

재료

Red Wine(적포도주) 150ml / Onion(양파) 30g / Butter(버터) 10g / Bay Leaf(월계수잎) 2leaves / Demiglace(데미글라스) 150ml / Salt(소금) a little / Pepper(후추) a little

만드는 법

❶ 양파는 껍질을 벗겨 곱게 다져(Chopped)놓는다.
❷ 소스팬에 버터를 녹여, ①의 양파를 연한 갈색으로 볶아준다.
❸ ②의 양파에 적포도주(Red Wine), 월계수잎을 넣은 후, 1/2가량으로 조려준다.

❹ ③의 내용물에 데미글라스(Demiglace)를 넣어 소스의 농도를 맞추어 끓여준다.
❺ ④에 소금, 후추를 넣고 양념한다.

부르기뇽 소스(Bourguignon Sauce)

재료

Onion(양파) 100g / Garlic(마늘) 10g / Mushroom(양송이) 100g / Butter(버터) 10g / Red Wine(적포도주) 80ml / Demiglace(데미글라스) 150ml / Bay Leaf(월계수잎) 1leaf / Rosemary(로즈메리) 5g / Thyme(타임) 5g / Oregano(오레가노) 5g / Parsley(파슬리) 5g / Salt(소금) a little / Pepper(후추) a little

만드는 법

❶ 양파, 마늘, 양송이는 곱게 다져(Chopped)놓는다.
❷ 팬에 버터를 녹여 ①의 내용물을 넣고 볶은 후, 적포도주(Red Wine)를 넣어 조려준다.
❸ ②에 데미글라스(Demiglace), 월계수잎, 로즈메리, 오레가노, 타임을 넣고 끓이다가 농도를 맞춘다.
❹ ③의 소스를 체에 거른 후, 다진(Chopped) 파슬리, 소금, 후추로 양념한다.

비가라드 소스(Bigarade Sauce)

재료

Orange(오렌지) 1ea / Sugar(설탕) 30g / Red Wine Vinegar(적도포주식초) 20ml / Grape Jam(포도잼) 5g / Orange Juice(오렌지주스) 20ml / Brandy(브랜디) 5ml / Demiglace(데미글라스) 100ml / Bay Leaf(월계수잎) 1leaf / Thyme(타임) 5g / Salt(소금) a little / Pepper(후추) a little

만드는 법

❶ 오렌지는 껍질을 벗겨 쥘리엔(Julienne)으로 썰어놓는다.
❷ 팬에 설탕을 담아 연한 갈색이 나는 캐러멜(Caramel)을 만든다.
❸ ②의 캐러멜(Caramel)에 적포도주식초(Red Wine Vinegar)를 넣고 끓인 후, 포도잼, 오렌지주스, 브랜디를 넣는다.
❹ ③에 데미글라스(Demiglace)를 넣어 ①의 오렌지, 월계수잎, 타임과 함께 조려준다.
❺ ④의 소스를 체에 거른 다음, 소금, 후추로 양념한다.

망고 소스(Mango Sauce)

재료

Mango(망고) 1ea / Mango Juice(망고주스) 150ml / Thyme(타임) 10g / Starch(전분) 10g / Lemon Juice(레몬주스) 20ml / Salt(소금) a little / Sugar(설탕) a little

만드는 법

❶ 망고는 껍질을 벗겨 다이스(Dice)로 썰어놓는다.
❷ 자루냄비(Pot)에 ①의 망고, 망고주스, 타임을 넣고 끓여준다.
❸ ②의 내용물에 전분을 풀어 레몬주스를 넣고 조려준 후, 농도를 맞춰 체에 거른다.
❹ ③의 소스에 소금, 설탕을 넣고 양념한다.

비트 소스(Beet Sauce)

재료

Beet(비트) 1ea / Vinegar(식초) 30ml / Sugar(설탕) 30g / Fresh Cream(생크림) 50ml / White Wine(백포도주) 30ml / Butter(버터) 10g / Milk(우유) 150ml / Lemon Juice(레몬주스) 10ml / Salt(소금) a little / Pepper(후추) a little

만드는 법

❶ 비트는 껍질을 벗겨 다이스(Dice)로 썰어놓는다.
❷ 자루냄비(Pot)에 ①의 비트, 레몬주스, 식초, 설탕을 넣고 삶아준다.
❸ 삶은 ②의 비트를 믹서기(Blender)에 곱게 갈아 체에 내려준다.
❹ 자루냄비(Pot)에 생크림을 조려 ③의 비트, 백포도주(White Wine)를 넣고 조려준다.
❺ 조린 비트 소스(Beet Sauce)에 소금, 후추로 양념한다.

사프란 소스(Saffron Sauce)

재료

Saffron(사프란) 5g / Garlic(마늘) 10g / Onion(양파) 30g / Celery(셀러리) 20g / 생선 육수(Fish Stock) 150ml / Butter(버터) 10g / Flour(밀가루) 10g / White Wine(백포도주) 20ml / Lemon Juice(레몬주스) 10ml / Thyme(타임) 5g / Salt(소금) a little / Pepper(후추) a little

만드는 법

❶ 파슬리 줄기, 타임, 월계수잎, 통후추, 백포도주(White Wine)를 넣어 1/2로 조려준다.
❷ 자루냄비(Pot)에 밀가루, 버터를 1 : 1 동량으로 볶아, 베샤멜 소스(Bechamel Sauce)를 만든다.
❸ ②의 베샤멜 소스(Bechamel Sauce)에 생선 육수(Fish Stock)와 ①의 백포도주(White Wine), 사프란(Saffron), 레몬주스를 넣고 끓여준다.
❹ ③의 사프란 소스(Saffron Sauce)에 소금, 후추로 양념한다.

나폴리탄 소스(Napolitan Sauce)

재료

Tomato(토마토) 2ea / Onion(양파) 30g / Garlic(마늘) 10g / 백포도주(White Wine) 20ml / Parsley(파슬리) 5g / Thyme(타임) 5g / Bay Leaf(월계수잎) 1leaf / Toamto Sauce(토마토 소스) 100ml / Salt(소금) a little / Pepper(후추) a little

만드는 법

❶ 양파, 마늘은 곱게 다져(Chopped)놓는다.
❷ 토마토는 끓는 물에 데쳐 껍질을 벗긴 후, 다이스(Dice)로 썰어놓는다.
❸ 자루냄비(Pot)에 버터를 녹여, ①, ②의 내용물을 넣어 볶은 후, 백포도주를 넣고 조려준다.
❹ ③에 토마토 소스를 넣어 약한 불에서 끓여준 다음, 소금, 후추로 양념한다.

노르망디 소스(Normand Sauce)

재료

Flour(밀가루) 20g / Butter(버터) 20g / Fish Stock(생선 육수) 150ml / 백포도주(White Wine) 20ml / Fresh Cream(생크림) 10ml / Egg(달걀) 1ea / Lemon Juice(레몬주스) 10ml / Thyme(타임) 5g / Bay Leaf(월계수잎) 1leaf / Salt(소금) a little / Pepper(후추) a little

만드는 법

❶ 파슬리 줄기, 타임, 월계수잎, 통후추, 백포도주(White Wine)를 넣어 1/2로 조려준다.
❷ 자루냄비(Pot)에 밀가루, 버터를 1 : 1 동량으로 볶아, 생크림, 우유를 넣어 끓인 후, 생선 육수(Fish Stock)를 넣어 벨루테 소스(Veloute Sauce)를 만든다.
❸ ②의 벨루테 소스(Veloute Sauce)에 ①의 백포도주(White Wine), 달걀 노른자를 넣어 농도를 맞춘다.
❹ ③의 노르망디 소스(Normand Sauce)에 레몬주스, 소금, 후추로 양념한다.

비스크 소스(Bisque Sauce)

재료

Blue Crab(꽃게) 1ea / Onion(양파) 30g / Carrot(당근) 30g / Celery(셀러리) 30g / Garlic(마늘) 10g / Shrimp(새우) 3ea / Butter(버터) 10g / White Wine(백포도주) 20ml / Tomato Paste(토마토 페이스트)10g / Bay Leaf(월계수잎) 1leaf / Thyme(타임) 5g / Peppercorn (통후추) 2ea / Salt(소금) a little /Pepper(후추) a little

만드는 법

❶ 양파, 당근, 셀러리, 마늘은 슬라이스(Slice)하여 썰어놓는다.
❷ 꽃게(Blue Crab)의 껍질부분과 새우(Shrimp) 머리는 으깨어놓는다.
❸ 팬에 버터를 녹여 ①, ②의 내용물 순으로 볶은 후, 백포도주(White Wine)를 넣어 조린다.

❹ ③의 내용물에 토마토 페이스트(Tomato Paste)를 넣고 소테한다.
❺ ④에 생선 스톡(Fish Stock), 월계수잎, 타임, 통후추를 넣고 끓여 체에 거른다.
❻ ⑤의 비스크 소스(Bisque Sauce)에 소금, 후추로 양념한다.

블루베리 소스(Blueberry Sauce)

재료

Blueberry(블루베리) 300g / Blueberry Juice(블루베리주스) 50ml / Starch(전분) 5g / Lemon(레몬) 250g / Honey(꿀) 5ml / Sugar(설탕) a little

만드는 법

❶ 블루베리와 블루베리주스를 넣고 천천히 끓인다.
❷ ①의 끓은 블루베리를 믹서기(Blender)에 곱게 갈아준다.
❸ ②의 간 블루베리에 물과 전분을 풀어 넣고 끓인 후, 고운체에 거른다.
❹ ③의 내용물에 레몬, 설탕으로 간한다.

베샤멜 소스(Bechamel Sauce)

재료

Strong Flour(강력밀가루) 20g / Butter(버터) 20g / Onion(양파) 50g / Bay Leaf(월계수잎) 1leaf / Nutmeg(너트메그) 2g / Milk(우유) 300ml / White Wine(백포도주) 10ml / Salt(소금) a little / Pepper(후추) a little

만드는 법

❶ 밀가루는 고운체에 내린다.
❷ 자루냄비(Pot)에 버터를 녹인 후, ①의 밀가루를 첨가하여 타지 않게 볶는다.
❸ ②의 볶은 루에 우유를 넣고 바닥이 타지 않게 천천히 저으면서 끓인다.
❹ ③의 베샤멜 소스(Bechamel Sauce)에 너트메그, 소금으로 간한 후, 고운체에 내린다.

고르곤졸라 소스(Gorgonzola Sauce)

재료

Gorgonzola Cheese(고르곤졸라치즈) 30g / White Wine(백포도주) 150ml / Milk(우유) 200ml / Flour(밀가루) 20g / Butter(버터) 20g / Bay Leaf(월계수잎) 1leaf / Thyme(타임) 5g / Clove(정향) 2ea / Peppercorn(통후추) 2ea / Lemon juice(레몬주스) 20ml / Salt(소금) a little / White Pepper(흰 후추) a little

만드는 법

❶ 자루냄비(Pot)에 밀가루, 버터를 1 : 1 동량으로 볶아 화이트 루(White Roux)를 만든다.
❷ 백포도주(White Wine)를 끓여, 월계수잎, 통후추, 타임을 넣고 1/2로 조린다.

❸ ①의 화이트 루(White Roux)에 우유를 넣고 저어준 후, ②의 조린 백포도주, 생선 육수(Fish Stock)를 넣고 끓여준다.
❹ ③의 백포도주 소스에 고르곤졸라치즈, 레몬주스, 소금, 후추로 간한다.

날치알 소스(Flying Fish Roe Sauce)

재료

Flying Fish Roe(날치알) 50g / Strong Flour(강력밀가루) 20g / Butter(버터) 20g / Onion (양파) 50g / Bay Leaf(월계수잎) 1leaf / Milk(우유) 300ml / White Wine(백포도주) 10ml / Lemon Juice(레몬주스) 20ml / Salt(소금) a little / Pepper(후추) a little

만드는 법

❶ 밀가루는 고운체에 내린다.
❷ 자루냄비(Pot)에 버터를 녹인 후, ①의 밀가루를 첨가하여 타지 않게 볶는다.
❸ ②의 볶은 루에 우유를 넣고 바닥이 타지 않게 천천히 저으면서 끓인다.
❹ ③의 베샤멜 소스에 날치알, 레몬주스, 소금으로 간한 후, 고운체에 내린다.

Part 3

서양요리 실기

Hors D'Oeuvres
오르되브르

오르되브르(Hors D'Oeuvres)는 13세기에 마르코 폴로(Marco Polo)가 중국을 여행하면서 중국의 냉채요리를 모방하여 시작된 것이 이탈리아에서 프랑스로 건너가 발전되었다고 한다. 오르되브르는 식전에 나오는 모든 요리를 총칭하며, Hors는 '앞'이라는 뜻이고 Oeuvre는 '작업, 식사'를 의미하고 그 목적 역시 식욕촉진에 있다. 일반적으로 전채요리 정도로 해석되지만, 불어의 사전적 의미는 주요리 코스 부분에서 제외되는 엑스트라(extra) 음식 정도로 직역된다.

오르되브르는 영어로 애피타이저(Appetizer), 우리말로는 전채(前菜), 이탈리아에서는 안티파스토(Antipasto)로 사용된다. 뉴욕주 테리타문의 유명한 조리사 키르시(Agail Kirsch)는 오르되브르를 한입거리의 식사로 정의했다.

오르되브르는 과외작업(outside of work)이라 하여 주식과는 다른 음식이라는 뜻을 내포하고 있으며, 사전적 의미는 '메뉴 외', '메뉴 밖의', 또한 '식사 전'으로도 해석된다.

프랑스에서 오르되브르의 문자상 의미는 'Main work' 또는 'Main object'(본 작품)이다. 또한 다양한 색채를 부여해서 예쁘면서도 간단하게 만들어 여러 종류 중에서 선택할 수 있게 해야 하며 한입에 들어갈 수 있게 작은 사이즈로 만들어 포크나 나이프를 사용하지 않아도 되고, 손에 묻지 않게 깔끔해야 한다.

Shiitake Mushroom Roll Stuffed with Mashed Potato and Paprika

감자와 파프리카로 속을 채운 표고버섯 롤

재료

Shiitake Mushroom(표고버섯) 100g
Spinach(시금치) 80g
Cucumber(오이) 50g
Sweet Pumpkin(단호박) 100g
Potato(감자) 1ea
Celery(셀러리) 50g
Carrot(당근) 50g
Chervil(처빌) 5g
Olive Oil(올리브오일) 20ml
Radish(무) 50g
Fennel(펜넬) 30g
Red Paprika(붉은 파프리카) 50g
Tomato(토마토) 100g
Salt(소금) 10g
Pepper(후추) 5g
Gelatin(젤라틴) 10g

만드는 과정

❶ 표고버섯은 얇게 썰어 끓는 물에 데쳐 찬물에 식힌다.
❷ 시금치는 씻어서 줄기를 제거한 후 끓는 물에 데쳐서 찬물에 식힌다.
❸ ①의 표고버섯과 ②의 시금치를 면포에 가지런히 펼쳐 물기를 제거한다.
❹ 자루냄비에 생크림, 직사각형의 무, 셀러리를 넣어 조린 후, 소금, 후추로 양념한다.
❺ 감자는 껍질을 벗겨 반으로 잘라 반쪽만 끓는 물에 삶는다.
❻ ⑤의 삶은 감자는 고운체에 내려 자루냄비에 담아 약한 불에서 수분을 제거한 후 젤라틴을 넣어 저어준다.
❼ 붉은 파프리카, 노란 파프리카는 껍질을 벗겨 스몰 다이스로 썰어놓는다.
❽ 단호박은 껍질을 벗겨 다이스로 썰어 끓는 물에 삶은 후 체에 내려 약한 불에서 수분을 제거한다.
❾ 펜넬은 얇게 슬라이스하여 끓는 물에 데친 후 팬에 볶아 소금, 후추로 양념한다.
❿ 비닐을 깔고 ③의 표고버섯과 시금치를 가지런히 놓는다.
⓫ ③의 표고버섯과 시금치에 ④, ⑥, ⑦, ⑧의 내용물을 채워 둥글게 만 후, 자른다.
⓬ 감자는 얇게 채썬 후 끓는 물에 데쳐서 둥근 몰드에 감싸 튀긴다.
⓭ 토마토는 껍질을 벗겨 씨를 제거한 후 토마토 콩카세로 썰어놓는다.
⓮ 접시에 둥근 몰드로 자른 오이, ⑨의 펜넬, ⑪의 둥글게 만 표고버섯 순으로 얹어 ⑬의 토마토 콩카세를 곁들인다.

Grilled Paprika Terrine Stuffed with Mashed Sweet Potato and Avocado

으깬 고구마, 아보카도를 채워 구운 파프리카 테린

재료

재료	분량	재료	분량
Sweet Potato(고구마)	1/2ea	Black Olive(블랙올리브)	2ea
Avocado(아보카도)	1/2ea	Bread(식빵)	1ea
Red Paprika(붉은 파프리카)	1ea	Pistachio(피스타치오)	20g
Yellow Paprika(노란 파프리카)	1ea	Cooking Oil(식용유)	30ml
Egg(달걀)	1ea	Pepper(후추)	10g
Asparagus(아스파라거스)	2ea	Salt(소금)	20g
Celery(셀러리)	50g	Spinach(시금치)	50g
Cresson(크레송)	10g	Cherry Tomato(방울토마토)	1ea
Flour(밀가루)	10g	Sweet Pumpkin(단호박)	100g

만드는 과정

❶ 고구마는 씻은 후, 호일로 감싸서 180℃로 예열된 오븐에 굽는다.
❷ 아보카도는 껍질을 벗겨 다이스로 썰어서 끓는 물에 데친다.
❸ ②의 아보카도는 고운체에 내려 소금, 후추로 양념한다.
❹ 붉은 파프리카, 노란 파프리카는 불에 태워 껍질을 벗긴 뒤 깨끗이 손질하여 수분을 제거한다.
❺ 자루냄비에 ①의 고구마를 체에 내려 약한 불에서 수분을 제거한다.
❻ ③의 아보카도와 간 피스타치오를 혼합하여 놓는다.
❼ 아스파라거스, 셀러리는 길게 썰어 끓는 물에 데친 후 팬에 볶아 소금, 후추로 양념한다.
❽ ④의 적 · 황색 파프리카는 일정한 크기와 길이로 자른다.
❾ 삼각 몰드에 비닐을 깔고, ⑧의 적 · 황색 파프리카를 가지런히 놓는다.
❿ ⑨에 ⑤의 고구마로 절반을 채워 다이스한 적 · 황색 파프리카, 셀러리를 사이사이에 넣는다.
⓫ ⑥의 아보카도를 ⑩의 나머지 부분에 채워 아스파라거스, 블랙올리브를 넣어 모양을 만든다.
⓬ 식빵은 둥글게 썰어 180℃의 예열된 오븐에서 굽는다.
⓭ 접시에 슬라이스한 방울토마토, 구운 식빵, ⑪의 내용물 순으로 얹는다.
⓮ ⑬의 내용물 옆에 시금치 튀일을 곁들인다.

시금치 튀일(Spinach Tuile)

❶ 시금치는 줄기를 제거하여 끓는 물에 데친 후 믹서기에 곱게 갈아 체에 내린다.
❷ ①의 시금치즙, 체에 내린 밀가루, 달걀, 소금을 넣고 반죽한다.
❸ ②의 반죽을 얇게 밀어 도우를 길게 자른다.
❹ 원형 기둥에 ②의 도우를 감아 100℃의 예열된 오븐에서 굽는다.

Saffron Flavored Potato and Boiled Lentil Bean

사프란향의 감자와 렌틸콩

재료

Sweet Pumpkin(단호박)	150g	Lentil Bean(렌틸콩)	20g
Potato(감자)	50g	Saffron(사프란)	5g
Egg(달걀)	1ea	Gelatin(젤라틴)	5g
Asparagus(아스파라거스)	2ea	Salt(소금)	a little
Chive(차이브)	10g	Pepper(후추)	a little
Cherry Tomato(방울토마토)	1ea		
Flour(밀가루)	50g		
Fresh Cream(생크림)	150ml		
Amaranth(아마란스순)	10g		

만드는 과정

❶ 단호박은 껍질을 벗긴 후, 씨를 제거하여 스몰 다이스로 썰어놓는다.
❷ ①의 단호박은 끓는 물에 삶아 체에 내려 약한 불에서 수분을 제거한다.
❸ 자루냄비에 ②의 단호박, 생크림, 소금, 설탕으로 양념하여 농도를 되직하게 맞춘다.
❹ 감자는 껍질을 벗겨 2cm 두께의 사각으로 잘라 사프란 물에 삶는다.
❺ 렌틸콩은 삶아 베샤멜 소스에 넣어 조린 후, 소금, 후추로 양념한다.
❻ ④의 감자 중앙에 홈을 파내어 ③의 단호박 퓌레로 채운다.
❼ ⑤의 렌틸콩에 녹인 젤라틴을 섞어 사각 몰드에 채워 굳힌다.
❽ 아스파라거스는 껍질을 벗긴 후, 끓는 물에 데쳐 소금, 후추로 간하여 볶는다.
❾ 차이브는 끓는 물에 데친 후, 찬물에 식힌다.
❿ 방울토마토는 끓는 물에 데쳐 껍질을 벗겨 둥글게 썰어준다.
⓫ ⑩의 방울토마토 위에 ⑥의 감자, ⑦의 렌틸콩, ⑧의 아스파라거스 순으로 놓고 차이브로 묶는다.
⓬ 아마란스순을 얹어 가니쉬한다.

Polenta Wrapped with Asparagus and Mashed Potato

아스파라거스를 감싼 폴렌타와 으깬 감자

재료

Pea(완두콩)	100g	Black Olive(블랙올리브)	1ea
Red Paprika(붉은 파프리카)	50g	Asparagus(아스파라거스)	2ea
Agar-agar(한천)	20g	Dill(딜)	5g
Onion(양파)	50g	Flour(밀가루)	20g
Olive Oil(올리브오일)	20ml	Pepper(후추)	some
Butter(버터)	20g	Orange(오렌지)	1/2ea
Potato(감자)	1ea	Gelatin(젤라틴)	10g
Sage(세이지)	3g	Salt(소금)	a little
Polenta(폴렌타)	30g		

만드는 과정

❶ 감자는 껍질을 벗겨 끓는 물에 삶아 체에 내린 후, 소금, 후추로 양념하여 약한 불에서 수분을 제거한다.
❷ 완두콩은 끓는 물에 데쳐 믹서기에 곱게 갈아 소금, 후추로 양념하여 약한 불에서 수분을 제거한다.
❸ 아스파라거스는 껍질을 벗겨 필러로 길게 썰어 끓는 물에 데쳐 식힌다.
❹ 자루냄비에 폴렌타, 우유를 넣고 끓여, 소금, 후추로 양념하여 되직하게 농도를 맞춘다.
❺ ④의 폴렌타에 ①의 감자를 넣고 저으면서 섞는다.
❻ 타원형 몰드에 비닐을 깔고 ③의 아스파라거스를 가지런히 놓는다.
❼ ④의 폴렌타와 ②의 완두콩 퓌레를 ⑥의 몰드에 양쪽으로 채워준다.
❽ ⑦의 내용물을 썰어 블랙올리브, 붉은 파프리카를 스몰 다이스로 썰어 붙인다.
❾ 오렌지는 얇게 슬라이스하여 설탕시럽에 담갔다가 건져서 실리콘 페이퍼에 놓은 후, 80℃의 예열된 오븐에서 6시간 말려준다.
❿ ⑨의 말린 오렌지를 둥근 몰드로 찍어 가니쉬로 사용한다.

Crab Meat Ball Filled with Cherry Tomato

방울토마토에 채운 게살볼

재료

Cherry Tomato(방울토마토)	2ea
Crab Meat(게살)	80g
Mayonnaise(마요네즈)	10g
Dijon Mustard(디종 머스터드)	10g
Tarragon(타라곤)	10g
Salt(소금)	a little
Pepper(후추)	a little
Red Paprika(붉은 파프리카)	20g
Yellow Paprika(노란 파프리카)	20g
Orange Paprika(주황 파프리카)	20g
Onion(양파)	30g
Lemon Juice(레몬주스)	20ml
Chive(차이브)	5g
Leaf Beet(적근대)	5g

만드는 과정

❶ 방울토마토는 씻어서 반으로 썬 뒤 씨를 제거해 준다.
❷ 게살은 물기를 제거하고 결대로 찢어놓는다.
❸ 양파, 적 · 황 · 주황색 파프리카는 곱게 다져놓는다.
❹ 차이브, 타라곤은 곱게 다져놓는다.
❺ ②의 게살에 마요네즈, 디종 머스터드, 레몬주스, ③의 채소, ④의 다진 타라곤, 소금, 후추로 양념하여 버무린다.
❻ ⑤의 양념한 게살은 둥글게 말아준다.
❼ ①의 방울토마토는 속의 물기를 제거하고, ⑥의 게살로 채운다.

Vegetable Terrine Wrapped with Tomato Jelly

토마토 젤리로 감싼 채소 테린

재료

Avocado(아보카도)	80g	Red Paprika(붉은 파프리카)	30g
Sour Cream(사워크림)	10g	Yellow Paprika(노란 파프리카)	30g
Butter(버터)	20g	Onion(양파)	10g
Flour(밀가루)	20g	Black Olive(블랙올리브)	1ea
Bread(식빵)	1ea	Tomato(토마토)	30g
Mini Vitamin(미니비타민)	10g	Milk(우유)	50ml
Asparagus(아스파라거스)	1ea	Sugar(설탕)	10g
Shiitake Mushroom(생표고버섯)	20g	Pepper(후추)	a little
Potato(감자)	1/2ea	Salt(소금)	a little
Squash(애호박)	1/2ea	Olive Oil(올리브오일)	10ml
Lemon Juice(레몬주스)	10ml	Orange Paprika(주황 파프리카)	50g
Egg(달걀)	1ea	Gelatin(젤라틴)	20g

만드는 과정

❶ 아보카도는 껍질을 벗겨 얇게 슬라이스하여 끓는 물에 데친 후 식혀서 물기를 제거한다.
❷ 적 · 황 · 주황색 파프리카는 불에 태워 껍질을 벗겨 손질한 후, 물기를 제거한다.
❸ 생표고버섯은 슬라이스하여 끓는 물에 데쳐 물기를 제거한다.
❹ 애호박은 씨 없는 부분을 얇게 썰어 아스파라거스와 끓는 물에 데쳐서 식힌다.
❺ 감자는 껍질을 벗겨 끓는 물에 삶아 체에 내린 후, 블랙올리브 중앙에 채운다.
❻ 스텐볼에 체에 내린 밀가루, 버터, 달걀을 반죽하여 얇게 밀어 모양을 만들어 180℃의 예열된 오븐에 굽는다.
❼ 토마토는 끓는 물에 데쳐 껍질을 벗긴 후 믹서기에 갈아 녹인 젤라틴을 넣어 섞는다.
❽ ⑦의 간 토마토를 얇은 팬에 비닐을 깔아 부어준 후, 냉장고에서 굳힌다.
❾ ⑧의 토마토는 비닐을 벗겨 다이아몬드 몰드로 찍는다.
❿ 타원형 몰드에 비닐을 깔고 ⑨의 토마토를 놓은 후, ①의 슬라이스한 아보카도를 가지런히 놓는다.
⓫ ⑩에 노란 파프리카, 애호박, 붉은 파프리카, 표고버섯, 블랙올리브 순으로 넣어 가볍게 눌러 채워준다.
⓬ ⑪의 채소 테린을 몰드에서 꺼내 잘라준다.
⓭ 식빵은 냉동시킨 후 사각으로 얇게 썰어 100℃의 예열된 오븐에 굽는다.
⓮ 구운 식빵, ⑪의 채소 테린, ⑥의 가니쉬를 얹는다.

Coated Duck Mousse with Black Olives and Herbs

블랙올리브와 허브를 묻힌 오리무스

재료

Duck Breast(오리가슴살)	100g	Black Olive(블랙올리브)	5ea
Onion(양파)	20g	Thyme(타임)	5g
Pistachio(피스타치오)	20g	Fresh Cream(생크림)	50ml
Garlic(마늘)	2g	Cooking Oil(식용유)	10ml
Egg(달걀)	1ea	Bread(식빵)	1ea
Dill(딜)	5g	Salt(소금)	a little
Dry Apricot(건살구)	30g	Pepper(후추)	a little
Agar-agar(한천)	10g	Beet Sprout(비트싹)	5g
Parsley(파슬리)	10g	Red Wine(레드와인)	10ml
Flour(밀가루)	10g		

만드는 과정

❶ 오리가슴살은 껍질을 벗겨 기름기를 제거한 후 팬에 굽는다.
❷ 커터기에 구운 오리가슴살, 레드와인, 생크림, 소금, 후추를 넣고 곱게 갈아준다.
❸ 다른 한쪽의 오리가슴살은 껍질을 벗겨 기름기를 제거한 후, 다이스로 썰어놓는다.
❹ ③의 오리가슴살은 팬에 볶아 레드와인에 조려준다.
❺ 건살구는 다이스로 썰어 레드와인, 설탕으로 윤기나게 조려준다.
❻ 블랙올리브는 80℃의 예열된 오븐에서 2시간 정도 드라이한 다음, 곱게 다져놓는다.
❼ 타임, 딜, 파슬리는 곱게 다져 혼합한다.
❽ 피스타치오는 껍질을 제거하여 곱게 다져 고운체에 내린다.
❾ 스텐볼을 중탕하여 ②, ④의 오리가슴살, ⑤의 건살구와 한천을 녹여 섞어준다.
❿ 사각 몰드에 비닐을 깔고 ⑨의 오리가슴살을 채워 냉장고에서 굳힌다.
⓫ ⑩의 오리가슴살을 빼내어 ⑥의 블랙올리브, ⑦의 허브를 양쪽 면에 묻힌다.
⓬ 식빵은 사각으로 썰어 팬에 노릇하게 굽는다.

Stuffed Fried Chicken Wings of Date and Grilled Chicken Breast with Lentil Bean

대추를 채워 튀긴 닭날개와 렌틸콩을 섞어 구운 닭가슴살

재료

Chicken Wings(닭날개)	1ea	Garlic(마늘)	2ea
Chicken Breast(닭가슴살)	50g	Lentil Bean(렌틸콩)	20g
Green Paprika(초록 파프리카)	30g	Fresh Cream(생크림)	80ml
Red Paprika(붉은 파프리카)	30g	Brandy(브랜디)	10ml
Onion(양파)	20g	White Wine(화이트와인)	20ml
Date(대추)	1ea	Bread Crumbs(빵가루)	10g
Manna Lichen(석이버섯)	10g	Beet Sprout(비트싹)	5g
Potato(감자)	1/2ea	Pistachio(피스타치오)	50g
Flour(밀가루)	20g	Lemon(레몬)	1/4g
Egg(달걀)	1ea	Pepper(후추)	a little
Thyme(타임)	5g	Salt(소금)	a little

만드는 과정

❶ 닭날개는 손질하여 껍질을 벗긴 후, 미트 텐더라이저로 얇게 두들겨 소금, 후추로 양념한다.
❷ 닭가슴살은 껍질을 벗겨 지방을 제거한 뒤 곱게 다져놓는다.
❸ ②의 닭가슴살에 다진 마늘, 브랜디, 소금, 후추로 양념한다.
❹ 대추는 씨를 제거하여 둥글게 말아준다.
❺ 피스타치오는 곱게 다져 체에 내려준다.
❻ 레몬은 껍질을 벗겨 곱게 다져 빵가루와 함께 섞는다.
❼ ①의 닭날개에 ③의 닭가슴살의 일부를 발라, ④의 대추, ⑤의 피스타치오를 넣어 둥글게 만든다.
❽ ⑦의 닭날개는 ⑥의 빵가루를 묻혀 180℃의 예열된 기름에서 튀겨준다.
❾ 붉은 파프리카, 초록 파프리카는 스몰 다이스로 썰어놓는다.
❿ 렌틸콩은 끓는 물에 삶아 백포도주, 생크림, 소금, 후추를 넣어 조려준다.
⓫ ③의 닭가슴살에 석이버섯, ⑨의 채소, ⑩의 렌틸콩을 넣고 섞어준 후, 사각 몰드에 채워 180℃의 예열된 오븐에 굽는다.
⓬ 감자는 껍질을 벗겨 얇게 슬라이스하여 끓는 물에 데쳐 식힌다.
⓭ ⑫의 감자를 실리콘 페이퍼 위에 겹친 후, 사이에 타임잎을 놓고 100℃의 예열된 오븐에서 굽는다.

Polenta and Roasted Chicken Breast Reduced with Red Wine

폴렌타와 레드와인에 조린 구운 닭가슴살

재료

Kidney Bean(강낭콩)	50g	Chicken Breast(닭가슴살)	100g
Onion(양파)	20g	Egg(달걀)	1ea
Bread(식빵)	1ea	Gelatin(젤라틴)	5g
Olive Oil(올리브오일)	20ml	Cherry Tomato(방울토마토)	1ea
Butter(버터)	10g	Garlic(마늘)	1ea
Flour(밀가루)	30g	Red Wine(레드와인)	80ml
Sage(세이지)	5g	Salt(소금)	a little
Polenta(폴렌타)	30g	Pepper(후추)	a little
Black Olive(블랙올리브)	1ea	Sugar(설탕)	10g
Asparagus(아스파라거스)	1ea	Manna Lichen(석이버섯)	10g
Red Papria(붉은 파프리카)	30g	Butter(버터)	10g
Yellow Paprika(노란 파프리카)	30g	Vinegar(식초)	20ml
Dill(딜)	5g		

만드는 과정

❶ 닭가슴살은 껍질을 제거한 후, 일부를 다이스로 썰어 적포도주, 소금, 후추로 양념하여 소테한다.
❷ 나머지 닭가슴살은 곱게 다져놓는다.
❸ ①, ②의 닭가슴살과 다진 석이버섯, 블랙올리브를 섞는다.
❹ ③의 닭가슴살을 사각 몰드에 채워, 180℃의 예열된 오븐에서 굽는다.
❺ 자루냄비에 폴렌타, 우유, 젤라틴을 넣어 끓인 후, 소금, 후추로 양념한다.
❻ 강낭콩은 커터기로 갈아 체에 내려 끓인 후, 젤라틴, 소금, 후추로 양념하여 섞어준다.
❼ ⑤의 폴렌타, ⑥의 강낭콩을 사각 몰드에 채워 굳힌다.
❽ 블랙올리브 비네그레트를 만들어놓는다.
❾ 방울토마토는 끓는 물에 데쳐 껍질을 벗겨 소금, 설탕, 올리브오일로 양념하여 80℃의 예열된 오븐에서 굽는다.
❿ 스텐볼에 밀가루, 달걀, 버터, 소금으로 반죽하여 얇게 밀어 일정한 간격으로 말아 100℃의 예열된 오븐에서 구워 튀일을 만든다.
⓫ 접시에 ⑦의 내용물과 ④의 구운 닭가슴살, ⑧의 블랙올리브 비네그레트를 뿌려 ⑨의 방울토마토, ⑩의 튀일을 곁들인다.

블랙올리브 비네그레트(Black Olive Vinaigrette)

▶ p.72 참고

Crab Meat Mixed with Herb and Salmon Roll

허브에 버무린 게살과 연어말이

재료

재료	분량
Smoked Salmon(훈제연어)	100g
Red Paprika(붉은 파프리카)	50g
Green Tea Powder(녹차가루)	10g
Bread(식빵)	1ea
Flour(밀가루)	30g
Dill(딜)	5g
Oregano(오레가노)	5g
Sour Cream(사워크림)	20g
Caper(케이퍼)	2ea
Horseradish(호스래디시)	10g
Shallot(샬롯)	1ea
Chive(차이브)	5g
Dijon Mustard(디종 머스터드)	10g
Chervil(처빌)	5g
Onion(양파)	20g
Thyme(타임)	2g
Lemon(레몬)	1/2ea
Celery(셀러리)	30g
Salt(소금)	a little
Egg(달걀)	1ea
White Pepper(흰 후추)	a little
Crab Meat(게살)	50g

만드는 과정

❶ 스텐볼에 녹차가루, 밀가루, 달걀, 소금, 물을 넣어 도우를 만들어 원형 몰드에 채워 180℃의 예열된 오븐에 구워 페이스트리를 만든다.
❷ 식빵은 몰드에 찍어 180℃의 예열된 오븐에서 굽는다.
❸ 게살은 손질하여 결대로 잘게 찢어놓는다.
❹ 붉은 파프리카, 샬롯, 케이퍼, 딜, 차이브는 곱게 다져놓는다.
❺ 스텐볼에 ③의 게살과 ④의 내용물을 넣어 사워크림, 호스래디시, 소금, 후추로 양념하여 버무린다.
❻ ⑤의 버무린 게살을 둥근 몰드에 채워 모양을 만든다.
❼ 훈제연어는 껍질을 제거한 후, 얇게 슬라이스하여 놓는다.
❽ ⑦의 훈제연어에 디종 머스터드를 바른 후, ⑥의 게살을 넣어 둥글게 말아준다.
❾ ①의 구운 녹차 페이스트리, ②의 구운 식빵, ⑥의 게살, ⑧의 훈제연어 순으로 얹는다.

Vegetable Tartar Wrapped with Cucumber and Smoked Salmon

오이로 감싼 채소 타르타르와 훈제연어

재료

재료	분량	재료	분량
Smoked Salmon(훈제연어)	100g	White Wine(백포도주)	50ml
Yellow Paprika(노란 파프리카)	30g	Radish(래디시)	1ea
Red Paprika(붉은 파프리카)	30g	Mayonnaise(마요네즈)	100g
Onion(양파)	30g	Dijon Mustard(디종 머스터드)	20g
Dill(딜)	5g	Caviar(캐비아)	10g
Chive(차이브)	5g	Fresh Cream(생크림)	20ml
Egg(달걀)	1ea	Mascarpone Cheese(마스카르포네 치즈)	30g
Apple(사과)	1/2ea	Lemon Juice(레몬주스)	10ml
Caper(케이퍼)	2ea	Salt(소금)	a little
Thyme(타임)	5g	Pepper(후추)	a little
Brandy(브랜디)	30ml		

만드는 과정

❶ 붉은 파프리카, 노란 파프리카, 사과, 양파는 브뤼누아즈로 썰어놓는다.
❷ ①의 채소에 케이퍼, 마요네즈, 레몬주스, 백포도주, 타임, 레몬주스, 소금, 후추로 양념하여 혼합한다.
❸ 오이는 깨끗이 씻어 필러로 껍질을 벗겨 얇게 슬라이스한다.
❹ ②의 채소를 둥근 몰드에 채워 ③의 오이로 말아준다.
❺ 스텐볼에 마스카르포네 치즈와 생크림, 레몬주스를 혼합하여 짤주머니에 채워 넣는다.
❻ 훈제연어는 0.5cm 두께로 2쪽을 슬라이스하여 둥근 몰드로 자른다.
❼ ⑥의 내용물에 디종 머스터드를 발라, 다진 딜로 양념하여 ④의 채소를 얹은 후, 훈제연어를 올린다.
❽ ⑦의 내용물 위에 ⑤의 마스카르포네 치즈를 짜준 다음, 래디시와 차이브로 가니쉬한다.

Mixed Polenta of Parmesan Cheese and Blue Cheese

폴렌타에 섞은 파마산 치즈와 블루 치즈

재료

Polenta(폴렌타)	100g	Gelatin(젤라틴)	10g
Parmesan Cheese(파마산 치즈)	30g	Sage(세이지)	5g
Olive Oil(올리브오일)	20ml	Cherry Tomato(방울토마토)	1ea
Shallot(샬롯)	1ea	Flour(밀가루)	20g
Red Wine(레드와인)	50ml	Egg(달걀)	1ea
Blue Cheese(블루 치즈)	50g	Laver(김)	1ea
Salt(소금)	a little	Butter(버터)	20g
Pepper(후추)	a little	Cream Cheese(크림 치즈)	50g
Milk(우유)	150ml		

만드는 과정

❶ 스텐볼에 밀가루, 달걀, 소금, 물을 넣고 도우를 만들어 원형 몰드에 채워 180℃의 예열된 오븐에 구워 페이스트리를 만든다.

❷ 자루냄비에 폴렌타, 우유를 끓여 소금, 후추를 넣어 양념한다.

❸ 파마산 치즈를 그레이터로 곱게 갈아 ②의 폴렌타에 섞어 거품기로 저어준다.

❹ ③의 내용물을 사각 몰드에 굳혀 식으면, 달궈진 석쇠에 무늬를 내준다.

❺ 블루 치즈, 크림 치즈를 혼합하여 스텐볼에 담아 중탕시켜 젤라틴을 섞어 사각 몰드에 채워 굳힌다.

❻ 밀가루, 달걀, 버터, 김, 소금, 후추, 설탕으로 도우를 만들어 얇게 민 후, 사각으로 잘라 180℃의 예열된 오븐에 구워 김 비스킷을 만든다.

❼ ④의 폴렌타 위에 ⑤의 치즈를 얹어 ⑥의 김 비스킷을 붙인다.

❽ 샬롯은 껍질을 벗겨 달궈진 팬에 볶은 후, 레드와인, 설탕에 조려 소금으로 양념한다.

❾ ①의 페이스트리, ⑦의 내용물, 방울토마토, ⑧의 샬롯 순으로 접시에 담는다.

Wrapped Crab Meat of Avocado Roll
아보카도로 감싼 게살 롤

재료

재료	분량	재료	분량
Avocado(아보카도)	1ea	Lemon(레몬)	1/2ea
Crab Meat(게살)	100g	Dijon Mustard(디종 머스터드)	10g
Onion(양파)	30g	Dill(딜)	5g
Sour Cream(사워크림)	10g	Pepper(후추)	a little
Olive Oil(올리브오일)	20ml	Salt(소금)	a little
Thyme(타임)	5g	Flour(밀가루)	20g
Beet(비트)	20g	Vinegar(식초)	10ml
Lemon Juice(레몬주스)	10ml	Sugar(설탕)	10g
Mayonnaise(마요네즈)	10g		

만드는 과정

❶ 게살은 손질하여 스티밍한다.
❷ 양파, 딜, 타임은 다져놓는다.
❸ ①의 게살에 ②의 다진 양파와 허브, 레몬주스, 마요네즈, 소금, 후추를 넣어 양념한다.
❹ 아보카도는 껍질을 벗겨 얇게 슬라이스하여 끓는 물에 데쳐 찬물에 식힌다.
❺ ④의 아보카도를 비닐 위에 가지런히 놓은 후, 사워크림, 디종 머스터드를 발라 ③의 게살을 놓고 둥글게 말아준다.
❻ 비트는 껍질을 벗긴 후 다이스로 썰어 설탕, 식초, 레몬주스를 넣어 충분히 삶아 믹서기로 갈아 체에 내린다.
❼ 스텐볼에 ⑥의 비트즙, 밀가루, 올리브오일, 소금을 혼합하여 팬에 구워 비트 튤리를 만든다.
❽ ⑤의 게살을 썰어 아보카도에 얹어 레몬, 타임을 곁들인다.

Appetizer

애피타이저

애피타이저(Appetizer)란 서양요리의 첫 번째 코스로 적은 양으로 식사를 시작하기 전에 식욕을 돋우는 음식이나 음료를 말한다.

전채요리의 어원에 대하여는 학자들에 따라 조금씩 차이가 있지만 식사를 하기 위해 식탁에 앉기 전에 독한 술(liquor)을 마시며 찬장(zakuski)에 있는 요리를 먹었는데 여기서 유래되었다고 한다.

애피타이저의 메뉴 구성 시, 기본적인 조건들을 충족시키기 위하여 신선한 재료를 사용해야 하며, 한 접시 안에 입맛을 자극할 수 있는 신맛과 짠맛이 공존해야 하고, 한입에 먹기 좋은 크기로 조절하며, 시각적으로 보기 좋게 함과 동시에 영양적 균형을 고려해야 한다. 전채에 사용되는 재료로는 신선한 채소, 작은 크기의 파이 등 식욕을 증진시키기 위한 가벼운 음식물 등이 적당하다. 과거에는 음료로 술, 칵테일(Cocktail)이나 와인(Wine), 셰리(Sherry), 버무스(Vermouth), 마데이라(Madeira)나 보드카(Vodka) 등을 사용하거나 토마토, 오렌지, 그레이프프루츠 등의 과일주스와 미네랄워터로 대체하는 경우도 있었다. 오늘날에는 다양한 식재료인 육류(Meat), 채소(Vegetable), 파스타(Pasta), 치즈(Cheese) 등을 이용한다.

또한 잘 만들어진 애피타이저는 위에 부담을 덜어주며 미식가의 기분을 좋게 하고 다음에 제공될 음식에 대한 기대를 하게 만든다.

1. 애피타이저의 종류(Kind of Appetizer)

정식 메뉴의 코스로 정착된 애피타이저는 찬 애피타이저(Cold Appetizer)와 더운 애피타이저(Hot Appetizer)로 분류되며, 형태에 따라 플레인(Plain)과 드레스드(Dressed)로 나뉜다. 플레인(Plain)은 형태와 모양, 맛 등이 그대로 유지되는 훈제연어, 생굴 등을 말하고, 드레스드(Dressed)는 조리사의 아이디어와 기술로 조리되어 원래의 맛은 유지하나 모양과 형태가 변형된 각종 테린(Terrine) 등이 포함된다.

1) 찬 애피타이저(Cold Appetizer)

캐비아(Caviar)는 흑해와 카스피해에 서식하는 철갑상어의 알을 소금에 절인 식품으로 철갑상어 알은 상어를 잡자마자 알을 꺼내 알 가장자리의 막을 제거하고 소금에 절여 냉동하거나 병조림한 것이다.

캐비아는 알의 크기가 크고 은회색 빛깔이 연할수록 질 좋은 것이며, 등급으로는 벨루가(Beluga 1등급), 오세트라(Osetra 2등급), 세브루가(Sevruga) 순으로 구분되고 짠맛과 쓴맛이 없이 연하고 순한 맛을 가져야 제대로 된 상품이다. 고열량식품으로 씹으면 고소하고 독특한 풍미를 가지고 있어 탄산이 들어 있는 샴페인과 함께 먹으면 더욱 입맛을 돋운다. 캐비아는 얼음 위에 놓아서 오드블로 차려지며, 카나페처럼 토스트에 올려 애피타이저로 이용한다.

푸아그라(Foie Gras)는 프랑스어로 '살찐 거위간(Fat Liver)'이라는 뜻으로 먹이를 많이 먹여 움직이지 못하게 하여 비대해진 거위의 간을 뜻한다. 프랑스에서는 가격이 매우 비싸 보통 오르되브르에 사용하거나 크리스마스 등의 명절에 먹는다. 보통 붉은색이나 베이지색을 띠며 지방함량이 높아서 맛이 풍부하고 매우 부드럽다. 푸아그라는 우유에 넣었다가 힘줄을 제거한 후 틀에 넣어 오븐에서 구워 식혀 만든 것, 즉 테린으로 조리하여 먹는다.

트러플(Truffle)은 우리말로 하면 송로버섯으로, 라틴어 '파생(Tuber)'에서 유래되었다. 떡갈나무 아래 흙 속에서 자라는 트러플은 일반 버섯과 달리 땅 밑의 깊은 곳에서 자생한다. 육안으로는 발견하기 힘들기 때문에 특별히 훈련된 개나 돼지를 이용하여 채취하며, 인공재배가 되지 않는 종으로 땅속에서 자라기 때문에 채취하기도 어렵다. 그래서 유럽에서는 '땅속의 다이아몬드'라 불리기도 한다. 트러플은 강하면서 독특한 향을 가지고 있어 음식 전체의 맛을 좌우하기 때문에 많은 양을 넣지 않고 소량만 사용한다.

트러플은 애피타이저에도 사용되지만, 수프, 소스, 육류 요리, 드레싱 등으로 다양하게 사용된다. 일반적으로 요리에 사용할 때는 얇게 슬라이스해서 먹으며, 특유의 농후하고 깊은 향을 없애지 않기 위해 오래 가열하거나 조리하지 않는다.

2) 더운 애피타이저(Hot Appetizer)

파이(Pie)는 밀가루, 달걀, 버터, 소금 등으로 반죽하여 파이용 그릇에 담아 과일이나 고기 등의 다양한 재료를 채워 오븐에 구워 애피타이저 또는 디저트로 먹기도 하는 따뜻한 음식이다. 달콤한 잼이나 크림을 곁들여 제공되어 입맛을 돋우어주기도 한다.

에스카르고(Escargot)는 프랑스어로 달팽이 또는 나사 모양을 뜻하며, 고대 로마시대부터 미식(美食)의 하나로 여겨졌고 BC 50년경에 이미 양식되었다는 기록이 있으며, 이것이 전해져 프랑스의 에스카르고 요리가 되었다. 식용달팽이로 껍질을 벗기고 살만 손질해 채소와 함께 육수를 넣고 끓여 스튜로 만들거나, 껍질을 이용해 살을 물에 데쳐 향신료와 버터, 레몬즙, 다진 파슬리를 뿌려 오븐에 익혀 구워 오르되브르로 이용하기도 한다.

라비올리(Ravioli)는 밀가루, 달걀, 식용유, 소금 등을 넣고 반죽하여 얇게 밀어서 네모 또는 반달 모양으로 자른 후 안에 다양한 식재료를 넣어 만든 이탈리아식 만두 요리이다. 끓는 물에 삶아 익힌 후 접시에 담아 따뜻한 토마토 소스 등을 얹어 제공한다.

Vegetable Terrine Filled with Various Vegetables

여러 가지 채소를 채운 채소 테린

재료

재료	분량	재료	분량
Squash(애호박)	1ea	Quinoa(퀴노아)	20g
Sweet Pumpkin(단호박)	100g	Potato(감자)	2ea
Asparagus(아스파라거스)	1ea	Carrot(당근)	1ea
Gelatin(젤라틴)	10g	Salt(소금)	a little
Shiitake(표고버섯)	100g	Sugar(설탕)	a little
Black bean(검정콩)	20g	Pepper(후추)	a little
Pea(완두콩)	5g		
Broccoli(브로콜리)	20g		
Red Paprika(붉은 파프리카)	30g		

만드는 과정

❶ 애호박은 얇게 슬라이스하여 끓는 물에 살짝 데쳐 찬물에 식힌다.
❷ 단호박은 껍질을 벗겨 다이스로 자른 후 삶아 설탕으로 간한다.
❸ 검정콩은 끓는 물에 삶아 식혀 소금, 후추로 간한다.
❹ 브로콜리, 아스파라거스는 끓는 물에 데쳐 찬물에 식힌다.
❺ 감자는 다이스로 자른 후 삶아 소금, 후추로 간한다.
❻ 표고버섯은 끓는 물에 데친 후, 찬물에 식혀 물기를 짜준다.
❼ 퀴노아는 끓는 물에 데친 후 식혀 소금으로 간한다.
❽ 사각 몰드에 비닐을 깔고, ①의 슬라이스한 애호박을 가지런히 놓는다.
❾ ⑧의 몰드에 채소를 순서대로 채워 눌러준 후 냉장고에서 굳힌다.
❿ ⑨의 채소 테린을 잘라 접시에 나란히 담는다.

Melon Wrapped in Prosciutto Ham

프로슈토햄으로 감싼 멜론

재료

Melon(멜론) 150g
Prosciutto Ham(프로슈토햄) 80g
Tomato(토마토) 1/4ea
Black Olive(블랙올리브) 1ea
Green Olive(그린올리브) 1ea
Kalamata Olive(칼라마타 올리브) 1ea
Camembert Cheese(카망베르 치즈) 30g

만드는 과정

❶ 멜론은 껍질을 벗기고 일정한 모양으로 자른다.
❷ 프로슈토햄은 얇게 슬라이스하여 ①의 멜론에 감싸준다.
❸ 카망베르 치즈는 웨지로 썰어준다.
❹ 토마토는 깨끗이 씻어 웨지로 자른다.
❺ 접시에 ②의 프로슈토햄으로 감싼 멜론을 담고 카망베르 치즈와 토마토, 세 가지의 올리브를 곁들인다.

프로슈토햄(Prosciutto Ham)

※ 프로슈토(Prosciutto)는 '완전히 건조된(Dried thoroughly)'의 뜻을 가진 라틴어 '페렉스숙툼'에서 유래된 말로 통째로 절여 바람에 말리는 과정을 거쳐서 생산한 대표적인 햄의 종류이다. 이탈리아 햄은 원산지인 도시나 지역의 명칭에 따라 햄의 이름이 지어지며, 프로슈토햄은 얇게 썬 상태로 먹는 것이 가장 좋으며 멜론과 같이 첫 번째 코스요리에 제공되면 좋다.

Assorted Fried Shrimp

모둠 새우튀김

재료

재료	분량	재료	분량
Shrimp(새우)	4ea	White Wine(백포도주)	10ml
Scallop(관자)	2ea	Bread(식빵)	1/2ea
Bread Crumbs(빵가루)	20g	Lemon(레몬)	1/4ea
Flour(밀가루)	10g	Avocado(아보카도)	1/2ea
Egg(달걀)	1ea	Yellow Paprika(노란 파프리카)	30g
Cooking Oil(식용유)	200ml	Red Paprika(붉은 파프리카)	30g
Mayonnaise(마요네즈)	30ml	Black Olive(블랙올리브)	1ea
Sour cream(사워크림)	20	Pansy(팬지)	1ea
Lemon Juice(레몬주스)	20ml	Endive(엔다이브)	100g
Dill(딜)	2g	Salt(소금)	a little
Chervil(처빌)	2g	Peppercorn(통후추)	5g
Black Sesame(검정깨)	5g	Toothpick(이쑤시개)	1ea
Pistachio(피스타치오)	5g		

만드는 과정

❶ 새우는 껍질을 벗겨 내장을 제거하고 곱게 다진다.
❷ ①의 다진 새우에 다진 관자, 마늘, 밀가루, 빵가루, 소금, 후추로 반죽하여 둥근 모양으로 만든다.
❸ 흑임자와 피스타치오, 빵가루에 ②의 둥근 새우를 각각 묻혀 노릇하게 튀긴다.
❹ ③의 흑임자, 피스타치오, 빵가루에 묻혀 튀긴 새우를 이쑤시개에 꽂아준다.
❺ 마요네즈, 사워크림, 레몬주스, 딜, 소금, 설탕으로 간하여 딥소스를 만든다.
❻ 식빵은 스몰 다이스로 썰어 팬에 볶아 크루통을 만든다.
❼ 아보카도, 에멘탈 치즈는 다이스로 썰어준다.
❽ 블랙올리브는 둥글게 슬라이스하고 붉은 파프리카, 노란 파프리카는 얇게 썬다.
❾ 접시에 ④의 새우튀김을 담고 ⑤의 딥소스를 뿌려준 후 크루통, 아보카도, 에멘탈 치즈, 블랙올리브, 엔다이브, 팬지, 파프리카, 처빌을 곁들여준다.

Ricotta Cheese Stuffed with Tomato

토마토로 속을 채운 리코타 치즈

재료

Carrot(당근) 1/2ea	Pepper(후추) 10g	Red Wine(적포도주) 100ml
Yellow Paprika(노란 파프리카) 30g	Apricot(살구) 1ea	Milk(우유) 200ml
Spring Onion(대파) 50g	Onion(양파) 60g	Tomato(토마토) 1/2ea
Apple(사과) 1/2ea	Starch(전분) 10g	Sliced Pineapple(파인애플) 50g
Sugar(설탕) 10g	Honey(꿀) 20g	Cherry Tomato(방울토마토) 1ea
Vinegar(식초) 20ml	Orange Juice(오렌지주스) ... 100ml	Leaf Beet(적근대) 5g
Garlic(마늘) 5g	Lemon(레몬) 1/2ea	Thyme(타임) 5g
Salt(소금) 10g	Spinach(시금치) 50g	

만드는 과정

❶ 대파는 파란 부분을 썰어 끓는 물에 데친 후, 찬물에 식혀 면포 위에 펼쳐 물기를 제거한다.
❷ 자루냄비에 우유를 넣고 끓어오르면 식초를 넣는다. 이때 단백질 성분인 카제인이 응고되는데, 이것을 치즈클로스에 걸러 수분을 제거한다.
❸ 사과 처트니, 파인애플 처트니를 만들어놓는다.
❹ 시금치는 데쳐서 물기를 제거한 후, 팬에 다진 양파와 함께 볶아 소금, 후추로 양념한다.
❺ 토마토는 끓는 물에 데쳐 껍질을 벗긴 후, 토마토 콩피를 만든다.
❻ 노란 파프리카, 당근은 스몰 다이스로 썰어 끓는 물에 데쳐서 식힌다.
❼ 스텐볼에 ②의 치즈와 토마토 콩카세, ⑥의 데친 채소를 섞어 소금, 설탕으로 양념한다.
❽ 비닐 위에 ①의 대파를 가지런히 펼쳐 깔아준다.
❾ ⑧에 준비된 ⑦의 치즈를 채워 둥글게 말아 2cm 길이로 썰어준다.
❿ 접시에 ③의 사과 처트니, 파인애플 처트니, ④의 시금치를 가지런히 놓은 다음, ⑨의 리코타 치즈를 얹어 ⑤의 토마토 콩피를 곁들인다.

토마토 콩피(Tomato Confit)

❶ 토마토는 끓는 물에 데친 후, 껍질을 제거하고 8등분으로 썰어 씨를 제거한다.
❷ ①의 토마토와 슬라이스한 바질, 마늘과 다진 타임, 올리브오일, 소금, 후추, 설탕을 넣어 양념한 후, 시트팬에 담는다.
❸ ②의 토마토는 100℃의 예열된 오븐에서 2시간 동안 구워준다.

사과 처트니(Apple Chutney)

❶ 사과는 껍질을 벗겨 8등분으로 썰어 달궈진 팬에서 노릇하게 색깔을 내준다.
❷ 자루냄비에 ①의 사과, 적포도주, 오렌지주스, 레몬주스를 넣고 조린다.
❸ ②의 조려진 사과에 꿀, 설탕을 넣고 윤기나게 조려준다.

파인애플 처트니(Pineapple Chutney)

❶ 팬에 파인애플의 색을 노릇하게 구워준다.
❷ 자루냄비에 ①의 파인애플, 오렌지주스, 레몬주스를 넣어 조린다.
❸ ②의 조려진 파인애플에 꿀, 설탕을 넣고 윤기나게 조려준다.

Fish Timbal with Cresson Sauce

크레송 소스를 곁들인 생선 팀발

재료

Sea Bream(도미살)	80g	Onion(양파)	30g
Flatfish(혀넙치)	80g	Lemon(레몬)	1/2ea
Butter(버터)	20g	Fresh Cream(생크림)	150ml
Flour(밀가루)	20g	White Wine(백포도주)	100ml
Brandy(브랜디)	10ml	Salt(소금)	a little
Spinach(시금치)	50g	White Pepper(흰 후추)	a little
Radish(무)	50g	Bay Leaf(월계수잎)	1 leaf
Carrot(당근)	50g	Tabasco Sauce(타바스코 소스)	15ml
Potato(감자)	100g	Clove(정향)	5g
Squash(애호박)	50g	Chervil(처빌)	5g
Cooking Oil(식용유)	80ml	Cresson(크레송)	50g
Egg(달걀)	1ea	Sugar(설탕)	a little

만드는 과정

❶ 도미살과 혀넙치는 내장과 머리 부분을 제거한 후, 4등분으로 필레하여 껍질을 벗긴다.
❷ ①의 도미살, 혀넙치는 다이스로 자른다.
❸ ②의 도미살, 혀넙치는 커터기에 담아 레몬주스, 백포도주, 생크림을 넣고 곱게 갈아 소금, 후추로 양념한다.
❹ ③의 간 생선은 고운체에 내려 달걀 흰자와 브랜디를 넣어 고루 섞어준다.
❺ 둥근 볼에 버터를 발라 ④의 생선을 넣고 기포가 생기지 않도록 가볍게 쳐준 후, 호일을 씌워준다.
❻ 자루냄비에 물을 끓인 후, ⑤의 생선을 넣어 뚜껑을 덮고 약한 불에 20분 정도 스티밍해 준다.
❼ 크레송은 씻어서 줄기부분을 제거한 후 크레송 소스를 만든다.
❽ 감자는 올리베트로 잘라 끓는 물에 삶아 버터에 소테한다.
❾ 애호박, 무, 당근도 올리베트로 잘라 끓는 물에 데쳐준다.
❿ ⑨의 애호박, 무는 채소육수와 버터를 녹여 소테한다.
⓫ ⑨의 당근은 버터, 설탕, 레몬주스를 넣어 조려준다.
⓬ 접시에 크레송 소스를 넓게 뿌린 후, 백포도주 소스를 중앙에 뿌려준다.
⓭ 달궈진 팬에 다진 마늘, 양파, 시금치 순으로 소테한다.
⓮ ⑬의 볶은 시금치를 접시 중앙에 깔아준 후, ⑥의 생선 팀발을 얹는다.

크레송 소스(Cresson Sauce)

▶ p.76 참고

백포도주 소스(White Wine Sauce)

▶ p.71 참고

Crab Meat Wrapped with Salmon and Vegetable Vinaigrette

연어로 만 게살과 채소 비네그레트

재료

Smoked Salmon(훈제연어)	100g	Chervil(처빌)	5g
Crab Meat(게살)	50g	Chicory(치커리)	20g
Dill(딜)	5g	Green Vitamin(그린비타민)	20g
Sour Cream(사워크림)	20g	Winter Mushroom(팽이버섯)	10g
Apple(사과)	1/2ea	White Wine(화이트와인)	30ml
Onion(양파)	1/2ea	Salt(소금)	a little
Lemon(레몬)	1/2ea	Pepper(후추)	a little
Tomato(토마토)	1/2ea	Sugar(설탕)	a little
Red Paprika(붉은 파프리카)	50g	Cucumber(오이)	50g
Yellow Paprika(노란 파프리카)	50g	Green Paprika(초록 파프리카)	50ml
Olive Oil(올리브오일)	40ml	Chive(차이브)	5g
Vinegar(식초)	20ml	Celery(셀러리)	20g
Lemon Juice(레몬주스)	10ml	Mayonnaise(마요네즈)	10ml

만드는 과정

❶ 게살은 스티밍한 후, 껍질을 벗겨 결대로 찢어놓는다.
❷ 훈제연어는 얇게 슬라이스한다.
❸ 사과는 껍질을 벗겨 가늘게 채썰어 설탕물에 담가놓는다.
❹ 차이브는 곱게 다져놓는다.
❺ 채소 비네그레트를 만들어놓는다.
❻ ①의 게살에 다진 마늘, 레몬즙, 설탕, 소금, 후추를 넣고 버무려 양념한다.
❼ ②의 훈제연어를 가지런히 펼쳐, ⑥의 게살과 팽이버섯, 처빌, 사과 순으로 놓은 다음, 둥글게 말아준다.
❽ 그린비타민, 치커리는 손질하고, 오이는 슬라이스로 썰어 부케가르니를 만들어놓는다.
❾ 사과, 적 · 황 · 녹색 파프리카, 양파, 토마토, 셀러리는 스몰 다이스로 썰어놓는다.
❿ ⑨의 채소에 마요네즈, 레몬주스, 소금, 후추, 설탕으로 양념하여 버무린다.
⓫ 둥근 몰드에 ⑩의 내용물을 채워 모양을 만들어, 얇게 슬라이스한 오이로 감싸준다.
⓬ 접시에 채소 비네그레트와 ⑦의 훈제연어로 만 게살을 접시에 담고 허브로 가니쉬한다.

채소 비네그레트(Vegetable Vinaigrette)

▶ p.72 참고

※ Green Vitamin, Chicory 등의 허브채소는 차가운 물에 담가 싱싱하게 해서 사용한다.

Vegetables Tartar with Yogurt Basil Sauce

요구르트 바질 소스를 곁들인 채소 타르타르

재료

Squash(애호박) 50g
Red Paprika(붉은 파프리카) 50g
Yellow Paprika(노란 파프리카) 50g
Parsley(파슬리) 10g
King Oyster Mushroom(새송이버섯) 30g
Tomato(토마토) 50g
Mayonnaise(마요네즈) 20ml
Olive Oil(올리브오일) 30ml
Plain Yogurt(플레인 요구르트) 100ml
Basil(바질) 5g
Cherry Tomato(방울토마토) 1ea
Shiitake Mushroom(표고버섯) 50ml
Red Wine Vinegar(레드와인식초) 20ml
Soft Soybean Curd(연두부) 1/2ea
Honey Mustard(허니머스터드) 10g
Salt(소금) .... a little
Pepper(후추) .... a little
Eggplant(가지) 50g
Sugar(설탕) .... a little
Orange Paprika(주황 파프리카) 30g
Amaranth(아마란스순) 10g
Mini Vitamin(미니비타민) 10g
Chervil(처빌) 5g
Cooking Oil(식용유) 30ml
Sugar(설탕) .... a little
Parmesan Cheese(파마산 치즈) 10g

만드는 과정

❶ 새송이버섯, 표고버섯, 애호박, 적 · 황색 파프리카는 스몰 다이스로 썰어놓는다.
❷ 달궈진 팬에 ①의 채소를 볶고 바질 슬라이스한 후 소금, 후추로 양념한다.
❸ 토마토는 끓는 물에 데쳐 껍질을 벗겨 씨를 제거한 후, 토마토 콩카세한다.
❹ 바질은 깨끗이 씻어 믹서기에 올리브오일, 플레인 요구르트, 소금, 후추를 넣어 요구르트 바질 소스를 만든다.
❺ 스텐볼에 ②의 채소, ③의 토마토 콩카세를 섞어 마요네즈, 허니머스터드, 소금, 후추로 양념하여 버무린다.
❻ 연두부는 둥근 몰드에 찍어 소금, 후추로 양념한다.
❼ 접시에 요구르트 바질 소스를 뿌린 후, 둥근 몰드에 연두부와 ⑤의 채소를 채워준다.
❽ 바질은 기름에 튀겨준다.
❾ 방울토마토는 소금, 후추, 설탕, 올리브오일에 버무려, 80℃의 예열된 오븐에서 굽는다.
❿ 미니비타민, 아마란스순, 처빌은 레드와인식초에 버무려, ⑦의 채소 타르타르 위에 얹어준다.

요구르트 바질 소스(Yogurt Basil Sauce)

▶ p.72 참고

Pappardelle and Seafood Pickled with Vinaigrette

비네그레트로 버무린 해산물과 파파르델레

재료

Strong Flour(강력밀가루) 60g	Orange(오렌지) 1/2ea	Mini Chicory(미니치커리) 10g
Black Olive(블랙올리브) 2ea	Vinegar(식초) 20ml	Beet(비트) 30g
Onion(양파) 30g	Olive Oil(올리브오일) 90ml	Yellow Paprika(노란 파프리카) 50g
Dijon Mustard(디종 머스터드) .. 10g	Pine Nut(잣) 20g	Radish(래디시) 1/2ea
Lemon(레몬) 1/3ea	Cherry Tomato(방울토마토) 1ea	Tomato(토마토) 50g
Leaf Beet(적근대) 5g	Winter Mushroom(팽이버섯) 20g	Chive(차이브) 10g
Lemon Juice(레몬주스) 20ml	White Pepper Powder(흰 후추) a little	Dill(딜) 5g
White Wine(백포도주) 60ml	Scallop(관자) 3ea	Chervil(처빌)..5g
Red Paprika(붉은 파프리카) 50g	Egg(달걀) 1ea	
Saffron(사프란) 5g	Cresson(크레송) 20g	
Salt(소금) 10g	Shrimp Cocktail(새우칵테일) 2ea	

만드는 과정

❶ 관자는 질긴 막부분을 제거한 후, 끓는 물에 데쳐 반으로 썰어 소금, 후추로 양념한다.
❷ 새우는 머리와 내장을 제거한 후, 끓는 물에 데쳐 칼집을 넣어 소금, 후추로 양념한다.
❸ 블랙올리브는 곱게 다져 ①의 관자 일부에 올리브오일과 함께 뿌려준다.
❹ 잣 비네그레트와 블랙올리브 비네그레트를 만든다.
❺ 사프란 물을 넣어 파파르델레 반죽을 만들어 얇게 민 다음, 두께 0.2cm, 가로 2cm, 세로 12cm로 썰어 삶는다.
❻ ⑤의 파파르델레에 올리브오일을 발라 서로 붙지 않게 한다.
❼ 붉은 파프리카, 노란 파프리카는 불에 태워 껍질부분을 벗긴 후, 둥근 몰드로 찍어 소금, 후추, 올리브오일로 양념한다.
❽ 방울토마토는 끓는 물에 데쳐 껍질을 벗긴 후, 소금, 설탕, 올리브오일에 양념하여 80℃의 예열된 오븐에서 굽는다.
❾ 비트는 껍질을 벗겨 쥘리엔으로 썰어 비니거오일에 버무린다.
❿ 파파르델레는 둥글게 말아 크레송, 미니치커리, 적근대로 부케를 만든다.
⓫ ①의 관자는 블랙올리브 비네그레트를 뿌려 양념한다.
⓬ ②의 새우는 잣 비네그레트를 뿌려 양념한다.
⓭ 접시에 관자, 새우, 노란 파프리카, 붉은 파프리카, 토마토를 가지런히 놓고 파파르델레 부케를 놓는다.
⓮ ⑨의 비트는 ⑬의 내용물 위에 얹어준다.

블랙올리브 비네그레트(Black Olive Vinaigrette)

▶ p.72 참고

잣 비네그레트(Pine Nut Vinaigrette)

▶ p.73 참고

Salmon Terrine with Avocado Salsa

아보카도 살사를 곁들인 연어테린

재료

Salmon(연어)	100g	Avocado(아보카도)	1ea
Red Paprika(붉은 파프리카)	30g	Orange Paprika(주황 파프리카)	30g
Dill(딜)	10g	Salt(소금)	a little
Spring Onion(대파)	50g	Pepper(후추)	a little
Leaf Beet(적근대)	10g	White Wine(화이트와인)	30ml
Laver(김)	1ea	Chopped Garlic(다진 마늘)	5g
Yellow Paprika(노란 파프리카)	30g	Olive Oil(올리브오일)	20ml
Fresh Cream(생크림)	100ml	Mango(망고)	1ea
Egg White(달걀 흰자)	1ea	Shallot(샬롯)	20g
Chervil(처빌)	5g	Lemon Juice(레몬주스)	10ml
Chicory(치커리)	5g	Scallop(관자)	2ea
Chive(차이브)	5g		

만드는 과정

❶ 연어는 다이스로 썰어 커트기로 곱게 갈아놓는다.
❷ 망고, 아보카도는 껍질을 벗겨 다이스로 썰어놓는다.
❸ 스텐볼에 ①의 연어, 레몬주스, 달걀 흰자를 섞어 생크림을 조금씩 넣어 저어주면서 테린 반죽을 만든다.
❹ 관자는 질긴 막을 제거하여 끓는 물에 데친 후, 다이스로 썰어놓는다.
❺ 붉은 파프리카, 노란 파프리카는 스몰 다이스로 썰어놓는다.
❻ 대파는 파란 부분을 끓는 물에 데쳐 점액부분을 긁어 물기를 제거한다.
❼ 스텐볼에 ③의 테린반죽, ④의 관자, ⑤의 파프리카, 다진 딜, 소금, 후추로 양념하여 섞는다.
❽ ⑦의 내용물은 짤주머니에 넣어 담아놓는다.
❾ ⑥의 대파는 가지런히 깔고 위에 김을 얹어 ⑧의 반죽을 짜준 다음, 둥글게 말아 찜통에서 10분 정도 스티밍한다.
❿ 접시에 채소를 가지런히 놓고, 연어테린을 썰어 가지런히 담는다.
⓫ ⑩의 연어테린에 망고와 아보카도 살사를 곁들인다.

망고와 아보카도 살사(Mango and Avocado Salsa)

▶ p.73 참고

Salmon Tartar with Pink Peppercorn Dressing

연어 타르타르와 핑크페퍼콘 드레싱

재료

Smoked Salmon(훈제연어)	150g	Pepper(후추)	a little
Caper(케이퍼)	10g	Yellow Paprika(노란 파프리카)	50g
Green Olive(그린 올리브)	10g	Beet Leaf(비트잎)	5g
Lemon(레몬)	1/2ea	Pink Peppercorn(핑크페퍼콘)	10g
Olive Oil(올리브오일)	60ml	Red Paprika(붉은 파프리카)	50g
Dill(딜)	5g	Green Paprika(초록 파프리카)	50g
Chervil(처빌)	5g	Onion(양파)	50g
Chicory(치커리)	5g	Amaranth(아마란스순)	10g
Mini Vitamin(미니비타민)	5g	Mayonnaise(마요네즈)	10ml
Rye Bread(호밀식빵)	1ea	Lemon Juice(레몬주스)	20ml
Shallot(샬롯)	1ea	Chive(차이브)	5g
Peppercorn(통후추)	5g	Dijon Mustard(디종 머스터드)	5g
Salt(소금)	a little	Red Wine Vinegar(레드와인식초)	30ml

만드는 과정

❶ 훈제연어는 껍질을 제거하여 스몰 다이스로 썰어놓는다.
❷ 샬롯, 딜, 케이퍼, 그린 올리브는 다져놓는다.
❸ 스텐볼에 ①, ②의 내용물과 레몬주스, 올리브오일, 소금, 후추로 양념하여 버무린다.
❹ 호밀식빵은 냉동시킨 후 얇게 슬라이스하여 100℃의 예열된 오븐에서 굽는다.
❺ 적 · 황 · 녹색 파프리카는 가늘게 채썰어 올리브오일, 소금, 후추에 버무린다.
❻ 핑크페퍼콘 드레싱을 만들어놓는다.
❼ ③의 양념한 훈제연어는 원형 몰드에 채워 접시에 담는다.
❽ 연어 타르타르 주위에 핑크페퍼콘 드레싱을 곁들여, 미니비타민, 아마란스순, 치커리를 얹어준다.
❾ 구운 호밀식빵은 연어 타르타르 옆에 세워준다.

핑크페퍼콘 드레싱(Pink Peppercorn Dressing)

▶ p.73 참고

Lobster Raised on Grilled Asparagus

구운 아스파라거스에 올린 바닷가재

재료

Lobster(바닷가재)	150g	Fresh Cream(생크림)	30ml
Red Paprika(붉은 파프리카)	30g	Wasabi(와사비)	10g
Green Paprika(초록 파프리카)	30g	Lemon Juice(레몬주스)	20ml
Yellow Paprika(노란 파프리카)	30g	Black Olive(블랙올리브)	1ea
Dill(딜)	5g	Vinegar(식초)	5ml
Chicory(치커리)	5g	Salt(소금)	a little
Chive(차이브)	10g	Pepper(후추)	a little
Red Chicory(적치커리)	10g	Olive Oil(올리브오일)	60ml
Sage(세이지)	5g	Shallot(샬롯)	1ea
Asparagus(아스파라거스)	2ea	Dijon Mustard(디종 머스터드)	10g
Onion(양파)	30g	Mayonnaise(마요네즈)	10g
Egg(달걀)	1ea	Tomato(토마토)	1ea
Cucumber(오이)	30g	Peppercorn(통후추)	1ea
Lemon(레몬)	1/2ea		

만드는 과정

❶ 바닷가재는 껍질을 벗겨 내장을 제거한다.
❷ ①의 바닷가재에 소금, 후추로 양념하여 랩과 호일로 둥글게 말아 스티밍한다.
❸ 허브는 손질하여 찬물에 담가두고, 오이는 껍질을 벗겨 썬 뒤 속을 파내어 부케를 만든다.
❹ 달걀은 완숙으로 삶아 노른자를 고운체에 내린다.
❺ 자루냄비에 생크림을 조려 ④의 달걀 노른자, 소금, 후추로 양념하여 짤주머니에 담아놓는다.
❻ 아스파라거스는 껍질을 벗겨 끓는 물에 데쳐 소금, 후추, 올리브오일에 양념하여 소테한다.
❼ 토마토는 끓는 물에 데쳐서 껍질을 벗긴 뒤 씨를 제거하여 ①의 바닷가재 크기로 썰어놓는다.
❽ 레몬 비네그레트를 만들어놓는다.
❾ 미지근한 물에 와사비를 개어 마요네즈, 레몬주스, 백포도주, 소금, 후추, 올리브오일을 넣어 혼합한다.
❿ 접시에 ⑨의 와사비 소스를 뿌려 아스파라거스, 토마토, 바닷가재 순으로 놓는다.
⓫ ⑩의 바닷가재 위에 레몬 비네그레트를 충분히 뿌려준다.

레몬 비네그레트(Lemon Vinaigrette)

▶ p.74 참고

Mussel and Scallop with Wasabi Sauce

와사비 소스를 곁들인 홍합과 관자

애피타이저

재료

Scallop(관자)	3ea
Shiitake Mushroom(표고버섯)	1ea
Green Vitamin(그린 비타민)	10g
Onion(양파)	30g
Red Paprika(붉은 파프리카)	30g
Yellow Paprika(노란 파프리카)	30g
Chive(차이브)	5g
Chervil(처빌)	5g
White Wine(백포도주)	20ml
Balsamic Vinaigrette(발사믹 비네그레트)	30ml
White Pepper(흰 후추)	a little
Lemon(레몬)	1/2ea
Olive Oil(올리브오일)	20ml
Salt(소금)	a little
Mussel(홍합)	3ea
Fresh Cream(생크림)	50ml

발사믹 비네그레트

Balsamic Vinegar(발사믹식초)	30ml
Olive Oil(올리브오일)	50ml
Dijon Mustard(디종 머스터드)	6g
Shallot(샬롯)	10ml
Salt(소금)	a little
Pepper(후추)	a little
Wasabi(와사비)	10g
Mayonnaise(마요네즈)	10ml

만드는 과정

❶ 관자는 질긴 막을 제거하여, 채소스톡에 데친다.
❷ ①의 관자에 레몬주스, 소금, 후추, 백포도주로 양념한다.
❸ 자루냄비에 홍합을 손질하여 다진 양파, 백포도주를 넣어 익힌 후 껍질을 제거한다.
❹ ③의 홍합에 다진 샬롯, 레몬주스, 소금, 후추로 양념한다.
❺ 차이브는 다지고, 통후추는 으깨어놓는다.
❻ 녹 · 황 · 적색 파프리카는 쥘리엔으로 썰어 팬에 올리브오일을 두르고 볶아 소금, 후추로 양념한다.
❼ 표고버섯은 쥘리엔으로 썰어 팬에 올리브오일을 두르고 볶아 소금, 후추로 양념한다.
❽ 접시에 와사비 소스, 발사믹 비네그레트를 뿌려준 다음, ⑥의 파프리카를 가지런히 담는다.
❾ ⑧의 내용물 위에 관자, 홍합 순서로 담고, ⑦의 표고버섯을 얹는다.

발사믹 비네그레트(Balsamic Vinaigrette)

▶ p.74 참고

와사비 소스(Wasabi Sauce)

▶ p.75 참고

Scallop and Fried Shrimp with Herb

허브를 묻힌 관자와 새우튀김

재료

Shrimp(새우)	2ea	Bread Crumbs(빵가루)	50g
Scallop(관자)	2ea	Potato(감자)	1ea
Mayonnaise(마요네즈)	30ml	Olive Oil(올리브오일)	30ml
Wasabi(와사비)	20g	Dill(딜)	5g
Champagne Vinegar(샴페인 비니거)	30ml	Parsley(파슬리)	10g
Sugar(설탕)	10g	Dijon Mustard(디종 머스터드)	10g
Egg(달걀)	1ea	American Mustard(아메리칸 머스터드)	20g
Chive(차이브)	5g	Lemon Juice(레몬주스)	30ml
Milk(우유)	20ml	Salt(소금)	a little
Cooking Oil(식용유)	200ml	Pepper(후추)	a little
Lemon(레몬)	1ea		

만드는 과정

❶ 관자는 질긴 막을 제거하여, 채소스톡에 데친 후 소금, 후추, 백포도주로 양념한다.
❷ 새우는 껍질을 벗겨 내장을 제거하고, 채소스톡에 데친 후 소금, 후추, 백포도주로 양념한다.
❸ 파슬리는 줄기를 제거하여, 곱게 다져 면포에 싸서 물기를 제거한다.
❹ 레몬은 껍질을 벗기고 곱게 다져놓는다.
❺ 스텐볼에 빵가루, ③의 파슬리, ④의 레몬껍질을 넣어 섞어준다.
❻ ①의 관자, ②의 새우는 밀가루, 달걀, ⑤의 재료 순으로 묻혀 180℃의 예열된 온도의 기름에서 튀긴다.
❼ 베어네이즈 소스와 와사비 소스를 만들어놓는다.
❽ 해시 브라운 포테이토를 만들어놓는다.
❾ 접시에 해시 브라운 포테이토를 담아 위에 튀긴 새우를 얹는다.
❿ 와사비 소스와 베어네이즈 소스를 뿌리고 튀긴 관자를 놓는다.

해시 브라운 포테이토(Hash Brown Potato)

❶ 감자는 씻어 끓는 물에 삶아 껍질을 벗긴다.
❷ ①의 껍질 벗긴 감자를 강판에 곱게 갈아준다.
❸ ②의 감자에 달걀, 우유, 소금, 후추로 양념하여 지름 4~5cm, 두께 1.5cm 정도의 둥근 모양으로 만든다.
❹ 팬에 버터를 녹여 ③의 감자를 노릇노릇하게 굽는다.

베어네이즈 소스(Bearnaise Sauce)

▶ p.75 참고

와사비 소스(Wasabi Sauce)

▶ p.75 참고

Seafood Ravioli with Paprika Sauce

파프리카 소스를 곁들인 해산물 라비올리

재료

Scallop(관자)	2ea	Spinach(시금치)	50g	White Pepper(흰 후추)	a little
Shrimp(새우)	2ea	Dill(딜)	10g	Salt(소금)	a little
Crab Meat(게살)	100g	Butter(버터)	20g	Sugar(설탕)	20g
Onion(양파)	50g	Carrot(당근)	50g	Eggplant(가지)	50g
Button Mushroom(양송이)	1ea	Flour(밀가루)	100g	Red Paprika(붉은 파프리카)	100g
White Wine(화이트와인)	100ml	Fresh Cream(생크림)	150ml	Yellow Paprika(노란 파프리카)	100g
Egg(달걀)	1ea	Olive Oil(올리브오일)	50ml	Orange Paprika(주황 파프리카)	100g
Bay Leaf(월계수잎)	1leaf	Lemon(레몬)	1ea	Squash(애호박)	50g
Nutmeg(너트메그)	3g	Milk(우유)	200ml	Saffron(사프란)	5g

만드는 과정

❶ 관자는 질긴 막을 제거하여, 채소스톡에 데친다.
❷ ①의 관자는 스몰 다이스로 썰어놓는다.
❸ 새우는 껍질을 벗겨 내장을 제거한 후 끓는 물에 데쳐 스몰 다이스로 썰어놓는다.
❹ 게살은 스티밍하여 결대로 찢어놓는다.
❺ 베샤멜 소스를 만들어 ②, ③, ④의 내용물과 백포도주, 레몬주스, 너트메그, 다진 딜을 넣어 조려준다.
❻ 사프란 물, 시금치즙, 달걀 노른자로 삼색 도우를 만들어놓는다.
❼ ⑥의 삼색 도우에 ⑤의 내용물을 각각 채워 라비올리를 만들어 끓는 물에 삶는다.
❽ 당근, 애호박, 가지는 파리지앵으로 썰어 팬에 볶아 소금, 후추로 양념한다.
❾ 양송이는 홈을 파내어 플루팅으로 만든다.
❿ 파프리카 소스를 만들어놓는다.
⓫ 접시에 파프리카 소스를 뿌려 삼색 라비올리, 양송이 플루팅을 얹는다.
⓬ ⑧의 채소를 ⑪의 내용물 주위에 가지런히 놓는다.

삼색 라비올리 도우(Three Ravioli Dough)

❶ 시금치는 줄기를 제거한 후 씻어 끓는 물에 데쳐 믹서기에 갈아 체에 내린다.
❷ 자루냄비에 사프란을 끓여 사프란 물을 만든다.
❸ 스텐볼에 체에 내린 밀가루, 달걀 노른자, 우유, 소금을 넣고 반죽을 치대어 비닐봉지에 싸서 30분간 냉장고에 휴지시킨다.
❹ ①의 시금치즙과 ②의 사프란 물을 각각 ③의 재료와 동일하게 넣고 반죽하여 비닐봉지에 싸서 30분간 냉장고에 휴지시킨다.
❺ ④의 휴지시킨 삼색 반죽을 얇게 밀어 지름 12~15cm로 자른다.

파프리카 소스(Paprika Sauce)

▶ p.76 참고

Smoked Salmon Marinated with Various Herbs

여러 가지 허브를 곁들인 훈제연어

재료

재료	분량	재료	분량
Smoked Salmon(훈제연어)	150g	Red Wine Vinegar(레드와인식초)	10ml
Ikura(이쿠라)	5g	Lemon Juice(레몬주스)	10ml
Caper(케이퍼)	10g	Peppercorn(통후추)	5g
Onion(양파)	20g	Chive(차이브)	5g
Horseradish(호스래디시)	30g	Chervil(처빌)	5g
Garlic(마늘)	20g	Beet Sprout(비트싹)	5g
Whipping Cream(휘핑크림)	10ml	Fresh Dill(프레시 딜)	5g
Mini Vitamin(미니비타민)	10g	Egg(달걀)	1ea
Black Olive(블랙올리브)	2ea	Salt(소금)	a little
Olive Oil(올리브오일)	20ml	Pepper(후추)	a little

만드는 과정

❶ 프레시 딜, 처빌을 곱게 다져준다.
❷ 훈제연어를 얇게 슬라이스하여 ①의 프레시 딜, 처빌, 통후추를 뿌려 간한다.
❸ 호스래디시는 면포에 싸서 수분을 제거하여 휘핑한 크림과 섞어 짤주머니에 넣는다.
❹ 달걀을 삶아 흰자, 노른자를 분리하여 다져놓는다.
❺ 양파, 블랙올리브, 케이퍼는 곱게 다져놓는다.
❻ 미니비타민, 비트싹은 깨끗이 씻어 레드와인식초, 올리브오일, 레몬주스, 소금, 후추로 양념한다.
❼ 접시에 ②의 연어를 담아 ③의 호스래디시를 뿌려준다.
❽ ⑦의 연어에 ④, ⑤, ⑥의 내용물과 이쿠라를 함께 담아준다.

Crab Meat Timbal with Spinach Puree

시금치 퓌레를 곁들인 게살 팀발

재료

Crab Meat(게살)	80g	Onion(양파)	30g
Red Wine Vinegar(레드와인식초)	10ml	Mango(망고)	20g
Chive(차이브)	5g	Mini Carrot(미니당근)	1ea
Mayonnaise(마요네즈)	10g	Olive Oil(올리브오일)	20ml
Spinach(시금치)	100g	Fennel(펜넬)	50g
Gelatin(젤라틴)	20g	Lemon Juice(레몬주스)	10ml
Ikura(이쿠라)	5g	Salt(소금)	a little
Mini Vitamin(미니비타민)	10g	Pepper(후추)	a little
Amaranth(아마란스순)	10g	Avocado(아보카도)	30g
Pansy(팬지)	2g		

만드는 과정

❶ 게살은 스팀에 찐 후, 껍질을 벗겨 잘게 찢어놓는다.
❷ 양파, 차이브를 곱게 다진 후, ①의 게살, 마요네즈, 레몬주스, 소금, 후추로 양념하여 버무린다.
❸ 아보카도는 껍질을 벗긴 후, 스몰 다이스로 잘라 끓는 물에 데쳐 식힌다.
❹ 망고는 껍질을 벗긴 후 스몰 다이스로 잘라 ③의 아보카도와 섞어 소금으로 양념한다.
❺ 펜넬은 얇게 슬라이스하여 물에 담갔다가 물기를 제거하여 레드와인식초, 올리브오일, 소금, 후추로 양념하여 버무린다.
❻ 미니비타민, 아마란스순은 깨끗이 씻어 레드와인식초, 올리브오일, 소금, 후추로 양념하여 버무린다.
❼ 미니당근은 껍질을 벗겨 손질한다.
❽ 시금치는 끓는 물에 데쳐 갈아 고운체에 내린 후, 젤라틴을 넣어 농도를 조절하여 마요네즈, 레몬주스, 소금, 후추로 양념한다.
❾ 접시에 ⑧의 시금치 퓌레를 담은 후 둥근 몰드에 ④의 아보카도, 망고를 넣고 ②의 게살을 채워 눌러준다.
❿ ⑨의 게살 위에 ⑤의 펜넬, ⑥의 미니비타민, 아마란스순을 얹는다.
⓫ 망고는 스몰 다이스로 잘라 이쿠라를 얹고 차이브와 미니당근을 곁들인다.

Pasta & Salad
파스타 & 샐러드

1. 파스타의 개요(Summary of Pasta)

고대 로마인들은 물과 밀가루로 간단하게 반죽한 라가네(Lagane)라 불리는 음식을 만들어 먹었다고 한다.

파스타(Pasta)의 어원은 '인파스타래리'라는 이태리어에서 전해온 것으로 밀가루를 반죽해서 여러 가지 모양으로 만들어낸 음식을 뜻한다. 파스타는 우리나라 식으로 비교한다면 밥에 해당하는 요리이지만 주된 식사라기보다는 식욕을 돋우는 역할을 하며 쫄깃한 감촉과 고소한 맛이 독특하다. 파스타의 종류는 150종이 넘으며, 크게 젖은 국수상태인 생파스타와 마른 상태인 건조 파스타로 나뉜다.

건조 파스타는 아라비아 상인들이 사막을 횡단하기 위해 부패하기 쉬운 밀가루 대신 밀가루 반죽을 얇게 밀어 가는 막대 모양으로 말아 건조시킨 뒤 실에 꿰어서 가지고 다닌 것이 그 유래라고 한다.

파스타요리는 면을 잘 삶아서 바로 먹을 수 있어야 하며 면의 양과 소스가 적절하게 배합되는 것이 중요하다.

2. 샐러드의 개요(Summary of Salad)

샐러드(Salad)는 원래 소금을 뿌려 먹는 습관에서 생긴 것으로 로마, 그리스 시대부터 먹던 요리이다. 이것이 신선한 채소나 과일 등에 차가운 소스를 곁들여 먹는 것으로 발전되었다. 샐러드는 주로 주요리 전에 제공되는 애피타이저의 한 종류로 육류요리의 소화를 도와주고, 우리 몸에 필요한 비타민이 함유되어 있어 건강을 유지하는 데 큰 역할을 한다. 샐러드에 주로 제공되는 재료는 신선한 채소나 과일 정도를 생각하지만, 육류, 가금류, 파스타, 라이스, 생선 등의 다양한 재료의 조리법이 생겨나면서 발전되어 왔다.

샐러드의 기본 요소는 바탕, 본체, 소스 곁들임으로 구성되어야 한다. 바탕은 바닥에 놓은 채소를 의미하며 그릇을 채워주는 역할과 사용된 본체와 색채 대비를 하기 위한 것이다. 본체는 샐러드를 중심으로 샐러드의 종류에 따라 달라지며 색의 균형과 정확한 조리법에 따라 요리되어야 한다.

드레싱(Dressing)은 샐러드에 끼얹어 제공하는 것으로 샐러드의 맛을 한층 높여주는 역할을 한다. 가니쉬(Garnish)는 아름답게 보이기 위해서 완성된 음식의 맨 위에 꾸민 장식을 말한다. 가니쉬는 식욕을 자극해야 하고, 너무 눈에 띄거나 크게 만들면 안 된다.

1) 샐러드의 종류(Kind of Salad)

샐러드는 기본 재료에 따라 종류가 바뀌기 때문에 분류하기는 어렵지만, 내용과 형식에 따라 순수하게 채소로만 된 단순 샐러드(Simple Salad)와 두 가지 이상의 재료가 들어간 복합 샐러드(Compound Salad)로 구분할 수 있다. 단순 샐러드는 허브를 이용하거나 다양한 채소들로 구성된 샐러드이다. 복합 샐러드는 채소뿐만 아니라 과일, 육류, 가금류와 채소 등 각종 식재료를 섞어서 드레싱을 곁들여 만든 샐러드이다.

① 단순 샐러드(Simple Salad)

단순 샐러드는 한 가지 채소로만 만들며, 순수한 그린색으로만 만든 그린 샐러드(Green Salad)와 잎으로만 구성된 잎 샐러드(Leaf Salad)가 있다. 현대에는 한 가지 채소만으로 만들기보다는 여러 가지 채소를 배합하여 색, 맛, 영양의 조화를 이루었고, 드레싱을 곁들여 먹기 좋게 만들었다. 샐러드용 채소는 칼로 썰어 사용하는 것보다 손으로 찢어서 사용하는 게 좋다.

② 복합 샐러드(Compound Salad)

복합 샐러드(Compound Salad)는 여러 가지 재료를 혼합하여 만든 샐러드로 식재료를 다듬어 소스와 드레싱을 묻혀낸 샐러드이다. 과일 샐러드(Fruit Salad)와 생선 샐러드(Fish Salad) 등이 있다. 과일 샐러드(Fruit Salad)는 채소와 함께 과일이 혼합된 샐러드이고 생선 샐러드(Fish Salad)는 채소와 함께 생선이 혼합된 샐러드이다.

Vegetable Lasagna with Yogurt Cucumber Sauce

요구르트 오이 소스를 곁들인 채소 라자냐

재료

White Wine(백포도주)	30ml	Spinach(시금치)	100g
Onion(양파)	50g	Thyme(타임)	10g
Garlic(마늘)	2ea	Cucumber(오이)	50g
Yellow Paprika(노란 파프리카)	50g	Olive Oil(올리브오일)	20ml
Pizza Cheese(피자 치즈)	50g	Canned Tomato(캔 토마토)	100g
Carrot(당근)	50g	Tomato(토마토)	1ea
Lemon(레몬)	1/2ea	Fresh Oregano(프레시 오레가노)	5g
Red Paprika(붉은 파프리카)	50g	Egg(달걀)	1ea
Bread Crumbs(빵가루)	20g	Plain Yogurt(플레인 요구르트)	120ml
King Oyster Mushroom(새송이버섯)	50g	Salt(소금)	a little
Flour(밀가루)	30g	White Pepper(흰 후추)	a little

만드는 과정

❶ 스텐볼에 밀가루, 올리브오일, 달걀, 물, 소금을 넣어 반죽하여 비닐봉지에 싸서 냉장고에 30분간 숙성시킨다.
❷ ①의 도우를 얇게 밀어 지름 5cm, 길이 7cm로 잘라 끓는 물에 소금, 올리브오일을 넣어 삶는다.
❸ 시금치는 줄기부분을 제거하여 끓는 물에 데쳐 찬물에 식힌다.
❹ 팬에 다진 양파, ③의 시금치를 넣어 볶는다.
❺ 새송이버섯, 붉은 파프리카, 노란 파프리카, 당근은 슬라이스한다.
❻ 팬에 올리브오일을 두르고, ⑤의 채소를 소테한다.
❼ 토마토 소스, 요구르트 오이 소스를 만들어놓는다.
❽ 라자냐 그릇에 ⑦의 토마토 소스를 깔고, ②의 도우, ④의 시금치, ⑥의 채소 순으로 얹어, 요구르트 오이 소스를 뿌려, 3회 반복하여 피자 치즈와 타임을 얹는다.
❾ 200℃의 예열된 오븐에서 ⑧의 라자냐를 노릇하게 색을 내어 구워준다.

토마토 소스(Tomato Sauce)

▶ p.77 참고

요구르트 오이 소스(Yogurt Cucumber Sauce)

▶ p.77 참고

Ravioli Stuffed with Roasted Quail Breast an Snail

구운 메추리가슴살과 달팽이로 속을 채운 라비올리

재료

재료	분량	재료	분량
Quail Breast(메추리가슴살)	50g	Olive Oil(올리브오일)	20ml
Snail(달팽이)	50g	Egg(달걀)	1ea
Garlic(마늘)	10g	Basil(바질)	5g
Onion(양파)	30g	Cherry Tomato(방울토마토)	10ea
Tarragon(타라곤)	5g	Chive(차이브)	10g
Brandy(브랜디)	10ml	Lemon Juice(레몬주스)	20ml
Parsley(파슬리)	10g	Salt(소금)	a little
Saffron(사프란)	5g	Pepper(후추)	a little
Flour(밀가루)	100g	Sugar(설탕)	a little

만드는 과정

❶ 스텐볼에 밀가루, 사프란 물, 올리브오일, 달걀, 소금으로 반죽하여 비닐봉지에 싸서 30분간 냉장고에 숙성시킨다.
❷ 메추리가슴살은 껍질을 벗겨 힘줄을 제거한 후, 다진 마늘, 타라곤, 소금, 후추로 양념한다.
❸ 팬에 올리브오일을 두르고, ②의 양념한 메추리가슴살을 굽는다.
❹ 달팽이는 씻어서 다진 양파, 마늘, 브랜디로 양념하여 팬에 소테한다.
❺ ①의 반죽을 둥글게 밀어 ④의 달팽이를 한 스푼 넣고 가장자리에 달걀 노른자를 발라 라비올리 모양을 만들어준다.
❻ 자루냄비에 물을 끓여 소금, 올리브오일을 넣어 ⑤의 라비올리를 삶는다.
❼ 토마토 살사 소스를 끓여 ⑥의 라비올리를 넣어 버무린다.
❽ 접시에 ⑦의 라비올리를 담고, ③의 메추리가슴살을 곁들여준다.
❾ 바질은 180℃의 예열된 온도에서 튀겨 가니쉬로 사용한다.

토마토 살사 소스(Tomato Salsa Sauce)

▶ p.77 참고

Cannelloni Stuffed with Spinach and Vegetable

시금치와 채소로 속을 채운 카넬로니

재료

재료	분량
Flour(밀가루)	100g
Milk(우유)	200ml
Red Paprika(붉은 파프리카)	50g
Egg(달걀)	2ea
Yellow Paprika(노란 파프리카)	50g
Button Mushroom(양송이버섯)	100g
Onion(양파)	50g
Green Paprika(초록 파프리카)	50g
Carrot(당근)	50g
Tomato(토마토)	2ea
Celery(셀러리)	20g
Thyme(타임)	5g
Canned Tomato(캔 토마토)	100g
Garlic(마늘)	10g
Shiitake Mushroom(표고버섯)	50g
Ham(햄)	50g
Spinach(시금치)	150g
Basil(바질)	5g
Parsley(파슬리)	5g
Salt(소금)	a little
Pepper(후추)	a little
Parmesan Cheese(파마산 치즈)	20g
Olive Oil(올리브오일)	20ml

만드는 과정

❶ 스텐볼에 밀가루, 달걀, 물, 소금을 넣고 반죽하여, 비닐봉지에 싸서 냉장고에 30분간 숙성시킨다.
❷ ①의 도우를 얇게 밀어 지름 5cm, 길이 7cm로 자른다.
❸ 자루냄비에 물을 끓여 소금, 올리브오일을 넣고 ②의 도우를 삶는다.
❹ 시금치는 줄기를 제거하여, 끓는 물에 데쳐 식힌다.
❺ 적 · 황 · 녹색 파프리카, 당근, 햄은 쥘리엔으로 썰어 팬에 볶아 소금, 후추로 양념한다.
❻ 달궈진 팬에 다진 양파, ④의 시금치를 볶은 후, 모르네이 소스를 넣어 조린다.
❼ ③의 도우에 ⑤, ⑥의 채소를 각각 넣고 말아 카넬로니를 만든다.
❽ 접시에 토마토 소스를 깔고, ⑦의 카넬로니를 반으로 잘라 담은 후, 모르네이 소스를 뿌려준다.

모르네이 소스(Mornay Sauce)

▶ p.78 참고

토마토 소스(Tomato Sauce)

▶ p.77 참고

Mixed Tortellini with Paprika Sauce

파프리카 소스로 버무린 토르텔리니

재료

Tomato(토마토)	2ea
Egg(달걀)	1ea
Onion(양파)	50g
Spinach(시금치)	100g
Ricotta Cheese(리코타 치즈)	50g
Parmesan Cheese(파마산 치즈)	20g
Whipping Cream(휘핑크림)	50g
Olive Oil(올리브오일)	20ml
Parsley(파슬리)	10g
Butter(버터)	20g
Salt(소금)	a little
Pepper(후추)	a little
Flour(밀가루)	200g
Red Paprika(붉은 파프리카)	100g
Orange Paprika(주황 파프리카)	100g
Yellow Paprika(노란 파프리카)	100g
Garlic(마늘)	10g
White Wine(백포도주)	20ml
Basil(바질)	5g
Thyme(타임)	2g
Fresh Cream(생크림)	150ml

만드는 과정

❶ 스텐볼에 밀가루, 달걀, 물, 소금을 넣고 반죽하여, 비닐봉지에 싸서 냉장고에 30분간 숙성시킨다.
❷ 양파와 마늘은 곱게 다져놓는다.
❸ 시금치는 줄기를 제거하고 끓는 물에 데쳐 다져놓는다.
❹ ③의 시금치, 리코타 치즈를 섞어준다.
❺ ①의 도우를 밀어 5~7cm로 잘라 ③의 내용물을 넣어 토르텔리니를 만든다.
❻ 끓는 물에 소금을 넣고 ⑤의 토르텔리니를 삶아놓는다.
❼ 자루냄비에 파프리카 소스, 토르텔리니를 넣어 끓인 후, 다진 타임, 파슬리, 소금, 후추로 양념한다.
❽ 접시에 ⑦의 토르텔리니를 담아 파마산 치즈, 다진 파슬리를 뿌려준다.

파프리카 소스(Paprika Sauce)

▶ p.76 참고

Spinach Gnocchi with Basil Pesto

바질 페스토에 버무린 시금치뇨키

재료

Potato(감자)	1ea	Butter(버터)	20g
Flour(밀가루)	50g	Garlic(마늘)	5g
Spinach(시금치)	150g	Salt(소금)	a little
Egg(달걀)	1ea	Milk(우유)	20ml
Nutmeg(너트메그)	2g	Pepper(후추)	a little
Onion(양파)	50g	Basil(바질)	100g
Fresh Cream(생크림)	100g	Pine Nut(잣)	20g
Parmesan Cheese(파마산 치즈)	10g	Olive Oil(올리브오일)	50ml
Asparagus(아스파라거스)	1ea		

만드는 과정

❶ 감자는 끓는 물에 삶아 익으면 껍질을 벗겨 체에 내린다.
❷ 시금치는 줄기를 제거하고 끓는 물에 데쳐 식혀, 믹서기에 곱게 갈아 체에 내린다.
❸ ①의 감자, ②의 시금치즙, 밀가루, 파마산 치즈, 너트메그, 달걀, 소금을 넣어 반죽한다.
❹ ③의 반죽을 지름 1cm, 길이 2cm로 자른 후, 포크로 눌러 모양을 만든다.
❺ 자루냄비에 물을 끓여 올리브오일, 소금, ④의 뇨키를 삶아 올리브오일을 바른다.
❻ 바질 페스토를 만들어놓는다.
❼ 아스파라거스는 껍질을 벗겨 2cm로 썰어 끓는 물에 데쳐 식힌다.
❽ 자루냄비에 다진 양파, ⑦의 아스파라거스 ⑤의 뇨키를 넣고 볶은 후, ⑥의 바질 페스토, 생크림을 넣어 끓여준다.
❾ ⑧의 내용물에 소금, 후추로 양념한다.
❿ 접시에 ⑨의 뇨키를 담고 파마산 치즈를 뿌려준다.

바질 페스토(Basil Pesto)

▶ p.78 참고

Seafood Spaghetti with Tomato Sauce

토마토 소스에 버무린 해산물 스파게티

재료

재료	분량	재료	분량
Spaghetti(스파게티)	70g	Garlic(마늘)	1ea
Basil(바질)	10g	Red Paprika(붉은 파프리카)	50g
Squid(오징어)	50g	Salt(소금)	a little
Olive Oil(올리브오일)	20ml	Pepper(후추)	a little
Parsley(파슬리)	20g	Mussel(홍합)	150g
Peppercorn(통후추)	some	Shortnecked Clam(모시조개)	150g
Parmesan Cheese(파마산 치즈)	20g	Thyme(타임)	5g
White Wine(화이트와인)	30ml	Tomato(토마토)	2ea
Shrimp(새우)	2ea	Canned Tomato(캔 토마토)	100g
Scallop(관자)	2ea	Tabasco Sauce(타바스코 소스)	2g
Onion(양파)	20g		

만드는 과정

❶ 새우는 내장을 제거한 후 관자, 오징어와 함께 다이스로 썰어놓는다.
❷ 홍합, 모시조개는 깨끗이 씻어 이물질을 제거한다.
❸ 홍합, 모시조개는 양파, 마늘을 곱게 다져 각각 자루냄비에 볶은 후, 백포도주, 물을 붓고 익힌다.
❹ ③의 홍합, 모시조개는 껍질을 제거한 후 깨끗이 손질한다.
❺ 붉은 파프리카는 슬라이스한다.
❻ 자루냄비에 물을 끓여 소금, 올리브오일을 넣어 스파게티를 7~8분간 삶는다.
❼ 토마토는 끓는 물에 데쳐 껍질을 벗긴 후, 마늘, 양파를 곱게 다져 넣고 끓인다.
❽ 달궈진 팬에 다진 마늘 ①, ④의 해산물, ⑤의 파프리카, ⑥의 스파게티, ⑦의 토마토 소스 순으로 넣어 볶는다.
❾ ⑧의 내용물에 파슬리촙, 바질 슬라이스, 파마산 치즈, 소금, 후추로 양념하여 접시에 담는다.

토마토 소스(Tomato Sauce)

▶ p.77 참고

Cream Spaghetti with Bacon

베이컨을 곁들인 크림 스파게티

재료

Spaghetti(스파게티)	70g	Milk(우유)	100ml
Basil(바질)	10g	Onion(양파)	100g
Fresh Cream(생크림)	200ml	Garlic(마늘)	20g
Olive Oil(올리브오일)	20ml	Red Paprika(붉은 파프리카)	50g
Parsley(파슬리)	20g	Salt(소금)	a little
Peppercorn(통후추)	some	Pepper(후추)	a little
Parmesan Cheese(파마산 치즈)	20g	Orange Paprika(주황 파프리카)	50g
White Wine(화이트와인)	30ml	Green Paprika(초록 파프리카)	50g
Bacon(베이컨)	100g		

만드는 과정

❶ 자루냄비에 물을 끓여 소금, 올리브오일을 넣어 스파게티를 7~8분간 삶는다.
❷ 베이컨은 1cm 폭으로 자르고 마늘은 곱게 다져놓는다.
❸ 자루냄비에 생크림을 붓고 약한 불에서 조려준다.
❹ 적 · 황 · 녹색 파프리카는 슬라이스한다.
❺ 달궈진 팬에 ②의 베이컨, 다진 마늘, ④의 파프리카, ①의 스파게티 순으로 볶는다.
❻ ⑤의 스파게티에 ③의 조린 생크림, 파마산 치즈, 파슬리촙, 바질 슬라이스, 소금, 후추로 간한다.
❼ 접시에 ⑥의 스파게티를 담고 바질로 가니쉬한다.

Penne with Salami and Cherry Tomato

살라미와 방울토마토를 곁들인 펜네

재료

Penne(펜네)	70g	Thyme(타임)	5g
Basil(바질)	10g	Onion(양파)	30g
Cherry Tomato(방울토마토)	5ea	Garlic(마늘)	20g
Olive Oil(올리브오일)	20ml	Red Paprika(붉은 파프리카)	50g
Parsley(파슬리)	10g	Salt(소금)	a little
Peppercorn(통후추)	a little	Pepper(후추)	a little
Parmesan Cheese(파마산 치즈)	20g	Canned Tomato(캔 토마토)	150g
White Wine(화이트와인)	30ml	Tomato(토마토)	2ea
Salami(살라미)	20g		

만드는 과정

❶ 살라미는 얇게 잘라 슬라이스한다.
❷ 붉은 파프리카는 씨를 제거하고 슬라이스한다.
❸ 끓는 물에 소금, 올리브오일을 넣어 펜네를 12~13분간 삶는다.
❹ 방울토마토는 끓는 물에 데쳐 껍질을 벗긴 후 4등분으로 자른다.
❺ 자루냄비에 다진 마늘, 양파, 토마토, 캔 토마토, 백포도주, 타임 순으로 볶아 닭 육수를 넣고 끓인다.
❻ 달궈진 팬에 ①의 살라미, ②의 파프리카, ③의 펜네, ④의 방울토마토 순으로 볶는다.
❼ ⑥의 펜네에 ⑤의 토마토 소스를 붓고 볶아준다.
❽ ⑦의 펜네에 바질 슬라이스, 파마산 치즈, 소금, 후추를 넣어 양념한다.
❾ 접시에 ⑧의 펜네를 담고, 파마산 치즈와 바질 슬라이스를 담는다.

Conchiglie with Gorgonzola Cream Sauce

고르곤졸라 크림 소스에 버무린 콘킬리에

재료

Conchiglie(콘킬리에)	70g	Onion(양파)	30g
Milk(우유)	100ml	Garlic(마늘)	20g
Fresh Cream(생크림)	200ml	Parmesan Cheese(파마산 치즈)	20g
Egg(달걀)	1ea	Thyme(타임)	10g
Gorgonzola Cheese(고르곤졸라 치즈)	20g	Salt(소금)	a little
Oyster Mushroom(느타리버섯)	50g	Pepper(후추)	a little
Shiitake Mushroom(표고버섯)	50g	Olive Oil(올리브오일)	20ml
Parsley(파슬리)	20g	Basil(바질)	20g
White Wine(백포도주)	30ml		

만드는 과정

❶ 마늘, 양파, 타임은 곱게 다진다.
❷ 느타리버섯, 표고버섯은 깨끗이 손질한 후, 슬라이스한다.
❸ 끓는 물에 소금, 올리브오일을 넣어 콘킬리에를 12~13분간 삶는다.
❹ 자루냄비에 생크림을 부어 조린 후, 고르곤졸라 치즈, 백포도주를 넣어 농도가 맞게 조린다.
❺ 달궈진 팬에 ①의 마늘, 양파, ②의 버섯, ③의 콘킬리에 순으로 넣어 볶는다.
❻ ⑤의 내용물에 ④의 고르곤졸라 크림 소스, 파마산 치즈, 파슬리촙, 바질 슬라이스, 소금, 후추로 양념한다.
❼ 접시에 콘킬리에를 담고, 파마산 치즈, 바질 슬라이스를 뿌려준다.

Tagliatelle Mixed with Garlic Vinaigrette

마늘 비네그레트에 버무린 탈리아텔레

재료

Carrot(당근)	100g	Cresson(크레송)	20g
Squash(애호박)	100g	Basil(바질)	10g
Red Paprika(붉은 파프리카)	50g	Salt(소금)	a little
Yellow Paprika(노란 파프리카)	50g	Flour(밀가루)	100g
Onion(양파)	1/2ea	Egg(달걀)	3ea
Parmesan Cheese(파마산 치즈)	50g	Butter(버터)	20g
Olive Oil(올리브오일)	50ml	Tomato(토마토)	1/2ea
Garlic(마늘)	1ea	Chicory(치커리)	30g
Lemon Juice(레몬주스)	20ml	Rocket Salad(아루굴라)	20g
White Wine Vinegar(화이트와인식초)	30ml	Spinach(시금치)	100g
Dijon Mustard(디종 머스터드)	10g	Saffron(사프란)	5g
Peppercorn(통후추)	5g	Orange Paprika(주황 파프리카)	50g

만드는 과정

❶ 스텐볼에 밀가루, 달걀, 올리브오일, 물, 소금을 넣고 반죽하여, 비닐봉지에 싸서 냉장고에 30분간 숙성시킨다.
❷ 자루냄비에 사프란 물을 끓여 체에 거른다.
❸ 시금치는 줄기를 제거하여 끓는 물에 데쳐 믹서기에 곱게 갈아 체에 내린다.
❹ ①의 반죽에 ②의 사프란 물, ③의 시금치즙을 각각 반죽하여 비닐봉지에 싸서 냉장고에 30분간 숙성시킨다.
❺ ③, ④의 반죽을 얇게 밀어 0.5cm 폭으로 길게 썰어 세 가지 탈리아텔레를 만들어놓는다.
❻ 자루냄비에 물을 끓여 올리브오일, 소금을 넣고 ⑤의 탈리아텔레를 삶아 찬물에 식힌다.
❼ 토마토는 끓는 물에 데쳐 껍질을 벗긴 뒤 토마토 콩카세로 썰어놓는다.
❽ 당근, 애호박, 적 · 황색 파프리카는 쥘리엔으로 썰어 팬에 볶아 소금, 후추로 양념한다.
❾ 마늘은 슬라이스하여 기름에 튀겨놓는다.
❿ 스텐볼에 ⑤의 탈리아텔레, ⑦, ⑧의 채소, 마늘 비네그레트, 소금, 후추로 양념하여 버무린다.
⓫ 접시에 치커리를 놓은 후, ⑩의 양념한 탈리아텔레를 담고, ⑨의 튀긴 마늘을 곁들인다.

마늘 비네그레트(Garlic Vinaigrette)

▶ p.78 참고

Assorted Vegetable and Couscous Salad

여러 가지 채소와 쿠스쿠스 샐러드

재료

Couscous(쿠스쿠스)	50g	Eggplant(가지)	20g
Yellow Paprika(노란 파프리카)	30g	Olive Oil(올리브오일)	20ml
Pine Nut(잣)	20g	Onion(양파)	20g
Lemon Juice(레몬주스)	2ml	Carrot(당근)	30g
Squash(애호박)	30g	Celery(셀러리)	20g
Chicken Stock(치킨스톡)	50ml	Chicken Base(치킨베이스)	5g
Coriander(고수)	10g	Garlic(마늘)	5g
Dry Grape(건포도)	10g	Salt(소금)	a little
Chicory(치커리)	10g	Pepper(후추)	a little
Red Paprika(붉은 파프리카)	30g	Orange Paprika(주황 파프리카)	30g

만드는 과정

❶ 적 · 황 · 주황색 파프리카는 씨를 제거한 후 스몰 다이스로 자른다.
❷ 애호박, 가지, 셀러리, 당근은 스몰 다이스로 자른다.
❸ 달궈진 팬에 ①의 파프리카, ②의 채소를 볶아 소금, 후추로 양념한다.
❹ 치킨스톡을 끓여 쿠스쿠스를 넣고 3분 정도 끓인 후 뚜껑을 덮고 8~10분간 따뜻하게 식힌다.
❺ 팬에 올리브오일을 두르고 잣을 노릇하게 볶는다.
❻ 치커리, 고수는 손질하여 깨끗이 씻은 뒤 물기를 제거한다.
❼ 건포도는 반으로 잘라놓는다.
❽ 믹싱볼에 ③의 볶은 채소, ④의 쿠스쿠스, ⑤의 잣, ⑦의 건포도, 올리브오일, 레몬주스, 소금, 후추로 양념하여 버무린다.
❾ 샐러드볼에 ④의 쿠스쿠스를 담고 ⑤의 잣, ⑥의 치커리, 고수, ⑦의 건포도로 가니쉬한다.

닭 육수(Chicken Stock)
▶ p.66 참고

Cajun Chicken Salad with Orange Vinaigrette

케이준 치킨 샐러드와 오렌지 비네그레트

재료

Chicken Breast(닭가슴살)	150g	Orange Juice(오렌지주스)	40ml
Cajun Seasoning(케이준 시즈닝)	30g	Olive Oil(올리브오일)	20ml
Lettuce(양상추)	50g	White Wine Vinegar(화이트와인식초)	20ml
Romane Lettuce(로메인 상추)	50g	Salt(소금)	a little
Chicory(치커리)	50g	Pepper(후추)	a little
Radicchio(라디키오)	40g	Orange(오렌지)	1ea
Winter Mushroom(팽이버섯)	30g	Peppercorn(통후추)	10g
Beet(비트)	80g	Lemon Juice(레몬주스)	10ml
Cerry Tomato(방울토마토)	2ea	Sugar(설탕)	10g
Onion(양파)	50g		

만드는 과정

❶ 닭가슴살은 껍질을 벗긴 후 케이준 시즈닝, 소금, 후추로 양념한 후 팬에 굽는다.
❷ 비트는 껍질을 벗겨 다이스로 잘라 끓는 물에 레몬주스, 설탕, 식초를 넣고 삶아 소금으로 간한다.
❸ 양상추, 로메인상추, 라디키오는 한입 크기로 손질하여 깨끗이 씻는다.
❹ 팽이버섯은 깨끗이 씻어 잘라놓는다.
❺ 양파는 둥글게 슬라이스한다.
❻ ①의 구운 닭가슴살을 식혀 어슷하게 썰어놓는다.
❼ 방울토마토는 끓는 물에 데쳐 껍질을 벗긴 후 반으로 자른다.
❽ 접시에 ②의 비트, ③의 채소, ④의 팽이버섯, ⑤의 양파, ⑥의 구운 닭가슴살을 가지런히 담는다.
❾ ⑧의 케이준 치킨 샐러드에 오렌지 비네그레트를 뿌려준다.

오렌지 비네그레트(Orange Vinaigrette)

▶ p.80 참고

Mozzarella Cheese Raised on Grilled Asparagus

구운 아스파라거스에 얹은 모차렐라 치즈

재료

Asparagus(아스파라거스)	4ea	Lemon(레몬)	50g
Italian Tomato(이태리 토마토)	2ea	Leaf Beet(적근대)	20g
Mozzarella Cheese(모차렐라 치즈)	50g	Red Wine Vinegar(레드와인식초)	30ml
Mini Vitamin(미니비타민)	20g	Olive Oil(올리브오일)	30ml
Pansy(팬지)	1ea	Peppercorn(통후추)	10g
Balsamic Vinegar(발사믹식초)	30ml	Lemon Juice(레몬주스)	20ml
Basil(바질)	10g	Salt(소금)	a little
Egg Yolk(달걀 노른자)	1ea	Pepper(후추)	a little
Chive(차이브)	a little	Cherry Tomato(방울토마토)	1ea

만드는 과정

❶ 아스파라거스는 껍질을 벗겨 끓는 물에 데쳐 식힌다.
❷ 이태리 토마토, 모차렐라 치즈는 둥글게 슬라이스한다.
❸ 달궈진 팬에 ①의 아스파라거스를 볶아 올리브오일, 소금, 통후추로 간한다.
❹ 자루냄비에 발사믹식초를 붓고 약한 불에서 1/2로 조린다.
❺ 미니비타민은 깨끗이 씻어 레드와인식초, 올리브오일, 레몬주스, 소금, 후추로 간한다.
❻ 접시에 ③의 구운 아스파라거스를 가지런히 놓고 ②의 이태리 토마토, 모차렐라 치즈 순으로 놓는다.
❼ ⑥의 내용물에 ⑤의 미니비타민, 바질 슬라이스를 얹은 후 발사믹 소스를 뿌려준다.
❽ 방울토마토, 모차렐라 치즈를 양쪽에 하나씩 곁들인다.

Caesar Salad

시저 샐러드

재료

Lettuce(양상추)	60g
Onion(양파)	10g
Chopped Garlic(다진 마늘)	5g
Dijon Mustard(디종 머스터드)	5g
Lemon Juice(레몬주스)	1/8ea
Olive Oil(올리브오일)	50ml
Pansy(팬지)	1ea
Egg Yolk(달걀 노른자)	1ea
Parmesan Cheese(파마산 치즈)	30g
Bread(식빵)	20g
Tabasco(타바스코)	5g
Anchovy(앤초비)	10g
Bacon(베이컨)	1ea
Radicchio(라디키오)	40g
Salt(소금)	a little
Pepper(후추)	a little
Romane Lettuce(로메인 상추)	50g
Butter(버터)	10g

만드는 과정

❶ 양상추, 로메인상추, 라디키오는 한입 크기로 손질한 후 깨끗이 씻어둔다.
❷ 앤초비는 곱게 다져놓는다.
❸ 양파는 껍질을 벗겨 마늘과 곱게 다져놓는다.
❹ 베이컨은 스몰 다이스로 잘라 팬에 볶아 기름기를 제거해 준다.
❺ 나무그릇에 ②의 앤초비, ③의 다진 마늘, 디종 머스터드를 넣고 잘 저어준다.
❻ ⑤의 내용물에 달걀 노른자를 넣어 마요네즈화시킨 후, 올리브오일을 조금씩 넣으면서 잘 저어준다.
❼ ⑥의 내용물에 레몬주스, 타바스코, 소금, 후추로 간한다.
❽ ⑦의 내용물에 ①의 채소, ③의 다진 양파, ④의 베이컨을 넣고 버무린다.
❾ 식빵은 다이스로 잘라 팬에 버터를 녹여 볶아놓는다.
❿ 달걀은 끓는 물에 삶아 노른자를 고운체에 내려놓는다.
⓫ 샐러드 볼에 ⑧의 시저 샐러드를 담고 ⑨의 크루통, ⑩의 달걀 노른자, 간 파마산 치즈를 뿌려준다.

Seafood Salad Mixed with Balsamic Dressing

발사믹 드레싱에 버무린 해산물 샐러드

재료

Scallop(관자)	3ea	Garlic(마늘)	2ea
Squid(오징어)	50g	Lemon(레몬)	1/3ea
Shrimp(새우)	2ea	Orange Paprika(주황 파프리카)	30g
Mussel(홍합)	3ea	Salt(소금)	a little
Lemon Juice(레몬주스)	5ml	Pepper(후추)	a little
Italian Parsley(이태리 파슬리)	10g	Cresson(크레송)	20g
Balsamic Dressing(발사믹 드레싱)	50ml	Romane Lettuce(로메인 상추)	50g
Yellow Paprika(노란 파프리카)	30g	Radicchio(라디키오)	50g
Red Paprika(붉은 파프리카)	30g	White Wine(백포도주)	30ml
Onion(양파)	20g		

만드는 과정

❶ 오징어는 머리, 내장을 제거한 후, 끓는 물에 데쳐 둥근 모양으로 슬라이스한다.
❷ 홍합은 이물질을 제거한 후 깨끗이 씻는다.
❸ 자루냄비에 다진 마늘, 양파, 홍합, 백포도주의 순으로 넣어 볶은 후 뚜껑을 닫아 익힌다.
❹ ③의 익힌 홍합껍질을 제거해 준다.
❺ 새우는 머리부분을 제거한 후, 껍질을 벗기고 내장을 제거한다.
❻ 자루냄비에 양파, 마늘, 레몬을 넣어 끓인 후, ⑤의 손질한 새우와 관자를 데친다.
❼ 양파, 파프리카를 마름모형으로 잘라 팬에 볶는다.
❽ 자루냄비에 발사믹을 부어 약한 불에 조려준다.
❾ 스텐볼에 ⑧의 조린 발사믹과 올리브오일을 조금씩 넣으면서 저어준다.
❿ ⑨의 발사믹에 다진 마늘, ①, ④, ⑥의 해산물과 ⑦의 채소, 소금, 후추로 양념하여 버무린다.
⓫ 로메인 상추, 라디키오, 이태리 파슬리는 손질한 후 깨끗이 씻어서 물기를 제거한다.
⓬ 접시에 ⑩의 해산물 샐러드, ⑪의 채소를 담아 이태리 파슬리로 가니쉬한다.

Soup

수프

수프(Soup)는 프랑스어로 포타주(Potage)라 불리며, 어원적으로 봤을 때 포트(Pot)에 익혀 먹는 요리라고 한다. 18세기 이후 포타주(Potage)는 영어의 수프(Soup)와 불어의 수프(Soupe)로 불리게 된다. 원래 수프(Soupe)는 포타주나 부용에 빵조각을 적셔서 먹는 것을 의미했다고 한다.

식사의 두 번째 코스에 제공되는 액체음식으로 영양가가 높은 요리이다. 수프는 소화흡수를 도울 수 있는 음식으로 식욕을 충족시키기보다는 본격적인 식사를 위해 위에 미세한 자극을 주는 역할을 하는 것이다.

풍미가 좋은 수프는 여러 가지 재료가 어우러져 조화롭게 맛을 내는 것이다. 수프는 일반적으로 너무 진하거나 양이 너무 많으면 안 된다. 진한 수프는 담백한 생선요리에 알맞고, 고기요리에는 맑은 콩소메 수프 등이 잘 어울린다.

수프는 신선하고 향이 좋은 채소와 육류 또는 가금류, 크림형태의 다양한 재료를 넣고 끓여 만든 음식으로 주로 스톡을 만들어 조리방법에 따라 여러 종류로 분류하여 사용한다.

1. 수프의 종류(Kind of Soup)

수프는 농도에 따라 맑은 수프(Clear Soup)와 걸쭉한 수프(Thick Soup)로 나뉘고, 온도에 따라 뜨거운 수프(Hot Soup)와 차가운 수프(Cold Soup)로 분류된다.

1) 맑은 수프(Clear Soup)

맑은 수프는 국물에서 맛을 느낄 수 있어야 하며 색깔도 깔끔하고 투명해야 한다. 수프를 마무리할 때 채소나 신선한 허브 종류로 장식해 주는 것이 좋다. 맑은 수프는 포만감을 느끼기보다는 고급스러운 분위기를 이끌어주는 느낌이 있다.

종류로는 콩소메 수프(Consomme Soup)와 브로스 수프(Broth Soup) 등이 있다.

① 콩소메 수프(Consomme Soup) 맑은 수프(Clear Soup)의 대표적 예인 콩소메 수프(Consomme Soup)는 기름기를 없앤 쇠고기, 닭고기, 생선살, 달걀 흰자, 허브, 토마토와 와인을 넣고 장시간 약한 불에서 끓여 깔끔하고 투명하며 풍부한 맛을 낸다. 콩소메 수프를 끓일 때, 달걀 흰자는 거품기로 저어 충분히 거품이 일어나게 해서 도넛 모양으로 만들어 위에 얹는데 이때 흰자는 기름기를 제거하여 맑게 하는 역할을 한다.

② **브로스 수프(Broth Soup)** 육류, 가금류, 생선의 뼈와 채소들을 오븐에 굽거나 갈색으로 볶아서 향신료와 함께 넣고 약한 불에서 장시간 끓여 맑고 향이 있게 만든다. 브로스는 스톡과는 달리 뼈를 사용하기보다는 고기를 이용해 장시간 우려내기 때문에 진한 향과 맛을 가지며, 끓일 때 기름기를 잘 제거해 주면 맑고 충분한 맛을 낼 수 있다.

2) 걸쭉한 수프(Thick Soup)

걸쭉한 수프는 맛이 부드럽고 감촉이 좋은 크림 수프(Cream Soup)의 하나로 주재료를 이용해 농도를 내거나 리에종(Liason)으로 농도를 내어 걸쭉한 상태가 되게 한다. 종류로는 크림 수프(Cream Soup)와 퓌레 수프(Puree Soup), 비스크 수프(Bisque Soup) 등이 있다.

① **크림 수프(Cream Soup)** 다양한 채소와 재료를 넣고 끓이다가 밀가루와 버터로 만든 루(Roux)를 넣어 농도를 조절해서 걸쭉한 상태로 맛을 낸 수프이다. 일반적으로 많이 먹는 수프의 일종이며, 맛이 부드럽고 우리나라의 '죽'과 비슷해서 인기가 좋다.

② **퓌레 수프(Puree Soup)** 다양한 채소와 재료를 넣고 끓이며, 채소의 전분성과 소량의 크림만을 이용해 농도를 맞춘 수프이다. 주재료의 맛과 향이 크림 수프에 비해 더 진하며, 약간은 더 거칠 수 있다. 주로 감자, 단호박, 완두콩 등의 전분이 많이 함유된 채소를 이용하며, 채소를 주로 사용하기 때문에 불의 세기를 조절해야 한다.

③ **비스크 수프(Bisque Soup)** 바닷가재(Lobster)나 새우(Shrimp) 등의 껍질을 이용해 만든 수프이다. 채소와 갑각류의 껍질을 깨끗이 손질하여 으깬 후, 맛이 충분히 우러나올 수 있도록 끓인다. 색과 향이 잘 우러나면 마지막에 크림 등과 같은 재료를 약간만 첨가하여 본 재료의 맛이 사라지지 않도록 주의한다.

3) 차가운 수프(Cold Soup)

차가운 수프는 유럽이나 미주에서 더운 여름뿐만 아니라 다른 계절에도 식탁에 자주 나오는 수프의 하나이다. 따뜻한 수프는 재료를 넣고 끓여 만든 후 바로 손님의 식탁에 제공되어야 최고의 맛을 느낄 수 있고, 차가운 수프는 끓인 후 일정한 시간이 지나야 향미와 맛을 최상으로 느낄 수 있다.

종류로는 가스파초(Gazpacho)와 비시스와즈(Vichyssoise) 등이 있다.

① **가스파초(Gazpacho)** 토마토, 오이, 양파, 피망 등의 다양한 채소로 만든 차가운 수프의 하나로 믹서에 채소를 갈아 체에 걸러 빵가루, 마늘, 올리브오일, 식초 또는 레몬주스를 넣고 간을 하여 걸쭉하게 만들어 먹는다.

② **비시스와즈(Vichyssoise)** 차가운 감자 수프로 감자를 삶아 체에 내려 퓌레로 만든 후, 잘게 썬 대파 흰 부분(Spring Onion White)과 함께 볶아 물이나 육수(Stock)를 넣고 끓인 다음 크림을 넣고 소금, 후추로 맛을 내어 식혀 먹는 차가운 수프이다.

Potato Cream Soup with Three Color of Tortellini

삼색 토르텔리니를 곁들인 감자크림 수프

재료

Potato(감자)	2ea	Butter(버터)	20g
Button Mushroom(양송이버섯)	30g	Bay Leaf(월계수잎)	1leaf
Garlic(마늘)	1ea	Salt(소금)	a little
Onion(양파)	20g	Pepper(후추)	a little
Spring Onion(대파)	10g	Chicken Stock(닭 육수)	1000ml
Brandy(브랜디)	10ml	Basil(바질)	5g
Parsley(파슬리)	10g	Parmesan Cheese(파마산 치즈)	30g
Red Paprika(붉은 파프리카)	30g	Milk(우유)	100ml
Saffron(사프란)	5g	Nutmeg(너트메그)	2g
Flour(밀가루)	150g	Fresh Cream(생크림)	100ml
Olive Oil(올리브오일)	30ml	Shrimp(새우)	3ea
Egg(달걀)	3ea	White Wine(백포도주)	20ml
Spinach(시금치)	50g	Sugar(설탕)	a little
Cherry Tomato(방울토마토)	1ea		

만드는 과정

❶ 감자는 씻은 후 껍질을 벗겨 얇게 슬라이스하여 찬물에 담가 색이 변하지 않도록 한다.
❷ 양파, 대파는 씻어서 다져놓는다.
❸ 자루냄비에 버터를 녹여 ②의 재료를 볶은 후, ①의 감자를 함께 볶다가 백포도주를 넣고 조려준다.
❹ ③의 내용물에 닭 육수, 월계수잎을 넣어 충분히 끓인다.
❺ ④의 감자에 생크림을 넣고 끓여, 믹서기로 곱게 갈아 체에 내려 소금, 후추로 양념한다.
❻ 방울토마토는 끓는 물에 데쳐, 올리브오일, 소금, 설탕으로 양념하여 껍질째 80℃의 예열된 오븐에 굽는다.
❼ 삼색 토르텔리니는 끓는 물에 소금, 올리브오일을 넣고 삶는다.
❽ 수프볼에 ⑤의 감자크림 수프를 담아 ⑦의 삼색 토르텔리니를 곁들인다.

삼색 토르텔리니(Three Tortellini)

❶ 시금치는 줄기를 제거하여 끓는 물에 데쳐 믹서기에 갈아 고운체에 내린다.
❷ 붉은 파프리카는 불에 태워 껍질을 벗겨, 믹서기에 갈아 고운체에 내린다.
❸ 자루냄비에 사프란 물을 만들어놓는다.
❹ 스텐볼에 밀가루, 달걀, 우유, 소금을 넣고, ①, ②, ③의 재료를 각각 넣어 반죽을 만든다.
❺ ④의 삼색 반죽을 비닐봉지에 싸서 30분간 냉장고에 숙성시킨 후, 두께 0.2mm로 밀어 지름 5~7cm로 잘라놓는다.
❻ 다진 양송이, 양파는 팬에 볶아 소금, 후추로 양념한다.
❼ 팬에 다진 마늘, 잘게 썬 새우를 함께 볶아 소금, 후추로 양념한다.
❽ ⑤의 도우에 ⑥, ⑦의 내용물을 채워 넣고 삼색 토르텔리니를 만든다.

Sweet Pumpkin Soup with Potato Gnocchi

감자뇨키를 곁들인 단호박 수프

재료

재료	분량	재료	분량
Sweet Pumpkin(단호박)	1/2ea	Pepper(후추)	a little
Onion(양파)	50g	Potato(감자)	1ea
Chicken Stock(닭 육수)	1000ml	Flour(밀가루)	50g
Bay Leaf(월계수잎)	1 leaf	Fresh Cream(생크림)	150ml
Parsley(파슬리)	10g	Milk(우유)	150ml
Salami(살라미)	10g	Olive Oil(올리브오일)	20ml
Parmesan Cheese(파마산 치즈)	40g	Nutmeg(너트메그)	5g
Butter(버터)	100g	Spring Onion(대파)	20g
Salt(소금)	a little	White Wine(백포도주)	20ml
Egg(달걀)	1ea		

만드는 과정

❶ 단호박은 껍질을 벗겨 씨를 제거한 후, 얇게 슬라이스하여 놓는다.
❷ 자루냄비에 버터를 녹이고 다진 양파, 대파, ①의 단호박 순으로 넣고 소테한다.
❸ ②에 백포도주를 넣어 조린 후, 닭 육수, 월계수잎을 넣어 충분히 끓여준다.
❹ ③의 단호박이 익으면, 생크림을 넣고 끓이다가 믹서기로 곱게 갈아 고운체에 걸러준다.
❺ ④의 수프농도를 맞추어, 소금, 후추, 너트메그로 양념한다.
❻ 감자뇨키는 끓는 물에 삶아 달라붙지 않도록 올리브오일을 발라준다.
❼ 살라미는 얇게 슬라이스하여 팬에 구워 기름기를 제거한다.
❽ 수프볼에 단호박 수프를 담고 감자뇨키를 곁들인다.
❾ ⑧에 살라미를 가니쉬로 곁들인다.

감자뇨키(Potato Gnocchi)

❶ 감자는 씻어서 껍질을 벗겨 끓는 물에 삶아 체에 내린다.
❷ ①의 감자와 밀가루, 달걀 노른자, 소금을 넣고 반죽한다.
❸ ②의 반죽을 2cm 길이로 잘라 포크로 모양을 내어 감자뇨키를 만든다.

Gazpacho Soup

가스파초 수프

수프

재료

Cucumber(오이)	30g	Pepper(후추)	a little
Tomato(토마토)	3ea	Jalapeno(할라페뇨)	10g
Celery(셀러리)	20g	Basil(바질)	5g
Tarragon(타라곤)	5g	Bread(식빵)	1ea
Tomato Juice(토마토주스)	200ml	Garlic(마늘)	2ea
Salt(소금)	5g	White Wine(백포도주)	20ml
Pimiento(피망)	20g	Red Wine Vinegar(적포도주식초)	20ml
Onion(양파)	30g	Tomato Paste(토마토 페이스트)	10g
Olive Oil(올리브오일)	50ml	Red Paprika(붉은 파프리카)	20g
Tabasco(타바스코)	5g		

만드는 과정

❶ 토마토는 끓는 물에 데쳐 껍질을 벗겨 토마토 콩카세로 썰어놓는다.
❷ 마늘, 양파는 곱게 다져놓는다.
❸ 양파, 토마토, 피망은 브뤼누아즈로 썰어 끓는 물에 데쳐 식힌다.
❹ 오이, 셀러리, 붉은 파프리카, 할라페뇨는 브뤼누아즈로 썰어놓는다.
❺ 팬에 올리브오일을 두르고, 다진 마늘, 양파, 붉은 파프리카, 할라페뇨 순으로 소테한다.
❻ ⑤의 내용물에 백포도주를 넣고 조려 토마토 페이스트를 넣어 소테한다.
❼ ①의 토마토, ④의 오이, 셀러리, ⑥의 내용물을 믹서기에 넣고 갈아서 체에 내린다.
❽ ⑦에 적포도주식초, 타바스코, 올리브오일을 넣고 소금, 후추로 양념한다.
❾ 식빵은 0.2~0.3cm 크기로 썰어 달궈진 팬에 노릇노릇하게 구워 크루통으로 만들어놓는다.
❿ 수프볼에 ⑧의 가스파초를 담아 올리브오일, 채소, 크루통, 바질을 곁들인다.

Chicken Consomme Soup with Egg Royal

달걀 로열을 곁들인 닭 콩소메 수프

재료

Chicken(닭고기)	300g
Onion(양파)	50g
Celery(셀러리)	20g
Carrot(당근)	20g
Tomato(토마토)	1/2ea
Egg(달걀)	2ea
Bay Leaf(월계수잎)	1 leaf
Rosemary(로즈메리)	5g
Thyme(타임)	5g
Black Peppercorn(검은 통후추)	10g
Salt(소금)	a little
Brandy(브랜디)	5ml
Clove(정향)	3ea
Parsley Stalk(파슬리 줄기)	10g
White Wine(백포도주)	20ml
Chicken Stock(닭 육수)	600ml

만드는 과정

❶ 양파는 껍질을 벗겨 두께 1cm의 원형으로 썰어 팬에 갈색이 나도록 구워준다.
❷ 닭은 뼈와 살을 분리하여 다져놓는다.
❸ 양파, 당근, 셀러리, 파슬리 줄기를 얇게 슬라이스하여 놓는다.
❹ 토마토는 끓는 물에 데쳐 껍질을 벗겨 토마토 콩카세로 썰어놓는다.
❺ 달걀 흰자는 거품기로 휘핑하여 준다.
❻ ②의 다진 닭고기와 ③, ④의 채소, 월계수잎, 정향, 통후추, 백포도주, ⑤의 달걀 흰자를 넣어 고루 섞어 준다.
❼ 자루냄비에 닭 육수, ⑥의 내용물을 넣어 끓이다가 가운데를 도넛 모양으로 만들어준다.
❽ ⑦에 ①의 양파를 넣어 은근한 불에서 맑은 갈색이 되도록 끓인 후, 체에 면포를 깔고 걸러 기름기를 제거한다.
❾ 팬에 달걀 흰자, 노른자 지단을 부쳐 타임잎을 얹어 로열 모양으로 자른다.
❿ 수프볼에 ⑧의 치킨 콩소메를 담고, 달걀 로열을 얹는다.

닭 육수(Chicken Stock)

▶ p.66 참고

Beef Consomme Soup Wrapped with Pie Dough

파이반죽으로 감싸 구운 쇠고기 콩소메 수프

수프

재료

재료	분량	재료	분량
Beef(쇠고기)	300g	Thyme(타임)	10g
Onion(양파)	30g	Peppercorn(통후추)	5g
Carrot(당근)	20g	Brandy(브랜디)	10ml
Celery(셀러리)	20g	Clove(정향)	3ea
Egg(달걀)	2ea	White Wine(백포도주)	20ml
Tomato(토마토)	1ea	Salt(소금)	a little
Flour(밀가루)	100g	Pepper(후추)	a little
Butter(버터)	50g	Beef Stock(쇠고기 육수)	600ml
Bay Leaf(월계수잎)	1leaf	Parsley Stalk(파슬리 줄기)	10g

만드는 과정

❶ 양파는 껍질을 벗겨 두께 1cm의 원형으로 썰어 팬에 갈색이 나도록 구워준다.
❷ 쇠고기는 지방과 핏물을 제거한 후, 커터기로 곱게 갈아놓는다.
❸ 양파, 당근, 셀러리는 쥘리엔으로 얇게 썰어놓는다.
❹ 달걀 흰자는 거품기로 휘핑하여 준다.
❺ 스텐볼에 ②의 간 쇠고기와 ③의 채소, 월계수잎, 통후추, 정향, 파슬리 줄기, 백포도주, ④의 달걀 흰자를 넣어 고르게 섞어준다.
❻ 자루냄비에 ⑤의 내용물과 쇠고기 육수를 넣어 끓기 시작하면, 가운데를 도넛 모양으로 만들어준다.
❼ ⑥에 ①의 양파를 넣어 은근한 불에서 맑은 갈색이 되도록 끓인 후, 체에 면포를 깔고 걸러 기름기를 제거한다.
❽ ⑦의 비프 콩소메를 끓여 브랜디, 소금, 흰 후추로 양념한다.
❾ 팬에 달걀 흰자, 노른자 지단을 부쳐 타임잎을 얹어 로열 모양으로 자른다.
❿ 수프볼에 비프 콩소메를 담아 로열을 곁들여 퍼프 페이스트리를 씌운 다음, 타임잎을 일정한 간격으로 붙여 달걀물을 덧칠한다.
⓫ ⑩의 수프볼을 180℃의 예열된 오븐에 넣어 노릇노릇하게 굽는다.

퍼프 페이스트리(Puff Pastry)

❶ 스텐볼에 버터를 13~15℃ 정도의 온도를 유지하여 부드러운 상태가 되도록 만들어준다.
❷ 체에 내린 밀가루, ①의 중탕한 버터, 소금, 물을 넣고 반죽하여 비닐에 싸서 냉장고에 30분간 숙성시킨다.
❸ ②의 반죽을 얇게 펴서 버터를 올린 다음, 직사각형이 되도록 접은 뒤 30분간 냉장고에 숙성시킨다.
❹ ③의 반죽을 펴준 뒤 다시 한 번 밀어서 3등분으로 접어 30분간 냉장고에 숙성시킨다.
❺ ④의 반죽을 꺼내어 약 2~3mm 정도의 두께로 얇게 밀어준 다음, 40분간 냉장고에 숙성시켜 원하는 모양으로 잘라 사용한다.

수프

Mushroom Cappuccino Soup with Tortellini

토르텔리니를 곁들인 양송이카푸치노 수프

재료

Button Mushroom(양송이버섯)	200g	Flour(밀가루)	50g
Onion(양파)	20g	Bay Leaf(월계수잎)	1 leaf
Chicken Stock(닭 육수)	500ml	Port Wine(포트와인)	20ml
Fresh Cream(생크림)	100ml	Peppercorn(통후추)	3g
Milk(우유)	200ml	Celery(셀러리)	20g
Butter(버터)	30g	Carrot(당근)	20g
Olive Oil(올리브오일)	50ml	Salt(소금)	a little
Spinach(시금치)	20g	Pepper(후추)	a little
Parmesan Cheese(파마산 치즈)	10g	White Wine(화이트와인)	20ml
Egg(달걀)	2ea	Clove(정향)	3ea

만드는 과정

❶ 팬에 밀가루, 버터를 1 : 1 동량으로 넣어 화이트 루를 소테한다.
❷ 양파는 껍질을 벗겨 곱게 다져놓는다.
❸ 양송이는 씻어서 물기를 제거하여, 슬라이스해 놓는다.
❹ 자루냄비에 버터를 녹여 ②의 다진 양파, ③의 양송이 순으로 볶아 백포도주에 조려준다.
❺ ④의 내용물에 닭 육수, ①의 화이트 루, 월계수잎을 넣고 저으면서 끓여준다.
❻ ⑤의 수프에 생크림을 넣고 끓여 믹서기에 곱게 갈아 체에 내려, 소금, 후추로 양념한다.
❼ ⑥의 수프를 핸드 믹서기로 거품을 내어 카푸치노를 만든다.
❽ 토르텔리니는 끓는 물에 삶아 식혀놓는다.
❾ 달걀 흰자는 거품기로 휘핑하여 준다.
❿ 수프볼에 ⑦의 양송이 수프를 담고, ⑧의 토르텔리니, ⑨의 달걀 흰자, 포트와인으로 가니쉬한다.

닭 육수(Chicken Stock)

▶ p.66 참고

토르텔리니(Tortellini)

❶ 스텐볼에 밀가루, 달걀, 우유, 소금을 넣고, 반죽을 만든다.
❷ ①의 반죽은 비닐봉지에 싸서 30분간 냉장고에 숙성시킨다.
❸ ②의 반죽은 0.2mm로 밀어 지름 5~7cm로 잘라놓는다.
❹ 양송이, 양파는 다진 뒤 팬에 볶아 소금, 후추로 양념한다.
❺ ③의 도우에 ④의 내용물을 채워 토르텔리니를 만든다.

Seafood Minestrone Soup

해산물 미네스트로네 수프

재료

Shrimp(새우)	3ea	Olive Oil(올리브오일)	20ml
Scallop(관자)	2ea	White Wine(백포도주)	30ml
Squid(오징어)	50g	Tomato Paste(토마토 페이스트)	30g
Onion(양파)	20g	Oregano(오레가노)	2g
Carrot(당근)	20g	Bay Leaf(월계수잎)	1leaf
Celery(셀러리)	20g	Basil(바질)	a little
Potato(감자)	30g	Chopped Parsley(다진 파슬리)	a little
Red Paprika(붉은 파프리카)	30g	Salt(소금)	a little
Green Paprika(초록 파프리카)	30g	Pepper(후추)	a little
Spring Onion White(대파 흰 부분)	20g	Fish Stock(생선 육수)	300ml
Garlic(마늘)	1ea		

만드는 과정

❶ 새우는 껍질을 벗겨, 내장을 제거하여 놓는다.
❷ 관자의 질긴 막은 제거한 후, 반으로 썰어 석쇠에 구워 소금, 후추로 양념한다.
❸ 오징어는 껍질, 내장을 제거하여 둥글게 썰어놓는다.
❹ 마늘은 곱게 다져놓는다.
❺ 감자, 양파, 당근, 셀러리, 붉은 파프리카, 초록 파프리카, 대파는 스몰 다이스로 썰어놓는다.
❻ 자루냄비에 올리브오일을 두르고 ④, ⑤의 채소를 볶아준다.
❼ ⑥에 백포도주를 넣고 조려준 후, 토마토 페이스트를 넣어 볶아준다.
❽ ⑦에 생선 육수와 오레가노, 월계수잎을 넣고 끓여준다.
❾ ⑧의 수프에 ①의 새우, ②의 관자, ③의 오징어를 넣고 끓이다가 소금, 후추로 양념한다.
❿ 수프볼에 해산물 미네스트로네를 담고, 다진 파슬리를 뿌려준다.

생선 육수(Fish Stock)

▶ p.66 참고

Broccoli Soup

브로콜리 수프

재료

Broccoli(브로콜리)	200g	Pepper(후추)	a little
Onion(양파)	20g	Parsly(파슬리)	10g
Butter(버터)	10g		
Fresh Cream(생크림)	10ml		
Chicken Stock(닭 육수)	200ml		
Spring Onion(대파)	10g		
Bay Leaf(월계수잎)	1 leaf		
Peppercorn(통후추)	2g		
Salt(소금)	a little		

만드는 과정

❶ 브로콜리는 줄기부분을 제거한 후, 잘게 썰어 끓는 물에 데쳐 식혀둔다.
❷ 양파, 대파는 손질 후 다져놓는다.
❸ 자루냄비에 버터를 녹여 ②의 다진 양파, 대파, 브로콜리 순으로 볶아준다.
❹ ③의 내용물에 닭 육수를 넣어 끓여준다.
❺ ④의 내용물을 믹서기에 넣어 곱게 갈아준다.
❻ 자루냄비에 ⑤의 내용물, 생크림을 넣어 끓인 후 농도를 맞춘다.
❼ ⑥의 수프를 체에 거른 후, 소금, 후추로 양념한다.
❽ 수프볼에 ⑦의 수프를 담아, ①의 브로콜리를 뿌려준다.

닭 육수(Chicken Stock)

▶ p.66 참고

Corn Chowder Soup

옥수수차우더 수프

재료

Sweet Corn(옥수수)	200g	Pepper(후추)	a little
Green Paprika(초록 파프리카)	30g	Fresh Cream(생크림)	50ml
Red Paprika(붉은 파프리카)	30g	White Wine(백포도주)	20ml
Butter(버터)	20g	Squash(애호박)	20g
Parsley(파슬리)	5g	Bay Leaf(월계수잎)	1 leaf
Onion(양파)	30g		
Bacon(베이컨)	20g		
Chicken Stock(닭 육수)	200ml		
Salt(소금)	a little		

만드는 과정

❶ 베이컨은 다져놓는다.
❷ 애호박, 붉은 파프리카, 초록 파프리카는 스몰 다이스로 썰어놓는다.
❸ 옥수수의 1/2은 곱게 다져놓고, 나머지는 그대로 사용한다.
❹ 자루냄비에 버터를 녹여 ①, ②의 내용물, ③의 옥수수 순으로 볶아 백포도주를 넣고 조려준다.
❺ ④의 내용물에 닭 육수, 월계수잎을 넣고 충분히 끓여준다.
❻ ⑤의 수프에 생크림을 넣고 끓여 수프의 농도를 맞춘다.
❼ ⑥의 옥수수 수프의 농도가 맞으면 소금, 후추로 양념하여 수프볼에 담아준다.

닭 육수(Chicken Stock)

▶ p.66 참고

Seafood Saffron Bouillabaisse Soup

해산물을 넣은 사프란 부야베스 수프

수프

재료

Onion(양파)	30g
Celery(셀러리)	30g
Orange Zest(오렌지 제스트)	10g
Carrot(당근)	30g
Tomato(토마토)	50g
Olive Oil(올리브오일)	20ml
Parsly(파슬리)	10g
Bay Leaf(월계수잎)	1 leaf
Thyme(타임)	5g
Saffron(사프란)	5g
Shortnecked Clam(모시조개)	150g
Squash(애호박)	20g
Mussel(홍합)	3ea
Scallop(관자)	2ea
Shrimp(새우)	2ea
Webfoot Octopus(주꾸미)	20g
Snapper(도미)	50g
Chopped Garlic(다진 마늘)	5g
White Wine(백포도주)	10ml
Chervil(처빌)	5g
Potato(감자)	1ea
Spring Onion(대파)	20g
Pepper(후추)	a little
Salt(소금)	a little
Fish Stock(생선 육수)	200ml

만드는 과정

❶ 도미는 껍질을 벗겨 다이스로 썰어놓는다.
❷ 관자는 질긴 막을 제거하여 다이스로 썰어놓는다.
❸ 새우와 주꾸미는 껍질을 벗겨 내장을 제거하여 다이스로 썰어놓는다.
❹ 애호박, 당근, 셀러리, 토마토는 마름모형으로 썰어놓는다.
❺ 홍합은 씻어서 이물질과 수염을 제거한다.
❻ 자루냄비에 다진 양파, 대파, 홍합 순으로 볶아 백포도주로 조려준 후, 물을 붓고 끓여 껍질과 살을 분리한다.
❼ 모시조개는 소금물에 담가 해감시켜 깨끗이 씻어준다.
❽ 자루냄비에 다진 양파, 모시조개 순으로 볶아 백포도주로 조려준 다음 물을 붓고 끓여 껍질과 살을 분리한다.
❾ 오렌지는 껍질을 벗겨, 쥘리엔으로 썰어놓는다.
❿ 생선 육수에 사프란을 넣고 끓여 체에 거른다.
⓫ 자루냄비에 ①, ②, ③, ⑥, ⑧의 해산물을 볶아 백포도주를 넣고 조려준다.
⓬ ⑪에 ④의 채소, ⑩의 생선 육수, ⑪의 해산물, 월계수잎, 타임을 넣고 끓여 소금, 후추로 양념한다.
⓭ 수프볼에 ⑫의 사프란 부야베스를 담아 ⑨의 오렌지 제스트, 바질을 얹어준다.

생선 육수(Fish Stock)

▶ p.66 참고

Main Course
주요리

주요리(Main Course)는 식사의 세 번째로 제공되는 요리로 일반적으로 육류(Meat) 요리를 생각하지만, 육류 요리가 전부는 아니다. 육류 요리뿐만 아니라 생선, 가금류, 채소 등이 다양하게 제공되기 때문이다.

주요리는 식사 단계 중 가장 으뜸이 되는 요리로 일명 앙트레(Entree)라 부르는데, 중세기에 앙트레는 육류를 갈아서 만든 파테(Pate) 또는 테린(Terrine)이나 치즈 그라탱(Cheese Gratin)과 같은 요리들이 제공되다가, 요리의 조리법이 점차 발달하면서 생선과 해산물, 파스타(Pasta) 등 여러 가지 요리로 발달하였다.

1. 주요리의 종류(Kind of Main Course)

1) 육류(Meat)로 만든 요리

주요리(Main Course)에는 육류(Meat)로 만든 음식이 주로 제공되는데 쇠고기, 돼지고기, 양고기, 송아지, 가금류 등이 있다.

특히 송아지안심(Veal Tenderloin)은 적은 지방과 많은 수분을 갖고 있어 연하기 때문에 많이 쓰인다. 돼지고기는 색깔이 선명하고 윤기가 있는 담홍색이 좋은 고기이며, 소시지 · 베이컨 · 햄 등으로 가공되어 저장하기도 한다. 양고기는 고기 빛깔이 밝고 지방질이 적당히 섞인 백색이 좋으며, 근섬유가 가늘고 조직이 약하기 때문에 소화가 잘 된다. 가금류는 영양분이 풍부하며 지방질이 많이 함유되어 있다. 식용으로는 칠면조 · 닭 · 오리 · 거위 · 꿩 등이 있다.

2) 생선(Fish)으로 만든 요리

생선 요리는 육류 요리를 대신해서 주요리(Main Course)에 많이 제공된다. 생선은 단백질과 지방으로 구성되는데, 육류보다 연하며 소화도 잘 된다. 또한 지방성분이 적고, 결합조직이 약하며 비타민과 칼슘이 풍부하므로 주요리로서 손색이 없다. 생선을 요리하는 경우 생선의 표면을 닦은 다음 수분을 줄이기 위해 소금을 뿌린 뒤 잠시 두었다가 굽는다. 생선을 구우면 비린내가 수분과 함께 휘발하고 단백질이나 지방 등이 타는 냄새가 구수하여 일반적으로 찌거나 삶은 생선보다 맛이 더 좋다. 생선 요리는 주로 찜이나 조림, 볶음, 구이요리가 중심이 되며 익힌 채소나 생채소를 곁들여 먹는다.

Grilled Pork Loin Stuffed with Prune and Pork Rib

건자두를 채운 돼지등심구이와 돼지갈비

재료

재료	분량	재료	분량	재료	분량
Pork Loin(돼지등심)	150g	Thyme(타임)	5g	Pepper(후추)	a little
Ribs of Pork(돼지갈비)	150g	Butter(버터)	20g	Sugar(설탕)	30g
Dry Prune(건자두)	50g	Olive Oil(올리브오일)	50ml	Cooking Oil(식용유)	50ml
Onion(양파)	50g	Squash(애호박)	50g	Lemon(레몬)	1ea
Celery(셀러리)	50g	Garlic(마늘)	2ea	Eggplant(가지)	1ea
Carrot(당근)	50g	Tomato(토마토)	1/2ea	Red Wine Vinegar(레드와인식초)	50ml
Red Wine(레드와인)	150ml	Potato(감자)	1ea	Apple(사과)	1/2ea
Brandy(브랜디)	20ml	Asparagus(아스파라거스)	1ea	Oregano(오레가노)	5g
Tomato Paste(토마토 페이스트)	30g	Bay Leaf(월계수잎)	1leaf	Cherry Tomato(방울토마토)	1ea
Flour(밀가루)	20g	Shallot(샬롯)	1ea	Italian Parsley(이태리 파슬리)	10g
Beef Base(비프 베이스)	10g	Red Paprika(붉은 파프리카)	50g		
Rosemary(로즈메리)	5g	Salt(소금)	a little		

만드는 과정

❶ 돼지등심은 지방을 제거하고 반으로 잘라 미트 텐더라이저로 두께를 고르게 두들겨 펴서 소금, 후추로 양념하여 밀가루를 고루 뿌려준다.

❷ 당근은 껍질을 벗겨 미디엄 다이스로 썬 후, 커터기로 갈아 다진 양파와 함께 팬에 볶아 소금, 후추로 양념한다.

❸ 건자두 처트니를 만들어놓는다.

❹ ①의 돼지등심에 ②의 당근, ③의 건자두 처트니를 넣고 둥글게 말아 조리용 끈으로 묶는다.

❺ 팬에 ④의 돼지등심을 노릇하게 구운 후, 180℃의 예열된 오븐에 넣어 미디엄 웰던으로 굽는다.

❻ 돼지갈비는 손질한 후, 소금, 후추로 양념하여 팬에서 노릇하게 굽는다.

❼ 양파, 당근, 셀러리는 쥘리엔으로 썰어 팬에 볶아, 로즈메리, 타임, 레드와인을 넣어 1/2로 조린다.

❽ ⑦의 내용물에 ⑥의 돼지갈비와 데미글라스, 쇠고기 육수를 잠길 정도로 부어 조려준다.

❾ ⑤의 구운 돼지등심의 실을 풀어 일정한 두께로 썰어놓는다.

❿ 접시에 매시드 포테이토를 놓고 ⑧의 돼지갈비를 얹은 후, ⑨의 돼지등심을 담아 그랑 브뇌르 소스를 뿌려준다.

⓫ 조린 사과에 라타투이를 채워 ⑩에 곁들인다.

더운 채소

레드와인에 조린 사과(Red Wine Glazing Apple)

❶ 사과는 껍질을 벗겨 둥글게 잘라 가운데 구멍을 낸다.

❷ 팬에 사과를 갈색이 나게 구워준다.

❸ 구운 사과에 레드와인과 설탕, 꿀, 타임, 월계수잎, 통후추를 넣고 윤기나게 조린다.

라타투이(Ratatouille)

❶ 마늘은 곱게 다져놓는다.

❷ 이태리 파슬리, 타임은 굵게 다져놓는다.

❸ 양송이, 애호박, 가지, 양파, 붉은 파프리카, 당근은 스몰 다이스로 썰어놓는다.

❹ 토마토는 끓는 물에 데쳐 껍질을 벗겨 토마토 콩카세로 썰어놓는다.

❺ 팬에 올리브오일을 두르고, ①의 마늘, ③의 채소 순으로 볶아 백포도주를 넣고 조려준다.

❻ ⑤의 채소에 토마토 페이스트를 넣고 볶아 소금, 후추로 양념한다.

❼ ⑥의 내용물에 ②의 다진 허브, ④의 토마토 콩카세를 넣어 완성한다.

건자두 처트니(Dry Prune Chutney)

❶ 건자두는 미디엄 다이스로 썰어 넣는다.

❷ 붉은 파프리카, 양파는 파인 브뤼누아즈로 썰어 넣는다.

❸ 토마토는 끓는 물에 데쳐 껍질을 벗긴 뒤 토마토 콩카세로 썰어놓는다.

❹ 자루냄비에 ①의 건자두, ②의 채소를 넣어 볶은 후, 적포도주식초, 설탕, 월계수잎, 로즈메리, 타임을 넣어 윤기나게 조린다.

❺ ④의 내용물에 월계수잎, 로즈메리, 타임을 건져 소금, 후추로 양념한다.

매시드 포테이토(Mashed Potato)

❶ 감자는 씻어 끓는 물에 삶아준다.

❷ ①의 감자는 껍질을 벗긴 후, 체에 내려 약한 불에서 볶아 수분을 제거한다.

❸ ②의 감자에 생크림을 넣고 혼합하여 소금, 후추로 양념한다.

그랑 브뇌르 소스(Grand Veneur Sauce)

▶ p.79 참고

Grilled Lamb Rack and Onion Chutney

석쇠에 구운 양갈비와 양파 처트니

재료

Ribs of Lamb(양갈비)	180g	Squash(애호박)	100g	Pepper(후추)	a little
Onion(양파)	1ea	Garlic(마늘)	1ea	Sugar(설탕)	20g
Carrot(당근)	50g	Tomato(토마토)	100g	Cooking Oil(식용유)	150ml
Red Wine(레드와인)	200ml	Potato(감자)	1/2ea	Cherry Tomato(방울토마토)	1ea
Brandy(브랜디)	20ml	Asparagus(아스파라거스)	1ea	Mozzarella Cheese(모차렐라 치즈)	30g
Tomato Paste(토마토 페이스트)	50g	Baby Carrot(작은 당근)	1ea	Nutmeg(너트메그)	5g
Flour(밀가루)	50g	Starch(전분)	5g	Bread Crumbs(빵가루)	10g
Egg(달걀)	1ea	Bay Leaf(월계수잎)	1leaf		
Rosemary(로즈메리)	10g	Peppercorn(통후추)	2ea		
Thyme(타임)	10g	Yellow Paprika(노란 파프리카)	50g		
Butter(버터)	20g	Red Paprika(붉은 파프리카)	50g		
Olive Oil(올리브오일)	50ml	Salt(소금)	20g		

만드는 과정

❶ 양갈비는 지방, 힘줄 부분을 제거하여 소금, 후추로 양념한다.
❷ 마늘, 로즈메리, 타임은 곱게 다져놓는다.
❸ ①의 양갈비에 ②의 허브, 올리브오일로 마리네이드한다.
❹ 토마토 처트니를 만들어 채소 테린을 만든다.
❺ 감자는 삶아 체에 내려 크로켓 포테이토를 만든다.
❻ 양파의 껍질을 벗겨 썰어 양파 처트니를 만든다.
❼ 달궈진 석쇠에 ③의 양갈비를 색을 내어 굽는다.
❽ 접시에 양파 처트니를 담고, ⑦의 양갈비를 놓는다.

더운 채소

채소 테린(Vegetable Terrine)

❶ 적 · 황색 파프리카는 불에 태워 껍질을 벗겨 3~5cm로 썰어놓는다.
❷ 애호박도 3~5cm로 썰어 끓는 물에 데친 후, 팬에 볶아 소금, 후추로 양념한다.
❸ 사각 몰드에 노란 파프리카, 붉은 파프리카, 애호박 순으로 놓고 사이사이에 토마토 처트니를 발라 모차렐라 치즈를 뿌린 뒤 샐러맨더에 노릇노릇하게 색을 내어 굽는다.

토마토 처트니(Tomato Chutney)

❶ 토마토는 끓는 물에 데쳐 껍질을 벗긴 뒤 토마토 콩카세로 썰어놓는다.
❷ 양파는 껍질을 벗겨 브뤼누아즈로 썰어놓는다.
❸ 자루냄비에 양파, 토마토를 볶은 후, 백포도주, 설탕, 월계수잎, 로즈메리, 타임을 넣고 윤기나게 조려준다.
❹ ③에 향신료를 건져낸 다음, 소금, 후추로 양념하여 토마토 처트니를 만든다.

양파 처트니(Onion Chutney)

❶ 양파는 껍질을 벗겨 쥘리엔으로 썰어놓는다.
❷ 달궈진 팬에 양파를 갈색이 나게 볶아 적포도주, 설탕, 로즈메리, 타임, 월계수잎을 넣어 윤기나게 조려준다.
❸ ②의 양파에 월계수잎, 타임, 로즈메리를 건져내고 소금, 후추로 양념한다.

크로켓 포테이토(Croquette Potato)

❶ 감자는 씻어서 삶은 뒤 껍질을 제거하여 체에 내린다.
❷ ①의 감자에 소금, 후추, 달걀 노른자, 너트메그를 넣어 지름 2cm, 길이 4cm 크기로 만들어 밀가루, 달걀, 빵가루를 묻혀 기름에 노릇하게 튀겨준다.

허브 소스(Herb Sauce)

▶ p.79 참고

Roasted Duck Breast Stuffed with Chick Peas and Orange Sauce

병아리콩을 채운 오리가슴살구이와 오렌지 소스

재료

Duck Breast(오리가슴살)	150g	Bread Crumbs(빵가루)	10g	Mustard(머스터드)	30g
Duck Leg(오리다리살)	100g	Rosemary(로즈메리)	5g	Pistachio(피스타치오)	20g
Onion(양파)	50g	Thyme(타임)	5g	Polenta(폴렌타)	20g
Celery(셀러리)	30g	Butter(버터)	20g	Bay Leaf(월계수잎)	1leaf
Carrot(당근)	30g	Olive Oil(올리브오일)	100g	Lemon Juice(레몬주스)	50ml
Orange(오렌지)	1/2ea	Eggplant(가지)	1/2ea	Egg(달걀)	1ea
Orange Juice(오렌지주스)	150ml	Chick Peas(병아리콩)	100g	Milk(우유)	100ml
Red Wine(레드와인)	100ml	Squash(애호박)	1/2ea	Peppercorn(통후추)	10g
Brandy(브랜디)	20ml	Garlic(마늘)	2ea	Red Paprika(붉은 파프리카)	50g
Red Wine Vinegar(레드와인식초)	50ml	Tomato(토마토)	1/2ea	Apple(사과)	1/2ea
Tomato Paste(토마토 페이스트)	50g	Potato(감자)	1/2ea	Salt(소금)	a little
Flour(밀가루)	50g	Saffron(사프란)	5g	Pepper(후추)	a little
Spaghetti(스파게티)	5g	Shallot(샬롯)	1ea	Sugar(설탕)	50g
Sage(세이지)	2g	Lemon(레몬)	1/2ea	Spaghetti(스파게티)	1ea

만드는 과정

❶ 오리다리살은 껍질을 벗겨 뼈와 살을 분리한다.
❷ ①의 오리다리살을 팬에 구워 곱게 다져 세이지, 소금, 후추로 양념한다.
❸ 병아리콩은 물에 불려 충분히 삶는다.
❹ ②의 내용물에 달걀 노른자, 피스타치오, 빵가루, ③의 삶은 병아리콩을 넣어 섞어준다.
❺ 오리가슴살은 껍질을 벗겨 반으로 썰어 미트 텐더라이저로 두들겨 펴서 소금, 후추로 양념한다.
❻ ⑤의 오리가슴살에 ④의 내용물을 채워 둥글게 말아 조리용 끈으로 묶어준다.
❼ 달궈진 팬에 ⑤의 내용물을 갈색이 나게 구워준다.
❽ 애호박, 당근, 셀러리, 붉은 파프리카는 스몰 다이스로 썰어 데쳐놓는다.
❾ 자루냄비에 폴렌타, 우유를 끓여 ⑧의 채소를 넣어 소금, 후추로 양념하여 조려준다.
❿ 접시에 ⑨의 내용물을 깔아준 후, 구운 오리가슴살을 썰어 가지런히 놓고 오렌지 소스를 뿌려준다.

더운 채소

가지로 감싼 채소(Vegetable Wrapped in Eggplant)

❶ 가지는 두께 0.2cm, 가로 2cm, 세로 3cm로 썰어 팬에 볶아 소금, 후추로 양념한다.
❷ 붉은 파프리카, 애호박은 둥근 몰드에 찍어 팬에 볶아 소금, 후추로 양념한다.
❸ 양파, 셀러리, 당근, 애호박은 스몰 다이스로 썰어 팬에 토마토 페이스트와 함께 볶다가 소금, 후추로 양념한다.
❹ 둥근 몰드에 ①의 가지를 둥글게 둘러준 후, ③의 내용물을 채워 ②의 채소를 얹는다.

사프란에 조린 샬롯(Saffron Glazing Shallot)

❶ 샬롯은 껍질을 벗겨 팬에서 볶아준다.
❷ 채소와 사프란을 넣어 사프란 육수를 끓여 체에 거른다.
❸ ①의 샬롯, ②의 사프란 육수를 넣어, 타임, 월계수잎, 통후추, 소금, 후추를 넣고 조려준다.

레드와인에 조린 사과(Red Wine Glazing Apple)

❶ 사과는 껍질을 벗겨 웨지로 8등분으로 자른다.
❷ 달궈진 팬에 사과를 갈색이 나게 구워준다.
❸ ②의 구운 사과에 레드와인, 설탕, 타임, 월계수잎, 통후추를 넣고 윤기나게 조린다.

윌리엄 포테이토(William Potato)

❶ 감자는 씻어 삶아 껍질을 벗긴 후, 체에 내린다.
❷ ①의 감자에 소금, 후추, 버터, 생크림을 넣어 혼합하여 준다.
❸ ②의 감자를 배 모양으로 만들어 밀가루, 달걀, 빵가루 순으로 묻혀 스파게티면을 위에 꽂아준다.
❹ ③의 내용물을 180℃의 기름에 갈색이 나게 튀겨준 후, 키친타월로 기름기를 제거한다.

오렌지 소스(Orange Sauce)

▶ p.80 참고

Pork Tenderloin Stuffed with Prune and Forcemeat with Chablis Wine Sauce

건자두와 치킨 포스미트를 채운 돼지안심구이와 샤블리와인 소스

재료

Pork Loin(돼지등심)	250g	White Wine(백포도주)	50ml	Salt(소금)	a little
Chicken Breast(닭가슴살)	50g	Butter(버터)	20g	Pepper(후추)	a little
Egg(달걀)	1ea	Cherry Tomato(방울토마토)	1/2ea	Polenta(폴렌타)	20g
Fresh Cream(생크림)	100ml	Tomato Paste(토마토 페이스트)	50g	Milk(우유)	200ml
Dry Prune(건자두)	3ea	Cooking Thread(조리용 실)	50cm	Endive(엔다이브)	50g
Carrot(당근)	50g	Potato(감자)	1/2ea		
Onion(양파)	50g	Pea(완두콩)	100g		
Celery(셀러리)	20g	Bread Crumbs(빵가루)	30g		
Garlic(마늘)	2ea	Parsley(파슬리)	5g		
Bay Leaf(월계수잎)	1leaf	Olive Oil(올리브오일)	20ml		
Thyme(타임)	5g	Butter(버터)	20g		
Parsley(파슬리)	5g	Parmesan Cheese(파마산 치즈)	10g		

만드는 과정

❶ 돼지등심은 지방을 제거하여 반으로 잘라 미트 텐더라이저로 두께를 고르게 두들겨 펴서 소금, 후추로 양념한다.
❷ 닭가슴살은 껍질을 벗겨 커트기에 갈아 달걀 흰자, 소금, 후추, 생크림을 넣어 혼합한다.
❸ 건자두는 반으로 썰어 팬에서 적포도주를 넣고 조려준다.
❹ ①의 돼지등심에 소금, 후추로 양념하여 밀가루를 뿌려 ②의 포스미트를 발라 ③의 건자두를 가지런히 놓는다.
❺ ④의 돼지등심을 둥글게 말아 조리용 끈으로 묶고 팬에서 노릇하게 구워준다.
❻ 팬에 양파, 당근, 셀러리, 마늘을 쥘리엔으로 썰어 소테한다.
❼ ⑥의 채소에 ⑤의 돼지등심을 올려 180℃의 예열된 오븐에서 구워준다.
❽ 완두콩은 끓는 물에 데쳐 커트기로 곱게 갈아준다.
❾ 자루냄비에 ⑧의 완두콩과 소금, 후추, 생크림, 백포도주를 넣어 조려준다.
❿ 접시에 완두콩 퓌레를 담고 ⑦의 돼지등심을 썰어 가지런히 놓는다.
⓫ ⑩에 샤블리와인 소스를 곁들인다.

더운 채소

구운 폴렌타(Grilled Polenta)

❶ 폴렌타에 우유를 넣고 끓여 소금, 후추로 양념한다.
❷ 감자는 껍질을 벗겨 다이스로 썰어 삶은 후, 소금, 후추, 베샤멜 소스에 조린다.
❸ 사각 몰드에 ①의 폴렌타, ②의 감자 순으로 겹쳐 채워, 샐러맨더에 노릇하게 구워준다.

토마토 프로방살(Provencal Tomato)

❶ 방울토마토는 윗부분을 썰어 속을 파내어 준비한다.
❷ 스텐볼에 다진 마늘, 빵가루, 다진 파슬리, 파마산 치즈, 버터, 소금, 후추를 혼합한다.
❸ ①의 방울토마토에 ②의 내용물을 채워 샐러맨더에서 노릇노릇하게 구워준다.

엔다이브 브레이징(Braising Endive)

❶ 엔다이브는 길게 4등분으로 썰고, 양파는 쥘리엔으로 썰어 놓는다.
❷ 팬에 버터를 녹여 ①의 엔다이브, 양파를 볶다가 백포도주를 넣어 조린다.
❸ ②의 내용물에 레몬주스, 닭 육수, 소금, 후추를 넣어 브레이징한다.

보일드 포테이토(Boiled Potato)

❶ 감자를 씻어 껍질을 벗겨 달걀 모양으로 썰어 반을 자른다.
❷ ①의 감자를 끓는 물에 삶아 팬에 볶은 후, 닭 육수를 넣고 졸여 소금, 후추로 양념한다.
❸ ②의 내용물에 다진 파슬리를 뿌려준다.

샤블리와인 소스(Chablis Wine Sauce)

▶ p.80 참고

Chicken Roll Stuffed with Rye Bread with Supreme Sauce

호밀빵을 채운 치킨 롤과 슈프림 소스

재료

Chicken Breast(닭가슴살) 150g	Asparagus(아스파라거스) 1ea	Baby Carrot(꼬마당근) 1ea
Chicken Leg(닭다리살) 50g	Boneless Ham(본리스햄) 50g	Rosemary(로즈메리) 5g
Garlic(마늘) 1ea	Milk(우유) 100ml	Tomato(토마토) 1/2ea
Potato(감자) 1ea	Cooking Thread(조리용 실) 50cm	Sugar(설탕) 20g
Butter(버터) 20g	Salt(소금) .... a little	Chive(차이브) 5g
Onion(양파) 100g	Olive Oil(올리브오일) 20ml	Rye Bread(호밀빵) 30g
Baby Carrot(꼬마당근) 1ea	Fresh Cream(생크림) 50ml	Chicken Stock(닭 육수) 100ml
Celery(셀러리) 20g	Flour(밀가루) 20g	
Lentil Bean(렌틸콩) 30g	Egg(달걀) 1ea	
Red Wine(레드와인) 50ml	White Wine(백포도주) 50ml	
Rosemary(로즈메리) 5g	Cabbage(양배추) 100g	
Thyme(타임) 5g	Carrot(당근) 50g	

만드는 과정

❶ 닭가슴살은 껍질을 벗겨 반으로 잘라 미트 텐더라이저로 두들겨 펴서 소금, 후추로 양념하여 밀가루를 뿌려놓는다.

❷ 닭다리살은 껍질부분과 힘줄을 제거하여 고르게 다져놓는다.

❸ 호밀빵은 다이스로 썰어놓는다.

❹ 마늘은 올리브오일, 타임, 소금, 후추로 양념하여 80℃의 예열된 오븐에 굽는다.

❺ 스텐볼에 ②의 닭다리살, ③의 호밀빵, ④의 구운 마늘, 다진 로즈메리, 소금, 후추를 넣고 섞는다.

❻ ①의 닭가슴살에 ⑤의 내용물을 채워 둥글게 말아 조리용 실로 잘 묶어준다.

❼ 달구어진 팬에 ⑥의 닭가슴살을 색을 내어 노릇하게 구워준다.

❽ 렌틸콩은 끓는 물에 삶아 우유와 생크림, 소금, 후추로 양념하여 되직하게 조린다.

❾ 마늘은 얇게 썰어 기름에 튀겨 기름기를 제거한다.

❿ 더치 포테이토와 채소를 채운 양배추를 만들어놓는다.

⓫ 접시에 ⑧의 렌틸콩, ⑦의 닭가슴살을 썰어놓은 후, 더치스 포테이토와 더운 채소를 곁들인다.

더운 채소

채소를 채운 양배추(Cabbage Stuffed with Vegetables)

❶ 양배추는 끓는 물에 데쳐 식힌다.

❷ 당근, 셀러리는 폭은 0.2cm, 길이는 5cm로 썰어 팬에 볶아 소금, 후추로 양념한다.

❸ 본리스햄은 ②의 채소와 동일하게 썰어 팬에 볶아 소금, 후추로 양념한다.

❹ ①의 양배추를 가지런히 펼쳐 ②, ③의 내용물을 넣고 둥글게 말아 차이브로 묶어준다.

말린 토마토(Dry Tomato)

❶ 토마토는 끓는 물에 데쳐 껍질을 벗겨 씨를 제거한다.

❷ 토마토를 웨지로 썰어 설탕, 소금, 후추, 올리브오일, 다진 타임으로 양념한다.

❸ ②의 내용물을 100℃의 예열된 오븐에서 굽는다.

꼬마당근 글레이징(Baby Carrot Glazing)

❶ 꼬마당근은 껍질을 벗겨 줄기부분을 손질한다.

❷ ①의 꼬마당근은 끓는 물에 소금을 넣어 데친다.

❸ 팬에 버터를 녹여 ②의 내용물을 볶은 후, 닭 육수, 레몬주스, 설탕, 소금, 후추를 넣어 윤기나게 조린다.

더치스 포테이토(Duchess Potatoes)

❶ 감자는 껍질을 벗겨 삶아, 체에 내려준다.

❷ ①의 감자에 버터, 생크림, 소금으로 양념하여 저어준 후 짤주머니에 넣어 일정한 모양으로 짜준다.

❸ ②의 내용물을 예열된 샐러맨더에서 노릇노릇하게 구워준다.

허브 슈프림 소스(Herb Supreme Sauce)

▶ p.81 참고

Grilled Beef Tenderloin Wrapped in Puff Paste with Madeira Sauce

밀반죽으로 감싸 구운 쇠고기안심과 마데이라 소스

재료

Beef Tenderloin(쇠고기안심) 180g	Green Paprika(초록 파프리카) 50g	Pea(완두콩) 50g
Yellow Paprika(노란 파프리카) 50g	Red Paprika(붉은 파프리카) 50g	Rosemary(로즈메리) 5g
Demi-Glace(데미글라스) 100ml	Tomato(토마토) 50g	Broccoli(브로콜리) 50g
Fresh Cream(생크림) 100ml	Eggplant(가지) 50g	Potato(감자) 1ea
Garlic(마늘) 2ea	Olive Oil(올리브오일) 50ml	Bacon(베이컨) 20g
Button Mushroom(양송이버섯) 50g	Tomato Paste(토마토 페이스트) 20g	Radish(무) 50g
Onion(양파) 1/2ea	Thyme(타임) 5g	Baby Carrot(꼬마당근) 1ea
Salt(소금) .... a little	Bay Leaf(월계수잎) 1ea	Starch(전분) 5g
Pepper(후추) .... a little	Red Wine(레드와인) 150ml	Tarragon(타라곤) 5g
Flour(밀가루) 100g	Carrot(당근) 30g	Bread Crumbs(빵가루) 10g
Butter(버터) 50g	Celery(셀러리) 30g	White Wine(화이트와인) 20ml
Egg(달걀) 1ea	Endive(엔다이브) 50g	
Squash(애호박) 50g	Milk(우유) 150ml	

만드는 과정

❶ 쇠고기안심은 지방을 제거하여 둥근 모양을 만들어 다진 로즈메리, 타임, 올리브오일, 소금, 후추로 양념한다.
❷ 달궈진 팬에 ①의 쇠고기안심을 갈색이 나게 굽는다.
❸ 양송이는 곱게 다져 볶아 뒥셀을 만든다.
❹ ②의 구운 쇠고기안심에 양송이 뒥셀을 고르게 바른다.
❺ 퍼프 페이스트리 반죽을 만들어놓는다.
❻ ④의 구운 쇠고기안심을 ⑤의 퍼프 페이스트리 반죽에 넣고 씌운다.
❼ ⑥의 쇠고기안심에 달걀 노른자 물을 고르게 바르고, 180℃의 예열된 오븐에서 20분간 미디엄으로 구워준다.
❽ 감자는 스킨 스터프트로 만들어놓는다.
❾ 접시에 ⑦의 구운 쇠고기안심을 반으로 썰어 담아, 더운 채소와 튀긴 로즈메리를 곁들인다.

더운 채소

크림에 조린 채소(Cream Glazing Vegetables)

❶ 당근, 완두콩, 무는 폭 0.5cm, 길이 5cm로 잘라 끓는 물에 데쳐 팬에 볶아 소금, 후추로 양념한다.
❷ 붉은 파프리카, 노란 파프리카, 토마토, 애호박, 셀러리는 스몰 다이스로 썰어 팬에 소테한다.
❸ ②의 볶은 채소에 소금, 후추, 백포도주, 생크림을 넣어 조린다.
❹ 둥근 몰드에 ①의 채소를 색깔에 맞춰 둘러놓고 속에 조린 ③의 내용물을 채워넣는다.

엔다이브 브레이징(Endive Braising)

❶ 엔다이브는 길게 4등분으로 썰어 양파는 쥘리엔으로 썰어놓는다.
❷ 팬에 버터를 녹여 엔다이브의 색을 낸 후, 양파와 함께 볶다가 백포도주를 넣어 조린다.
❸ ②의 내용물에 소금, 후추, 레몬주스, 닭 육수를 넣어 브레이징한다.

스킨 스터프트 포테이토(Skin Stuffed Potato)

❶ 감자는 껍질을 벗겨 삶은 후, 보일드 포테이토 모양으로 잘라 속을 볼커터로 둥글게 파낸다.
❷ ①의 감자는 끓는 물에 삶아 기름에 튀겨낸다.
❸ 다진 베이컨, 양파와 소금, 후추, 너트메그로 양념하여 소테한다.
❹ ②의 감자에 ③의 내용물을 채워 빵가루, 치즈를 얹어 오븐에서 노릇노릇하게 색을 낸다.

퍼프 페이스트리(Puff Pastry)

❶ 스텐볼에 버터를 13~15℃ 정도의 온도를 유지하여 부드러운 상태가 되도록 만들어준다.
❷ 체에 내린 밀가루, ①의 중탕한 버터, 소금, 물을 넣고 반죽하여 비닐에 싸서 냉장고에 30분간 숙성시킨다.
❸ ②의 반죽을 얇게 펴서 버터를 올린 다음, 직사각형이 되도록 접은 뒤 30분간 냉장고에 숙성시킨다.
❹ ③의 반죽을 펴준 뒤 다시 한 번 밀어서 3등분으로 접어 30분간 냉장고에 숙성시킨다.
❺ ④의 반죽을 꺼내어 약 2~3mm 정도의 두께로 얇게 밀어준 다음, 40분간 냉장고에 숙성시켜 원하는 모양으로 잘라 사용한다.

마데이라 소스(Madeira Sauce)

▶ p.81 참고

Beef Tenderloin and Mozzarella Cheese with Red Wine Sauce

모차렐라 치즈를 얹은 쇠고기 안심구이와 레드와인 소스

재료

Beef Tenderloin(쇠고기안심)	180g	Fresh Cream(생크림)	20ml	Honey(꿀)	10ml
Garlic(마늘)	2ea	Carrot(당근)	100g	Mozzarella Cheese(모차렐라 치즈)	30g
Kidney Bean(강낭콩)	50g	Salt(소금)	a little	Tomato(토마토)	1/2ea
Almond(아몬드)	10g	Pepper(후추)	a little	Sage(세이지)	5g
Eggplant(가지)	50g	Onion(양파)	3ea	Baby Carrot(꼬마당근)	1ea
Olive Oil(올리브오일)	100ml	Bread Crumbs(빵가루)	50g	Sugar(설탕)	10g
Rosemary(로즈메리)	5g	Tomato Paste(토마토 페이스트)	20g	Pommery Mustard(포메리 머스터드)	10g
Demiglace(데미글라스)	150ml	Squash(애호박)	1/2ea	Thyme(타임)	5g
Red Wine(레드와인)	150ml	Red Paprika(붉은 파프리카)	50g		
Potato(감자)	1ea	Orange Paprika(주황 파프리카)	50g		
Butter(버터)	50g	Yellow Paprika(노란 파프리카)	50g		
Shallot(샬롯)	1ea	Apple(사과)	1/2ea		

만드는 과정

❶ 쇠고기안심은 지방을 제거하여, 둥글게 만들어 소금, 후추로 양념한다.
❷ 마늘은 오븐에 구운 후, 체에 내려 팬에 적포도주와 함께 조려준다.
❸ 토마토는 0.5cm 두께로 둥글게 썰어 소금, 후추로 양념하여 팬에 굽는다.
❹ 달궈진 석쇠에 쇠고기안심의 색을 내어 굽는다.
❺ ④의 쇠고기안심에 ②의 마늘을 바르고, ③의 토마토를 올려 모차렐라 치즈를 뿌려준다.
❻ ⑤의 쇠고기안심을 180℃의 예열된 오븐에서 미디엄으로 굽는다.
❼ 파프리카 처트니를 만든다.
❽ 팬에 적포도주를 조려 글라스 드 비앙드에 넣어 소스를 만든다.
❾ 팬에 샬롯을 볶은 후, 적포도주, 설탕, 소금으로 양념하여 윤기나게 조린다.
❿ 접시에 ⑦의 파프리카 처트니를 놓고, ⑥의 쇠고기안심을 얹은 후, 더운 채소, 베르니 포테이토를 곁들인다.

더운 채소

가지 바스켓(Eggplant Basket)

❶ 가지는 5cm 길이로 썰어 쿠킹호일로 싸준 후, 180℃의 예열된 오븐에 굽는다.
❷ ①의 구운 가지를 스푼으로 속을 파내준다.
❸ 적 · 황 · 주황색 파프리카, 애호박, 당근, 양파는 스몰 다이스로 썰어 팬에 볶는다.
❹ ③의 채소에 토마토 페이스트, 소금, 후추로 양념하여 볶는다.
❺ ②의 구운 가지에 ④의 내용물을 채운 후, 모차렐라 치즈를 얹어 샐러맨더에서 노릇하게 색을 내어준다.

베르니 포테이토(Berny Potato)

❶ 감자는 씻어 삶은 후, 껍질을 벗겨 고운체에 내려준다.
❷ 팬에 ①의 감자와 버터, 생크림, 소금을 넣고 저은 후 식혀, 둥근 모양을 만든다.
❸ 슬라이스한 아몬드, 빵가루는 혼합해 놓는다.
❹ ③의 내용물에 ②의 감자를 묻혀 기름에 노릇하게 튀겨준다.

사과 처트니(Apple Chutney)

❶ 사과는 껍질을 벗겨 스몰 다이스로 썰어준다.
❷ 팬에 ①의 사과를 갈색이 나게 볶는다.
❸ ②의 볶은 사과에 설탕, 꿀, 적포도주를 넣고 조려준다.

레드와인 소스(Red Wine Sauce)

▶ p.81 참고

Lamb Rib Wrapped with Herb Crust and Bourguignon Sauce

허브 크러스트로 감싼 양갈비와 부르기뇽 소스

재료

Ribs of Lamb(양갈비)	180g	Eggplant(가지)	20g	Bread Crumbs(빵가루)	10g
Olive Oil(올리브오일)	50ml	Garlic(마늘)	1ea	White Wine(백포도주)	20ml
Sweet Pumpkin(단호박)	100g	Demiglace(데미글라스)	100ml	Mozzarella Cheese(모차렐라 치즈)	50g
Parsley(파슬리)	10g	Bacon(베이컨)	20g	Dijon Mustard(디종 머스터드)	20g
Tomato(토마토)	1ea	Salt(소금)	a little	Fresh Cream(생크림)	100ml
Lemon(레몬)	1/4ea	Pepper(후추)	a little	Sugar(설탕)	20g
Red Paprika(붉은 파프리카)	50g	Butter(버터)	50g	Rosemary(로즈메리)	10g
Green Paprika(초록 파프리카)	50g	Thyme(타임)	5g	Parsley(파슬리)	10g
Squash(애호박)	50g	Carrot(당근)	30g	Parmesan Cheese(파마산 치즈)	10g
Button Mushroom(양송이)	50g	Tomato Paste(토마토 페이스트)	20g		
Onion(양파)	100g	Red Wine(적포도주)	100ml		
Potato(감자)	1ea	Couscous(쿠스쿠스)	20g		

만드는 과정

❶ 양갈비는 지방과 힘줄을 제거한 후, 다진 로즈메리, 타임, 마늘, 올리브오일, 소금, 후추로 마리네이드한다.
❷ 달궈진 팬에 ①의 양갈비를 갈색이 나도록 구워준다.
❸ 다진 로즈메리, 타임, 빵가루, 으깬 통후추를 섞어 허브 크러스트를 만든다.
❹ ②의 구운 양갈비에 디종 머스터드를 바른 후, ③의 허브 크러스트를 발라 180℃의 예열된 오븐에서 미디엄으로 굽는다.
❺ 단호박 퓌레, 쿠스쿠스, 토마토 라타투이, 리오네즈 포테이토를 만들어놓는다.
❻ 감자는 껍질을 벗겨 채칼로 길게 잘라 끓는 물에 데친 후, 둥근 몰드에 감아 기름에 튀겨낸다.
❼ 접시에 리오네즈 포테이토를 담은 후, 구운 양갈비를 얹어 더운 채소를 곁들인다.

더운 채소

단호박 퓌레(Sweet Pumpkin Puree)

❶ 단호박은 껍질을 벗겨 씨를 제거하여, 다이스로 썰어놓는다.
❷ ①의 단호박은 끓는 물에 삶아 체에 내려 약한 불에서 수분을 제거한다.
❸ 자루냄비에 ②의 내용물, 생크림, 설탕, 소금을 넣고 되직하게 혼합한다.

토마토 라타투이(Tomato Ratatouille)

❶ 토마토는 끓는 물에 데쳐 껍질을 벗긴 후, 토마토 콩카세로 썰고, 마늘은 다져놓는다.
❷ 애호박, 가지, 양파, 양송이, 붉은 파프리카, 초록 파프리카를 다이스로 썰어놓는다.
❸ 파슬리, 타임은 굵게 다져놓는다.
❹ 팬에 ①의 마늘, ②의 채소 순으로 볶다가 백포도주에 조린 후, 토마토 페이스트를 넣어 볶는다.
❺ ④의 내용물에 ①의 토마토 콩카세, ③의 허브, 소금, 후추를 넣어 양념한다.
❻ 토마토는 웨지로 썰어 속을 파낸 뒤 ⑤의 내용물을 채워 모차렐라 치즈를 얹어 예열된 샐러맨더에서 노릇노릇하게 구워준다.

허브 크러스트(Herb Crust)

❶ 로즈메리, 타임, 파슬리는 다져놓는다.
❷ 스텐볼에 ①의 허브, 빵가루, 파마산 치즈, 으깬 통후추, 버터, 소금을 혼합하여 허브 크러스트를 만든다.

리오네즈 포테이토(Lyonnaise Potato)

❶ 감자는 껍질을 제거한 후, 반으로 잘라 둥근 모양으로 만든다.
❷ ①의 감자는 두께 0.3cm 크기로 썰어 끓는 물에 삶는다.
❸ 베이컨은 스몰 다이스로 썰고, 양파는 슬라이스한다.
❹ 팬에 버터를 녹여 베이컨, 양파, 감자 순으로 색이 나게 볶아준 후, 소금, 후추로 양념한다.

부르기뇽 소스(Bourguignon Sauce)

▶ p.82 참고

Veal Tenderloin Stuffed with Prune and Foie Gras

건자두와 거위간을 채운 송아지안심구이

재료

Veal Tenderloin(송아지안심)	180g	Demi-Glace(데미글라스)	150ml	White Pepper(흰 후추)	5g
Saffron(사프란)	5g	Sweet Potato(고구마)	30g	Pepper(후추)	5g
Shallot(샬롯)	1ea	King Oyster Mushroom(새송이버섯)	50g	Brown Sugar(황설탕)	30g
Pistachio(피스타치오)	50g	Potato(감자)	1/2ea	Cherry Tomato(방울토마토)	1ea
Milk(우유)	100ml	Sage(세이지)	5g	Tomato(토마토)	100g
Broccoli(브로콜리)	50g	Asparagus(아스파라거스)	1ea	Onion(양파)	100g
Egg(달걀)	1ea	Mozzarella Cheese(모차렐라 치즈)	20g	Thyme(타임)	5g
Foie Gras(거위간)	50g	Garlic(마늘)	1ea	Bay Leaf(월계수잎)	1leaf
Carrot(당근)	50g	Sour Cream(사워크림)	20g		
Fresh Cream(생크림)	100ml	Olive Oil(올리브오일)	50ml		
Dry Prune(건자두)	50g	Brandy(브랜디)	10ml		
Red Wine(적포도주)	100ml	Sugar(설탕)	20g		
Rosemary(로즈메리)	5g	Salt(소금)	a little		

만드는 과정

❶ 송아지안심은 지방을 제거하여, 둥근 모양으로 만들어 소금, 후추로 양념한다.
❷ ①의 송아지안심에 기구를 이용하여 가운데 구멍을 내준다.
❸ 팬에 거위간을 구운 후, 소금, 후추로 양념하여 체에 내린다.
❹ 팬에 다진 당근을 볶아 소금, 후추로 양념하여 ③의 거위간과 혼합한다.
❺ 건자두는 반으로 잘라 볶은 후, 적포도주, 발사믹식초, 황설탕에 조린다.
❻ ②의 송아지안심에 ④, ⑤의 내용물을 채워 조리용 끈으로 묶는다.
❼ 달궈진 팬에 ⑥의 송아지안심을 갈색이 나게 굽는다.
❽ 감자는 안나 포테이토로 만든다.
❾ 고구마는 길게 썰어 기름에 튀긴 후, 기름기를 제거한다.
❿ 방울토마토는 끓는 물에 데쳐 껍질을 벗긴 후, 소금, 후추, 설탕, 올리브오일에 버무려 80℃의 예열된 오븐에 굽는다.
⓫ 접시에 ⑦의 송아지안심을 썰어 담고, 비가라드 소스를 뿌려 더운 채소를 곁들인다.

더운 채소

새송이버섯(King Oyster Mushroom)

❶ 새송이버섯은 두께 1cm 크기로 길게 자른 후, 팬에 볶아 소금, 후추로 양념한다.
❷ 아스파라거스는 껍질을 벗겨 끓는 물에 데친 후, 팬에 볶아 소금, 후추로 양념한다.
❸ ①의 새송이버섯 위에 ②의 아스파라거스, 모차렐라 치즈, 다진 파슬리를 뿌려 샐러맨더에 노릇하게 색을 낸다.

샬롯(Shallot)

❶ 샬롯은 껍질을 벗긴 후, 달궈진 팬에 볶는다.
❷ 양파, 당근, 셀러리, 마늘은 쥘리엔으로 썰어 물을 넣고 끓여 채소육수를 만들어 체에 거른다.
❸ ②의 채소육수에 ①의 샬롯, 월계수잎, 타임, 통후추, 소금을 넣고 졸여준다.

브로콜리와 당근(Broccoli & Carrot)

❶ 브로콜리는 끓는 물에 데친 후, 크림 소스에 조려 소금, 후추로 양념한다.
❷ 당근은 볼커터로 파내어 끓는 물에 데친 후, 크림 소스에 조려 소금, 후추로 양념한다.

안나 포테이토(Anna Potato)

❶ 감자는 껍질을 벗긴 후, 둥근 모양으로 잘라 0.2mm 두께로 썰어 소금, 후추로 양념한다.
❷ ①의 감자는 원형으로 겹겹이 쌓아 베샤멜 소스를 고르게 발라준다.
❸ ②의 내용물을 180℃의 예열된 오븐의 표면이 갈색이 나도록 구워준다.

비가라드 소스(Bigarade Sauce)

▶ p.82 참고

Roasted Duck Breast with Mango Sauce

구운 오리가슴살과 망고 소스

재료

Duck Breast(오리가슴살)	180g	Olive Oil(올리브오일)	20ml	Orange(오렌지)	1ea
Lentil Bean(렌틸콩)	30g	Cherry Tomato(방울토마토)	1ea	Basil(바질)	10g
Milk(우유)	50ml	Rice(쌀)	80g	Red Paprika(붉은 파프리카)	1ea
Fresh Cream(생크림)	50ml	Rosemary(로즈메리)	5g	Shiitake Mushroom(표고버섯)	50g
Butter(버터)	20g	Celery(셀러리)	50g	Orange Juice(오렌지주스)	50ml
Garlic(마늘)	1ea	Yellow Paprika(노란 파프리카)	1ea	Mango(망고)	1ea
Cooking Oil(식용유)	200ml	Clove(정향)	2ea	Salt(소금)	a little
Onion(양파)	1ea	Thyme(타임)	5g	Pepper(후추)	a little
Parmesan Cheese(파마산 치즈)	30g	Bread(식빵)	1ea	Starch(전분)	10g
White Wine(백포도주)	50ml	Orange Paprika(주황 파프리카)	1ea	Mango Juice(망고주스)	150ml
Lemon Juice(레몬주스)	20ml	Potato(감자)	1/2ea	Chicken Stock(닭 육수)	300ml
Carrot(당근)	50g	Squash(애호박)	50g		
Parsley(파슬리)	10g	Asparagus(아스파라거스)	1ea		

만드는 과정

❶ 오리가슴살은 다진 로즈메리, 타임, 소금, 후추로 마리네이드한다.
❷ 달궈진 팬에 ①의 오리가슴살을 구워준다.
❸ 렌틸콩은 삶아 생크림, 우유에 조려 소금, 후추로 양념한다.
❹ ③의 렌틸콩을 커트기로 굵게 갈아 되직하게 만든다.
❺ 아스파라거스는 껍질을 벗겨 반으로 썰어 끓는 물에 데친 후, 튀김 반죽을 입혀 기름에 튀긴다.
❻ 타임은 튀김 반죽을 입혀 기름에 튀긴다.
❼ 방울토마토는 끓는 물에 데쳐 껍질부분을 남겨둔 채 설탕, 소금, 올리브오일에 양념하여 80℃의 예열된 오븐에서 굽는다.
❽ 식빵은 길게 잘라 둥근 몰드에 감싸 100℃의 예열된 오븐에서 구워준다.
❾ 접시에 ④의 렌틸콩을 담고, ②의 구운 오리가슴살, 오렌지는 웨지로 썰어 가지런히 놓는다.
❿ ⑨에 망고 소스를 뿌리고, 더운 채소를 곁들인다.

더운 채소

올리베트 포테이토(Olivette Potato)

❶ 감자는 씻어서 껍질을 벗긴 뒤 올리베트 모양으로 잘라 끓는 물에 삶는다.
❷ 팬에 버터를 녹여 ①의 감자를 볶은 후, 소금, 후추로 양념한다.

표고버섯 리조토(Shiitake Mushroom Risotto)

❶ 양파는 곱게 다져놓는다.
❷ 닭 육수를 만들어놓는다.
❸ 표고버섯은 슬라이스하여 팬에 볶아 소금, 후추로 양념한다.
❹ 팬에 ①의 양파와 쌀을 볶은 후, 천천히 저어주면서 ②의 닭 육수를 반복적으로 넣어 볶아준다.
❺ ④의 리조토가 완성될 무렵에 ③의 표고버섯을 함께 볶아 파마산 치즈, 소금, 후추, 바질로 양념한다.

망고 소스(Mango Sauce)

▶ p.83 참고

닭 육수(Chicken Stock)

▶ p.66 참고

Halibut Mousse with Potato and Cresson Sauce

크레송 소스와 감자를 얹은 광어무스

재료

Halibut(광어)	150g	Celery(셀러리)	50g	Red Paprika(붉은 파프리카)	50g
Orange Paprika(주황 파프리카)	50g	Parsley(파슬리)	20g	Yellow Paprika(노란 파프리카)	50g
Spinach(시금치)	50g	Chestnut(밤)	50g	Milk(우유)	150ml
Onion(양파)	50g	Sugar(설탕)	20g	Scallop(관자)	2ea
Potato(감자)	1ea	Garlic(마늘)	1ea	Flying Fish Roe(날치알)	30g
Spring Onion(대파)	50g	Butter(버터)	20g	Cresson(크레송)	150g
Egg(달걀)	1ea	Apple(사과)	1/2ea	Chervil(처빌)	20g
White Wine(화이트와인)	100ml	Flour(밀가루)	20g	Milk(우유)	50ml
Fresh Cream(생크림)	200ml	Salt(소금)	a little	Crab Meat(게살)	50g
Asparagus(아스파라거스)	2ea	Pepper(후추)	a little	Dill(딜)	5g
Red Wine(레드와인)	50ml	Sweet Pumpkin(단호박)	1/2ea	Thyme(타임)	5g
White Wine(백포도주)	20ml	Lemon(레몬)	1/2ea		

만드는 과정

❶ 광어는 반으로 잘라 딜, 백포도주, 소금, 후추로 간하여 밀가루를 뿌려준다.
❷ 일부의 광어 살과 관자를 썰어 백포도주, 달걀 흰자, 생크림, 소금, 후추로 양념하여 커트기에 곱게 갈아 광어무스를 만든다.
❸ ①의 광어 살에 ②의 광어무스를 발라준다.
❹ 감자는 둥글게 썰어 끓는 물에 데쳐 식힌다.
❺ ③의 광어 위에 ④의 감자를 나란히 겹겹이 붙인다.
❻ 자루냄비에 양파, 당근, 셀러리는 쥘리엔으로 썰어 파슬리, 백포도주, 레몬주스, 생선 육수와 함께 담아놓는다.
❼ ⑤의 광어를 ⑥의 자루냄비에 담아 익힌다.
❽ 팬에 다진 마늘, 스몰 다이스한 채소를 볶아 생크림, 백포도주에 조린 후, 게살을 넣고 소금, 후추로 간한다.
❾ 접시에 ⑧의 게살을 담은 후, ⑦의 광어를 놓고 더운 채소를 곁들인다.

더운 채소

사과(Apple)

❶ 사과는 껍질을 벗겨 둥근 몰드에 찍어준다.
❷ 팬에 올리브오일을 두르고, ①의 사과를 노릇하게 익혀준다.
❸ ②의 사과에 적포도주, 설탕, 소금을 넣고 윤기나게 조려준다.

단호박 퓌레(Sweet Pumpkin Puree)

❶ 단호박은 껍질을 벗겨 씨를 제거하여, 다이스로 썰어놓는다.
❷ ①의 단호박은 끓는 물에 삶아 체에 내려 약한 불에서 수분을 제거한다.
❸ 자루냄비에 ②의 내용물, 생크림, 설탕, 소금을 넣고 되직하게 혼합한다.

밤무스(Chestnut Mousse)

❶ 밤은 껍질을 벗겨 알맹이를 씻는다.
❷ 자루냄비에 ①의 밤, 우유를 넣고 충분히 삶는다.
❸ ②의 밤은 고운체에 내려 약한 불에서 수분을 제거한 후, 소금, 후추로 양념한다.

날치알(Flying Fish Roe)

❶ 적 · 황 · 주황색 파프리카, 양파를 곱게 다져놓는다.
❷ 날치알은 수분을 제거한 후, ①의 채소와 혼합하여 소금, 후추, 레몬주스로 양념한다.

크레송 소스(Cresson Sauce)

▶ p.76 참고

Grilled Snapper Rolled with Potato and Pink Peppercorn Sauce

감자로 말아 구운 도미와 핑크페퍼콘 소스

재료

Snapper(도미)	180g	Asparagus(아스파라거스)	1ea	Eggplant(가지)	30g
Carot(당근)	50g	Dill(딜)	5g	Balsamic Vinegar(발사믹식초)	20ml
Green Beans(그린 빈스)	50g	Cooking Oil(식용유)	200ml	Milk(우유)	150ml
Celery(셀러리)	50g	Bay Leaf(월계수잎)	1 leaf	Lotus Root(연근)	20g
Onion(양파)	60g	Cherry Tomato(방울토마토)	1ea		
Potato(감자)	2ea	Broccoli(브로콜리)	50g		
Spring Onion(대파)	30g	Garlic(마늘)	10g		
Fish Stock(생선 스톡)	200ml	Butter(버터)	20g		
Pink Peppercorn(핑크페퍼콘)	5g	Flour(밀가루)	20g		
White Wine(백포도주)	100ml	Pepper(후추)	a little		
Lemon Juice(레몬주스)	50ml	Salt(소금)	a little		
Fresh Cream(생크림)	150ml	Mini Paprika(미니파프리카)	30g		

만드는 과정

❶ 도미는 내장을 제거하여 두 쪽으로 필레한 후, 껍질을 벗긴다.
❷ ①의 도미는 소금, 후추, 올리브오일로 양념한 후, 밀가루를 뿌려준다.
❸ 감자는 채소 커터기로 잘라 끓는 물에 데쳐 식힌 후, ②의 도미에 감자를 촘촘히 말아준다.
❹ 달궈진 팬에 올리브오일을 두르고, ③의 도미를 노릇하게 구워준다.
❺ 미니파프리카는 4등분으로 썰어 씨를 제거한 후, 팬에 볶아 소금, 후추로 양념한다.
❻ 가지는 3~4cm로 썰어 소금, 후추로 양념하여 튀긴 후, 발사믹식초, 설탕에 소테한다.
❼ 방울토마토는 끓는 물에 데친 뒤 껍질을 벗겨 올리브오일, 소금, 후추로 양념하여 80℃의 예열된 오븐에서 구워준다.
❽ 구운 마늘, 방울토마토, 브로콜리 순으로 꼬치에 꽂아준다.
❾ 대파는 파란 부분을 쥘리엔으로 썰어 튀겨준다.
❿ 연근은 껍질을 벗겨, 슬라이스하여 튀겨준다.
⓫ 접시에 핑크페퍼콘 소스를 뿌리고, ⑤의 미니파프리카를 담아 구운 도미를 얹어 더운 채소를 곁들인다.

해시 브라운 포테이토(Hash Brown Potato)

❶ 감자는 통째로 삶아 껍질을 벗겨 강판에 갈아준다.
❷ ①의 감자에 달걀, 우유, 다진 양파를 넣고 골고루 섞어준다.
❸ ②의 감자에 소금, 후추로 간하여 지름 4~5cm, 두께 1cm 정도로 둥글게 만든다.
❹ 팬에 버터를 녹여 ③의 감자를 노릇하게 구워준다.

핑크페퍼콘 소스(Pink Peppercorn Sauce)

▶ p.74 참고

Saffron Sauce and Grilled Sea Bass with Cod Brandade

대구 브랑다드를 얹은 농어구이와 사프란 소스

재료

Sea Bass(농어)	180g	Oregano(오레가노)	5g	Black Olive(블랙올리브)	100g
Cod(대구)	50g	Shortnecked Clam(모시조개)	100g	Caper(케이퍼)	10g
Celery(셀러리)	30g	Pumpkin(호박)	50g	White Wine(백포도주)	20ml
Spring Onion(대파)	30g	Salt(소금)	10g	Milk(우유)	30ml
Butter(버터)	20g	Pepper(후추)	10g	Lemon Juice(레몬주스)	30ml
Potato(감자)	1/2ea	Garlic(마늘)	1ea	Anchovy(앤초비)	10g
White Wine(백포도주)	100ml	Lemon(레몬)	1/2ea		
Fresh Cream(생크림)	100ml	Flour(밀가루)	20g		
Saffron(사프란)	5g	Onion(양파)	50g		
Shrimp(새우)	2ea	Egg(달걀)	2ea		
Red Paprika(붉은 파프리카)	50g	Sugar(설탕)	20g		
Yellow Paprika(노란 파프리카)	50g	Olive Oil(올리브오일)	50ml		

만드는 과정

❶ 농어는 비늘과 내장을 제거한 후, 두 쪽으로 필레하여 놓는다.
❷ ①의 농어에 다진 딜, 올리브오일, 소금, 후추로 양념한 후, 밀가루를 뿌려준다.
❸ 블랙올리브, 케이퍼, 올리브오일을 믹서기에 넣어 곱게 갈아 ②의 농어에 발라준다.
❹ 달궈진 팬에 올리브오일을 두르고, ③의 농어를 구워준다.
❺ 적 · 황색 파프리카, 애호박, 셀러리는 쥘리엔으로 썰어 팬에 볶은 후, 소금, 후추로 양념한다.
❻ 대구살로 대구 브랑다드를 만든다.
❼ 새우는 껍질을 벗긴 후, 내장을 제거하여 놓는다.
❽ 팬에 다진 마늘, 양파, ⑦의 새우를 볶아 백포도주, 레몬주스, 소금, 후추로 양념한다.
❾ 대파는 길고 얇게 썰어, 실리콘 페이퍼에 얹어 낮은 온도에서 굽는다.
❿ 접시에 사프란 소스를 뿌리고, ⑤의 채소, ④의 구운 농어 순으로 올린 후, ⑥의 대구 브랑다드를 얹어 ⑧의 새우, ⑨의 대파를 곁들인다.

대구 브랑다드(Cod Brandade)

❶ 대구는 비늘과 내장을 제거한 후, 두 쪽으로 필레한다.
❷ 대구살은 다이스로 썰어 소금, 후추, 백포도주로 양념한다.
❸ 팬에 버터를 녹여 ②의 대구살을 볶은 후, 우유에 끓여 체에 내린다.
❹ 감자는 껍질을 벗겨 다이스로 잘라 끓는 물에 삶은 후, 체에 내린다.
❺ ③의 대구살, ④의 감자, 올리브오일을 넣고 혼합하여 소금, 후추로 양념한다.

블랙올리브 타프나드(Black Olive Tapenade)

❶ 블랙올리브, 앤초비, 마늘, 케이퍼, 레몬주스, 올리브오일은 믹서기에 넣어 곱게 갈아준다.
❷ ①의 내용물에 소금, 후추로 양념한다.

사프란 소스(Saffron Sauce)

▶ p.83 참고

Grilled Salmon with Basil Pesto and Mango Sauce

바질 페스토를 바른 연어구이와 망고 소스

재료

Salmon(연어)	150g	Tarragon Vinegar(타라곤식초)	10ml	Salt(소금)	a little
Kidney Bean(강낭콩)	50g	Tomato(토마토)	1ea	Celery(셀러리)	20g
Thyme(타임)	10g	Tomato Paste(토마토 페이스트)	20g	Pepper(후추)	a little
Spring Onion(대파)	20g	Pine Nut(잣)	10g	Peppercorn(통후추)	a little
Spinach(시금치)	50g	Lemon(레몬)	1/2ea	Mango(망고)	1ea
Beet(비트)	50g	Garlic(마늘)	10g	Mango Juice(망고주스)	100ml
Butter(버터)	20g	Egg(달걀)	1ea	Lemon Juice(레몬주스)	20ml
Onion(양파)	50g	Olive Oil(올리브오일)	10ml	Starch(전분)	10g
Ginkgo Nut(은행)	10g	White Wine(백포도주)	30ml	Sugar(설탕)	a little
Kiwi(키위)	20g	Red Paprika(붉은 파프리카)	50g		
Basil(바질)	5g	Yellow Paprika(노란 파프리카)	50g		
Leaf Beet(적근대)	5g	Orange Paprika(주황 파프리카)	50g		

만드는 과정

❶ 연어는 비늘과 내장을 제거한 후, 두 쪽으로 필레한다.
❷ ①의 연어는 180g으로 잘라 다진 딜, 소금, 후추로 양념한다.
❸ 달궈진 석쇠로 ②의 연어에 색을 내준다.
❹ 바질 페스토를 만들어놓는다.
❺ ③의 연어에 ④의 바질 페스토를 발라 180℃의 예열된 오븐에서 구워준다.
❻ 적 · 황 · 주황색 파프리카, 양파를 스몰 다이스로 썰어놓는다.
❼ 팬에 올리브오일을 두르고, ⑥의 채소와 강낭콩을 볶아 소금, 후추로 양념한다.
❽ 비트는 껍질을 벗겨 가늘게 채썬 뒤 타라곤식초, 올리브오일, 소금, 후추로 양념한다.
❾ 팬에 은행을 볶은 후, 껍질을 벗겨 소금, 후추로 양념한다.
❿ 키위는 껍질을 벗겨 슬라이스하여 놓는다.
⓫ 망고 소스와 나폴리탄 소스를 만들어놓는다.
⓬ 접시에 ⑦의 채소를 가지런히 담은 후, ⑤의 구운 연어를 얹어준다.
⓭ ⑫의 주위에 ⑪의 망고 소스와 나폴리탄 소스를 뿌려준다.

바질 페스토(Basil Pesto)
▶ p.78 참고

망고 소스(Mango Sauce)
▶ p.83 참고

나폴리탄 소스(Napolitan Sauce)
▶ p.84 참고

Poached Sole and Three Color Noodles with Bearnaise Sauce

베어네이즈 소스를 곁들인 찐 가자미와 삼색 국수

재료

Sole(가자미)	180g	Pepper(후추)	a little	Potato(감자)	20g
Lemon(레몬)	1/2ea	Onion(양파)	50g	Radish(무)	20g
Butter(버터)	20g	Fish Stock(생선 스톡)	200ml	Chive(차이브)	5g
White Wine(백포도주)	50ml	Flour(밀가루)	120g	Milk(우유)	50ml
Scallop(관자)	50g	Spinach(시금치)	100g	Tarragon Vinegar(타라곤식초)	10ml
Red Paprika(붉은 파프리카)	50g	Egg(달걀)	1ea	Tarragon(타라곤)	5g
Yellow Paprika(노란 파프리카)	50g	Lemon Juice(레몬주스)	30ml	White Wine(백포도주)	20ml
Parsley(파슬리)	5g	Fresh Cream(생크림)	20ml		
Bay Leaf(월계수잎)	1leaf	Scallop(관자)	3ea		
Chervil(처빌)	2g	Saffron(사프란)	2g		
Peppercorn(통후추)	a little	Carrot(당근)	20g		
Salt(소금)	a little	Squash(애호박)	20g		

만드는 과정

❶ 가자미는 비늘과 내장을 제거한 후, 4등분으로 필레하여 껍질을 벗겨 소금, 후추로 양념한다.

❷ 시금치는 끓는 물에 데쳐, 믹서기에 갈아 체에 내려 시금치즙을 만든다.

❸ 붉은 파프리카, 양파는 다이스로 썰어 볶아, 백포도주에 조려 믹서기로 갈아 체에 내려 파프리카즙을 만든다.

❹ 관자는 질긴 막을 제거한 후, 다이스로 썰어 백포도주, 생크림, 소금, 후추로 양념하여 커트기로 곱게 갈아 체에 내려준다.

❺ ④의 관자 일부에 ②의 시금치즙과 ③의 파프리카즙을 각각 넣어 혼합한다.

❻ ①의 가자미에 ④의 관자무스, ⑤의 2가지 관자무스를 각각 발라 둥글게 말아 세 가지로 만들어준다.

❼ 차이브는 끓는 물에 데쳐, ⑥의 세 가지 가자미살을 묶어 스티밍한다.

❽ 삼색 국수를 만들어 삶아 팬에 볶은 후, 소금, 후추로 양념한다.

❾ 당근, 애호박, 무는 볼 커터기로 잘라 끓는 물에 데친다.

❿ ⑨의 채소는 크림 소스에 조려 소금, 후추로 양념한다.

⓫ 접시에 ⑧의 삼색 국수를 담은 뒤, ⑦의 세 가지 가자미살을 올려 베어네이즈 소스와 노르망디 소스를 뿌려준다.

삼색 국수(Three Color Noodles)

❶ 시금치는 씻어 줄기부분을 제거한 후, 끓는 물에 데쳐 식힌다.

❷ ①의 시금치는 믹서기에 곱게 갈아 체에 내려 즙을 만들어 놓는다.

❸ 사프란은 물과 함께 끓여 사프란 스톡을 만들어놓는다.

❹ 밀가루는 달걀, 소금으로 기본 반죽을 만들고, ②, ③의 즙을 각각 넣고 반죽하여 냉장고에 30분간 숙성시킨다.

❺ ④의 세 가지 반죽을 0.3cm 폭으로 얇게 밀어 썰어준다.

❻ 끓는 물에 소금을 넣고, ⑤의 삼색 국수를 넣고 삶아 올리브 오일을 발라준다.

베어네이즈 소스(Bearnaise Sauce)

▶ p.75 참고

노르망디 소스(Normand Sauce)

▶ p.84 참고

Fried Red Snapper with Carrot Puree and Avocado Guacamole

당근 퓌레와 아보카도 과카몰리를 곁들인 적도미튀김

재료

Red Snapper(적도미)	180g	Flour(밀가루)	20g	Yellow Paprika(노란 파프리카)	50g
Dill(딜)	5g	Baking Powder(베이킹파우더)	5g	Green Paprika(초록 파프리카)	50g
Avocado(아보카도)	1/2ea	Egg(달걀)	1ea	Potato(감자)	1ea
Red Paprika(붉은 파프리카)	50g	Beer(맥주)	100ml	King Oyster Mushroom(새송이버섯)	30g
Coriander(고수)	10g	White Wine(백포도주)	20ml	Sweet Potato(고구마)	30g
Onion(양파)	30g	Lemon Juice(레몬주스)	20ml	Sage(세이지)	5g
Lemon(레몬)	20g	Parmesan Cheese(파마산 치즈)	10g	Cooking Oil(식용유)	150ml
Tabasco(타바스코)	5g	Bread Crumbs(빵가루)	20g	Red Wine Vinegar(적포도주식초)	20ml
Salt(소금)	a little	Carrot(당근)	80g		
Pepper(후추)	a little	Pea(완두콩)	20g		
Fennel(펜넬)	50g	Squash(애호박)	30g		
Butter(버터)	20g	Orange Paprika(주황 파프리카)	50g		

만드는 과정

❶ 적도미는 비늘과 내장을 제거한 후, 두 쪽으로 필레하여 껍질을 벗겨 180g으로 썰어 다진 딜, 소금, 후추로 양념한다.
❷ 맥주 반죽을 만들어놓는다.
❸ ①의 적도미에 밀가루를 뿌린 후, 맥주 반죽을 입혀 180℃의 예열된 기름에 튀긴다.
❹ 감자는 껍질을 벗겨 쥘리엔으로 썰어 끓는 물에 데친 후, 바스켓 모양으로 튀긴다.
❺ 새송이버섯, 고구마는 쥘리엔으로 썰어 튀김 반죽을 묻혀 기름에 튀긴다.
❻ 펜넬은 씻어서 브레이징한다.
❼ 당근 퓌레와 과카몰리를 만들어놓는다.
❽ 애호박, 당근은 볼 커터기로 잘라 끓는 물에 데친 후, 버터, 레몬주스에 볶는다.
❾ ⑧의 채소를 닭 육수에 조려 소금, 설탕, 후추로 양념한다.
❿ 적 · 황 · 녹색 파프리카는 쥘리엔으로 썰어 적포도주식초에 버무려 소금, 후추로 양념한다.
⓫ 접시에 ⑥의 브레이징한 펜넬을 담고, ③의 적도미를 올린 다음, ⑩의 파프리카를 얹는다.
⓬ ⑪의 주위에 ⑦의 당근 퓌레와 과카몰리를 곁들인다.

당근 퓌레(Carrot Puree)

❶ 당근은 껍질을 벗겨 다이스로 썰어놓는다.
❷ ①의 당근은 끓는 물에 삶아 믹서기에 곱게 갈아놓는다.
❸ 자루냄비에 ②의 당근을 넣어 수분을 제거한 후, 백포도주, 레몬주스를 넣어 조린다.
❹ ③의 내용물에 설탕, 소금으로 양념한다.

과카몰리(Guacamole)

❶ 아보카도는 껍질을 벗겨 씨를 제거한 후, 끓는 물에 데쳐 굵은 체에 내린다.
❷ 양파, 고수는 다져놓는다.
❸ 붉은 파프리카는 불에 태워 껍질을 제거한 후, 스몰 다이스로 썰어놓는다.
❹ 스텐볼에 ①의 아보카도 ②, ③의 채소를 넣고 레몬주스, 타바스코, 소금, 후추로 양념한다.

맥주 반죽(Beer Batter)

❶ 스텐볼에 밀가루, 베이킹파우더, 달걀 노른자, 맥주를 넣어 반죽한다.
❷ 달걀 흰자는 거품기로 휘핑하여 놓는다.
❸ ①의 내용물에 ②의 휘핑한 달걀 흰자를 고루 섞어 혼합한다.

브레이징 펜넬(Braising Fennel)

❶ 펜넬은 줄기, 뿌리를 손질한 후, 쥘리엔으로 썰어 끓는 물에 데친다.
❷ 팬에 버터를 녹여 다진 양파, 펜넬 순으로 볶아 백포도주로 조려준다.
❸ ②의 내용물에 닭 육수를 넣어 끓인 후, 소금, 후추, 레몬주스로 양념한다.
❹ ③의 펜넬에 간 파마산 치즈를 뿌려 샐러맨더에 색을 내준다.

Fried King Prawn with Bisque Sauce and Wrapped Cabbage

비스크 소스를 곁들인 왕새우튀김과 양배추롤

재료

King Prawn(왕새우)	3ea	Bay Leaf(월계수잎)	1leaf	Blue Crab(꽃게)	1ea
Flour(밀가루)	20g	Basil(바질)	5g	Onion(양파)	30g
Potato(감자)	1ea	Fresh Cream(생크림)	100ml	Garlic(마늘)	10g
Chervil(처빌)	5g	Pea(완두콩)	200g	Cooking Oil(식용유)	150ml
Caviar(캐비아)	5g	Red Paprika(붉은 파프리카)	50g		
Olive Oil(올리브오일)	10ml	Orange Paprika(주황 파프리카)	50g		
Lemon(레몬)	1ea	Yellow Paprika(노란 파프리카)	50g		
White Wine(백포도주)	30ml	Spring Onion(대파)	20g		
Butter(버터)	20g	Cabbage(양배추)	100g		
Parsley(파슬리)	5g	Eggplant(가지)	1/2ea		
Salt(소금)	a little	Thyme(타임)	2g		
Pepper(후추)	a little	Tomato Paste(토마토 페이스트)	20g		

만드는 과정

❶ 대하는 머리, 내장을 제거한 후, 꼬리부분의 껍질을 제외한 나머지 껍질을 벗긴다.
❷ ①의 대하는 배 쪽에 칼집을 넣어 소금, 후추, 레몬주스로 양념한다.
❸ 감자는 껍질을 벗겨 채소국수 기계로 가늘게 뽑는다.
❹ ②의 대하에 밀가루를 묻혀 ③의 감자를 대하의 몸통에 촘촘히 감는다.
❺ ④의 대하를 180℃의 예열된 기름에서 튀겨준다.
❻ 양배추는 잎부분을 잘라 끓는 물에 데쳐놓는다.
❼ 팬에 다진 마늘, 양파를 볶은 후, 적 · 황 · 주황색 파프리카는 스몰 다이스로 썰어 함께 소테한다.
❽ ⑦의 채소에 슬라이스한 바질, 토마토 페이스트, 소금, 후추로 양념하여 소테한다.
❾ ⑥의 양배추에 ⑧의 내용물을 넣어 둥글게 말아준다.
❿ 가지는 슬라이스하여 기름에 튀겨낸다.
⓫ 접시에 비스크 소스를 뿌리고, ⑤의 튀긴 대하, ⑨의 둥글게 만 양배추를 놓는다.
⓬ ⑪의 내용물에 완두콩 퓌레를 곁들인다.

완두콩 퓌레(Peas Puree)

❶ 완두콩은 씻어 끓는 물에 삶아 식혀놓는다.
❷ ①의 완두콩, 바질을 넣어 믹서기에 곱게 갈아준다.
❸ 자루냄비에 ②의 완두콩을 볶아 수분을 제거한 후, 백포도주에 졸여준다.
❹ ③의 완두콩에 소금, 후추, 레몬주스를 넣어 양념한다.

비스크 소스(Bisque Sauce)

▶ p.84 참고

Steamed Sea Bass Filled with Choux Paste

슈 페이스트에 채운 농어찜

재료

Sea Bass(농어) 150g	Onion(양파) 50g	Lemon Juice(레몬주스) 20ml
Sweet Pumpkin(단호박) 50g	Flour(밀가루) 36g	Lemon(레몬) 20g
Cauliflower(콜리플라워) 10g	White Wine(백포도주) 20ml	Gorgonzola Cheese(고르곤졸라 치즈) 30g
Flying Fish Roe(날치알) 5g	Butter(버터) 30g	Egg(달걀) 1ea
Baby Carrot(꼬마당근) 1ea	Chicken Stock(닭 육수) 800ml	Pepper(후추) .... a little
Potato(감자) 50g	Fresh Cream(생크림) 100ml	Salt(소금) .... a little
Cherry Tomato(방울토마토) 1ea	Milk(우유) 150ml	
Porcini(포르치니) 50g	Olive Oil(올리브오일) 10ml	
Parsley(파슬리) 10g	Carrot(당근) 20g	
Shortnecked Clam(모시조개) 30g	Celery(셀러리) 20g	
Dill(딜) 5g	Parsley(파슬리) 10g	
Spinach(시금치) 20g	Bay Leaf(월계수잎) 1leaf	

만드는 과정

❶ 농어는 비늘과 내장을 제거한 후 두 쪽으로 필레하여 80g씩 잘라, 껍질 쪽에 칼집을 넣는다.
❷ ①의 농어에 백포도주, 레몬주스, 소금, 후추로 간하여 마리네이드한다.
❸ 찜통에 당근, 셀러리, 양파, 파슬리 줄기, 월계수잎, 통후추, 백포도주, 레몬을 넣고 은근하게 끓여 쿠르부용을 만들어 ②의 농어살을 넣고 약불에서 천천히 익힌다.
❹ 단호박은 삶아 고운체에 내린 후, 우유와 설탕에 조려 부드럽게 만든다.
❺ 방울토마토는 끓는 물에 데쳐 껍질을 벗긴 후, 설탕, 소금, 올리브오일에 간하여 예열된 80℃ 오븐에서 굽는다.
❻ 포르치니는 소금, 후추로 간하여 살짝 볶는다.
❼ 감자는 올리베트 모양으로 만들어 삶아 버터에 볶는다.
❽ 꼬마당근은 껍질을 벗겨 삶아 버터, 레몬주스, 설탕에 살짝 조린다.
❾ 모시조개는 끓는 물에 데쳐 껍질을 벌린다.
❿ 구운 슈 페이스트를 반으로 잘라 ③의 농어를 놓고 단호박을 얹어 반으로 자른 슈 페이스트를 덮는다.
⓫ 접시에 고르곤졸라 소스를 뿌린 후 ③의 농어와 더운 채소, 모시조개를 곁들인다.

슈 페이스트(Choux Paste)

❶ 버터는 중탕으로 녹인다.
❷ ①의 버터에 우유, 설탕, 소금을 넣어 미지근하게 데운다.
❸ ②의 데운 우유에 밀가루를 넣고 반죽하여 호화시킨다.
❹ ③의 호화시킨 반죽에 달걀을 넣고 골고루 섞어준 후 짤주머니에 넣고 일정한 방향으로 짜준다.
❺ 예열된 180℃의 오븐에서 20분간 굽는다.

고르곤졸라 소스(Gorgonzola Sauce)

▶ p.85 참고

Dessert
디저트

디저트(Dessert)는 프랑스어인 데세르비르(Desservir)에서 유래된 용어로 '치운다', '정리한다'는 뜻이다. 디저트(Dessert)는 식사 후에 제공되는 요리를 뜻하며 단맛(Sweet), 풍미(Savour), 과일(Fruit)의 3요소가 모두 포함되어야 한다.

프랑스 요리에서 말하는 앙트르메(Entremets)는 원래 정식식사에서 요리와 요리 사이에 내는 음식이었으나 현재는 식사 후의 후식을 의미한다.

디저트는 선사시대부터 존재하였는데, 당시에는 야생꿀, 과일로 단맛 나는 식재료에 불과했다. 하지만 고대 그리스시대에는 뜨겁게 달군 두 개의 철판으로 오블와라는 과자를 구웠다. 이것이 점차 유럽으로 퍼져나가면서 프랑스의 요리사들이 최초의 아이스크림을 만들고, 16세기에는 스페인에서 초콜릿이 전해지면서 디저트가 발전해 갔다.

디저트는 신선한 재료와 예술적인 모양으로 담아야 한다. 색감과 맛을 고려해서 배열해야 하며, 식사가 가벼웠다면 정성이 담긴 따뜻한 디저트를 제공하고, 식사가 무거웠다면 간단하고 산뜻한 디저트를 제공한다.

1. 디저트의 종류(Kind of Dessert)

디저트는 재료에 따라 분류되며 아이스크림(Ice Cream), 파이(Pie), 과일(Fruit), 케이크(Cake), 푸딩(Pudding), 치즈(Cheese)가 있다. 차가운 디저트(Cold Dessert)에는 아이스크림(Ice Cream), 무스(Mousse), 푸딩(Pudding), 셔벗(Sherbet) 등이 있고, 따뜻한 디저트(Hot Dessert)에는 수플레(Souffle), 크레이프(Crepe), 플랑베(Flambee) 등이 있다.

1) 차가운 디저트(Cold Dessert)

① 아이스크림(Ice Cream) 처음에는 크림에 달걀 노른자와 감미료를 섞어 만든 셔벗과 같은 종류로

냉동시켜 만들었는데, 1774년 프랑스 루이 왕가(王家)의 요리사가 만든 것이 첫 제품이었다. 그 후에 크림 말고도 우유의 수분을 없앤 연유 · 분유 등이 사용되고 냉동제조기계가 발전하면서 아이스크림이 만들어지기 시작했다.

아이스크림은 소프트 아이스크림(Soft Ice Cream)과 하드 아이스크림(Hard Ice Cream)으로 나눌 수 있는데, 소프트 아이스크림은 공기흡입에 의해 중량이 50~60% 정도의 반유동체 형태로, 촉감을 매끄럽게 하기 위해 하드 아이스크림보다 무지유고형분, 전고형분을 많이 넣은 부드러운 아이스크림이고, 하드 아이스크림은 충분히 동결시켜 딱딱한 상태의 아이스크림을 말한다.

② 푸딩(Pudding) 우유 · 달걀 등으로 쪄서 만드는데, 찌거나 오븐에 굽는 따뜻한 디저트로 쓰기도 하고 차게 굳혀 냉각시켜서 쓰기도 한다. 푸딩은 오븐에 중탕으로 익혀 따뜻한 소스와 함께 먹는다. 종류는 일반적으로 커스터드 푸딩과 캐비닛 푸딩, 기타 초콜릿이나 아몬드를 넣은 초콜릿푸딩 · 아몬드푸딩 등이 있다.

③ 무스(Mousse) 거품을 낸 달걀 흰자와 생크림을 주재료로 달걀 또는 젤라틴, 초콜릿이나 과일, 커피와 같은 향미제를 사용하여 만드는 부드럽고 맛있는 차가운 디저트를 말한다.

무스는 원래 무스 글라세(Mousse Glace)로 시작하여 점차 발전하면서 현대에는 프랑스 과자의 대표적인 양과자가 되었다. 종류로는 생크림을 이용하거나, 초콜릿이나 과일을 이용한 것이 있다.

④ 셔벗(Sherbet) 프랑스어로는 소르베(Sorbet)라고 하며, 식사 중간에 먹는 셔벗은 술 종류를 얼린 것이 많고 단 것은 적으며, 디저트로 나갈 때는 보통 과즙을 많이 넣어 단맛을 내고 웨이퍼 같은 비스킷류를 곁들인다. 오늘날 셔벗이라고 하면 아이스크림과 달리 달걀과 유지방을 사용하지 않고 달콤한 과일주스나 다른 음료를 얼린 것을 말하며 우유, 달걀 흰자, 젤라틴이 들어갈 수도 있다. 셔벗은 아이스크림보다 부드럽고 가벼우며 얼음보다는 맛이 진하다.

2) 따뜻한 디저트(Hot Dessert)

① 수플레(Souffle) 거품을 낸 달걀 흰자를 밀가루 반죽과 섞어 모양이 위로 부풀어 오른 따뜻한 푸딩으로 오븐에서 만든 즉시 서브해야 하는데, 이유는 시간이 지날수록 모양이 가라앉고 식으면서 딱딱해지기 때문이다. 수플레는 다양한 재료를 사용해서 만들 수 있는데 달콤한 시럽과 과일을 첨가하거나, 채소, 고기, 생선 등을 넣어 짭짤하게 또는 차갑게 만들어 냉장 또는 냉동시켜 과일 퓌레, 코코넛, 리큐어 등을 첨가해서 만든다.

② 크레이프(Crepe) 얇은 팬 케이크를 뜻한다. 밀가루와 달걀을 얇게 반죽해서 팬에 구워 만드는 것으로 다양한 고기와 채소를 넣어 싸거나 잼이나 과일, 생크림을 넣어 말거나 접어서 제공한다. 크레이프는 짭짤하거나 달콤한 음식에 이용된다.

③ 플랑베(Flambee) 과일을 설탕 · 버터 · 과일주스 · 리큐르 등을 이용해 달콤한 소스에 버무려 먹는 것으로 프랑스 디저트로 많이 애용한다.

Choco Layered with Almond Nougatine

아몬드 누가틴을 곁들인 초코레이어드

재료

White Chocolate(화이트 초콜릿)	20g
Dark Chocolate(다크 초콜릿)	20g
Sugar(설탕)	50g
Egg Yolk(달걀 노른자)	1ea
Fresh Cream(생크림)	50g
Gelatin(젤라틴)	5g
스펀지 시트	
Egg(달걀)	1ea
Sugar(설탕)	20g
Flour(밀가루)	20g
Milk(우유)	20ml
Butter(버터)	30g
Dark Chocolate(다크 초콜릿)	20g
아몬드 누가틴	
Sliced Almond(아몬드 슬라이스)	30g
Sugar(설탕)	30g
Water(물)	60g

만드는 과정

❶ 스펀지 시트를 만든다.
❷ 자루냄비에 다크 초콜릿, 화이트 초콜릿을 넣어 중탕한다.
❸ 스텐볼에 생크림은 80% 휘핑한 후, 냉장고에 넣어준다.
❹ 두 개의 스텐볼에 달걀 노른자, 설탕을 넣어 잘 섞은 후, 다크 초콜릿, 화이트 초콜릿을 각각 넣어 섞어 둔다.
❺ ④에 각각 생크림, 젤라틴을 넣어 거품기로 잘 저어준다.
❻ 무스틀에 스펀지 시트를 깔고 반죽을 부어 냉동고에서 굳힌다.
❼ 굳은 무스를 틀에서 꺼내 아몬드 누가틴과 초콜릿 가니쉬를 곁들인다.

스펀지 시트(Sponge Sheet)

❶ 스텐볼에 버터, 초콜릿을 녹여 부드럽게 만든다.
❷ ①에 체에 내린 밀가루를 넣어 섞어준다.
❸ 시트팬에 반죽을 얇게 편 다음, 스크레이퍼로 긁어준다.
❹ 스텐볼에 달걀 노른자, 설탕을 넣고 아이보리색이 날 때까지 거품기로 저어준다.
❺ 흰자에 설탕을 넣고 80% 정도 휘핑하여 거품을 만든다.
❻ ④에 ⑤의 흰자 머랭, 체에 내린 밀가루를 넣고 잘 섞어준다.
❼ ③에 ⑥의 반죽을 부어 180℃의 예열된 오븐에서 10분 정도 구워준다.

아몬드 누가틴(Almond Nougatine)

❶ 자루냄비에 설탕, 물을 넣고 끓인다.
❷ ①의 내용물이 색이 나기 시작하면 아몬드 슬라이스를 넣고 저어준다.
❸ 실리콘 페이퍼에 ②의 내용물을 얇게 펴준다.
❹ ③의 아몬드 누가틴이 식으면 원하는 모양으로 썰어준다.

Crepe Filled with Cream Cheese and Fruit

크림 치즈와 과일을 채운 크레이프

재료

Egg(달걀)	1ea	Fresh Cheese(생크림)	30g
Milk(우유)	100g	Sugar(설탕)	40g
Sugar(설탕)	15g	Milk(우유)	15ml
Flour(밀가루)	30g	Gelatin(젤라틴)	2g
Strawberry(딸기)	1ea		
Kiwi(키위)	1ea		
Melon(멜론)	1/2ea		
크림 치즈무스			
Cream Cheese(크림 치즈)	30g		

만드는 과정

❶ 스텐볼에 달걀, 설탕, 우유, 생크림을 넣어 고루 섞어준다.
❷ ①에 체에 내린 밀가루를 넣어 섞은 후, 반죽을 체에 내린다.
❸ 팬에 버터를 녹여 약한 불에서 ②의 반죽을 얇게 펴서 굽는다.
❹ ③의 반죽에 색이 나면 뒤집어서 양면을 골고루 굽는다.
❺ 크림 치즈무스를 만든다.
❻ ⑤의 크림 치즈무스와 썰어놓은 과일을 섞은 다음, ④의 크레이프로 내용물을 감싼다.
❼ ⑥의 크레이프를 냉동실에서 굳힌 후, 원하는 모양으로 썰어준다.

크림 치즈무스(Cream Cheese Mousse)

❶ 젤라틴은 찬물에 불려 따뜻한 물로 중탕시킨다.
❷ 스텐볼에 달걀 노른자, 설탕을 넣고 아이보리색이 날 때까지 거품기로 저어준다.
❸ ②에 크림 치즈를 넣고 섞는다.
❹ 스텐볼에 생크림, 설탕을 넣고 80% 정도로 휘핑한다.
❺ ③의 내용물에 ④의 휘핑한 생크림, ①의 젤라틴을 섞어 무스를 만든다.
❻ 생과일을 작게 썰어 장식한다.

Bavarian Coffee Mousse with Orange Tuile

오렌지튀일을 곁들인 바바리안 커피무스

재료

Coffee Powder(커피파우더)	30g	**오렌지튀일**	
Milk(우유)	60g	Butter(버터)	30g
Egg(달걀)	1ea	Sugar(설탕)	60g
Fresh Cream(생크림)	50g	Flour(밀가루)	15g
Sugar(설탕)	50g	Orange Juice(오렌지주스)	20ml
Gelatin(젤라틴)	2g		
Strawberry(딸기)	1ea		
Kiwi(키위)	1ea		
Orange(오렌지)	1ea		

만드는 과정

❶ 젤라틴은 찬물에 불려 따뜻한 물로 중탕시킨다.
❷ 팬에 우유, 커피파우더, 설탕을 넣고 끓인다.
❸ 스텐볼에 달걀 노른자, 설탕을 넣고 아이보리색이 날 때까지 거품기로 저어준다.
❹ ②에 ①의 내용물을 넣고 섞은 다음, 체에 내린다.
❺ 스텐볼에 생크림, 설탕을 넣고 80% 정도로 휘핑한다.
❻ ④에 ①의 젤라틴, ⑤의 생크림을 넣고 잘 섞어준다.
❼ 무스틀에 ⑥의 반죽을 넣고 냉동실에서 굳힌다.
❽ ⑦의 무스가 굳으면 틀에서 빼낸 다음, 오렌지튀일, 과일로 가니쉬해 준다.

오렌지튀일(Orange Tuile)

❶ 스텐볼에 버터를 중탕한다.
❷ 오렌지 껍질은 벗겨서 다져놓는다.
❸ 스텐볼에 ①의 버터, 체에 내린 밀가루, ②의 오렌지 껍질, 오렌지주스, 설탕을 잘 섞어준다.
❹ 시트팬에 ③의 반죽을 붓고 180℃의 예열된 오븐에서 7분 정도 구워준다.
❺ ④의 오렌지튀일이 식으면 원하는 모양으로 썰어준다.

Three Kinds of Macarons with Chocolate Ganache

초콜릿 가나슈를 넣은 세 가지 마카롱

재료

바닐라 마카롱
- Almond Powder(아몬드파우더) 90g
- Sugar Powder(슈거파우더) 140g
- Sugar(설탕) 50g
- Vanilla Bean(바닐라빈) 1/2ea
- Egg White(달걀 흰자) 80g

초콜릿 마카롱
- Almond Powder(아몬드파우더) 90g
- Sugar Powder(슈거파우더) 140g
- Cocoa Powder(코코아파우더) 10g
- Egg White(달걀 흰자) 80g
- Sugar(설탕) 50g

초콜릿 가나슈
- Dark Chocolate(다크 초콜릿) 50g
- Fresh Cream(생크림) 70g
- Butter(버터) 50g

딸기 마카롱
- Almond Powder(아몬드파우더) 90g
- Sugar Powder(슈거파우더) 140g
- Egg White(달걀 흰자) 80g
- Strawberry Powder(딸기가루) 5g
- Sugar(설탕) 50g

만드는 과정

바닐라 마카롱(Vanilla Macarons)

❶ 바닐라 마카롱은 스텐볼에 아몬드파우더, 슈거파우더, 설탕을 섞어 체에 내린다.
❷ ①의 가루에 바닐라빈의 씨를 긁어 넣어준다.
❸ 스텐볼에 달걀 흰자와 설탕을 넣고 거품기로 저어 80% 정도 거품을 올려준다.
❹ ②의 반죽에 ③을 반 정도 넣고 주걱으로 거품이 죽지 않게 섞은 후, 나머지 머랭을 넣고 한번 더 섞는다.
❺ ④의 반죽을 짤주머니에 넣고 알맞은 크기로 짜준다.
❻ ⑤를 실온에서 20분 정도 드라이한 후, 170℃ 오븐에서 15분 정도 구워준다.
❼ ⑥의 마카롱이 식으면 초콜릿 가나슈로 샌드해 준다.

딸기 마카롱(Strawberry Macarons)

❶ 딸기 마카롱은 스텐볼에 아몬드파우더, 슈거파우더, 딸기가루, 설탕을 섞어 체에 내린다.
❷ 스텐볼에 달걀 흰자와 설탕을 넣고 거품기로 저어 80% 정도 거품을 올려준다.
❸ ①의 반죽에 ②의 머랭을 반 정도 섞어, 나머지 머랭을 섞는다.
❹ 바닐라 마카롱과 동일한 크기로 짤주머니로 짠 다음, 구워 초콜릿 가나슈로 샌드해 준다.

초콜릿 마카롱(Chocolate Macarons)

❶ 초콜릿 마카롱은 스텐볼 아몬드파우더, 슈거파우더, 코코아파우더, 설탕을 섞어 체에 내린다.
❷ 스텐볼에 달걀 흰자와 설탕을 넣고 거품기로 저어 80% 정도 거품을 올려준다.
❸ ①의 반죽에 ②의 머랭을 반 정도 섞어, 나머지 머랭을 섞는다.
❹ 바닐라 마카롱과 동일한 크기로 짤주머니로 짠 후, 구워서 초콜릿 가나슈로 샌드해 준다.

초콜릿 가나슈(Chocolate Ganache)

❶ 자루냄비에 생크림을 넣어 약한 불에서 끓인다.
❷ 스텐볼에 초콜릿을 잘게 썰어 넣은 후, ①에 넣어 녹인다.
❸ 스텐볼에 버터를 중탕하여 ②에 넣어 섞는다.
❹ 완성된 가나슈는 냉동실에 식혀서 사용한다.

Swans Choux with Fresh Fruit

신선한 과일을 곁들인 백조 슈

재료

재료	분량
Milk(우유)	60ml
Sugar(설탕)	a little
Salt(소금)	a little
Egg(달걀)	1ea
Strawberry(딸기)	1ea
Kiwi(키위)	1ea
Orange(오렌지)	1ea
Apple Mint(애플민트)	10g

커스터드크림

재료	분량
Milk(우유)	120g
Egg Yolk(달걀 노른자)	30g
Sugar(설탕)	30g
Flour(밀가루)	30g
Butter(버터)	30g
Vanilla Bean(바닐라빈)	1/4ea

만드는 과정

❶ 자루냄비에 우유, 소금, 설탕, 버터를 넣어 끓인다.
❷ ①의 내용물이 끓기 시작하면, 체에 내린 밀가루를 넣고 저어준다.
❸ 스텐볼에 ②의 반죽을 담은 후, 달걀을 넣고 거품기로 섞어준다.
❹ ③의 반죽을 짤주머니에 담아 시트팬에 몸통과 머리를 각각 짜준다.
❺ 180℃의 예열된 오븐에서 머리는 7분, 몸통은 15분 정도 구워준다.
❻ 커스터드크림을 만든다.
❼ ⑤의 슈에 ⑥의 커스터드크림과 과일로 가니쉬해 준다.

커스터드크림(Custard Cream)

❶ 스텐볼에 밀가루, 달걀 노른자, 설탕을 넣고 거품기로 저어준다.
❷ 자루냄비에 우유, 버터, 바닐라빈을 넣고 약한 불에 끓여 중탕한다.
❸ ②에 중탕한 ①의 반죽을 넣어 거품기로 잘 저어준다.
❹ ③의 반죽을 약한 불에서 거품기로 계속 저으면서 바닥에 눌어붙지 않도록 저어준다.
❺ ④의 크림 농도와 아이보리색이 나면 스텐볼에 담아 식힌다.

Tiramisu with Finger Cookies

핑거쿠키를 올린 티라미수

재료

Mascarpone Cheese(마스카르포네 치즈) 30g
Egg Yolk(달걀 노른자) ...... a little
Sugar(설탕) 60g
Cocoa Powder(코코아파우더) 15g
Gelatin(젤라틴) 2g
Fresh Cream(생크림) 50g

핑거쿠키

Egg(달걀) 1ea
Sugar(설탕) 30g
Sugar Powder(슈거파우더) ...... a little
Flour(밀가루) 30g

커피시럽

Coffee Powder(커피파우더) 30g
Sugar(설탕) 60g

만드는 과정

❶ 젤라틴은 찬물에 불려 따뜻한 물로 중탕시킨다.
❷ 스텐볼에 달걀 노른자, 설탕을 넣고 아이보리색이 날 때까지 거품기로 저어준다.
❸ ②에 마스카르포네 치즈를 넣고 섞는다.
❹ 스텐볼에 생크림을 넣고 80% 정도로 휘핑한다.
❺ ③의 반죽에 ①의 젤라틴과 ④의 생크림을 넣어 섞는다.
❻ 핑거쿠키는 몰드에 맞게 자른 후, 커피시럽을 묻힌다.
❼ ⑥의 핑거쿠키는 몰드에 담아, ⑤의 반죽을 1/3 정도 채우고, 이 과정을 2번 반복한 후, 냉동실에 굳힌다.
❽ ⑦의 무스는 체에 내린 코코아파우더와 초콜릿 가니쉬를 곁들여준다.

핑거쿠키(Finger Cookie)

❶ 스텐볼에 달걀 노른자, 설탕을 넣어 아이보리색이 날 때까지 거품기로 젓는다.
❷ 스텐볼에 흰자와 설탕을 넣어 거품기로 80% 정도의 머랭을 만든다.
❸ ①에 체에 내린 밀가루, ②의 머랭을 넣고 섞는다.
❹ ③의 반죽을 짤주머니에 담아 5cm 크기로 짜준 후, 슈거파우더를 위에 뿌려준다.
❺ 180℃의 예열된 오븐에서 10분 정도 구워준다.

Cream Cheese Mousse and Raspberry Sauce

크림 치즈무스와 라즈베리 소스

디저트

재료

Gelatin(젤라틴)	6g	Cream Cheese(크림 치즈)	60g
Egg(달걀)	2ea	Kiwi(키위)	1ea
White Chocolate(화이트 초콜릿)	15g	Strawberry(딸기)	1ea
Strong Flour(강력분)	15g	Liqueur(리큐르)	10ml
Sugar(설탕)	40g	Starch(전분)	10g
Raspberry(라즈베리)	30g		
Fresh Cream(생크림)	60ml		
Apple Mint(애플민트)	3g		
Orange Liquor(오렌지 술)	5g		

만드는 과정

❶ 젤라틴은 찬물에 불려 따듯한 물로 중탕시킨다.
❷ 스텐볼에 달걀 노른자, 설탕을 넣고 아이보리색이 날 때까지 거품기로 저어준다.
❸ ②에 크림 치즈를 넣고 섞는다.
❹ 스텐볼에 생크림, 설탕을 담아 거품기로 80% 정도 휘핑한다.
❺ ③의 반죽에 ①의 젤라틴, ④의 휘핑한 생크림을 섞어 무스를 만든다.
❻ 몰드에 ⑤의 반죽을 채워 냉동실에 넣어 굳힌다.
❼ ⑥의 무스가 굳으면 치즈를 얹어 다시 냉동실에서 굳힌다.
❽ ⑦의 무스는 몰드에서 빼내어 라즈베리 소스를 곁들인다.

라즈베리 소스(Raspberry Sauce)

❶ 라즈베리를 씻어 물기를 제거해 놓는다.
❷ 자루냄비에 라즈베리, 설탕, 꿀을 넣어 약한 불에서 끓여준다.
❸ 끓기 시작하면 전분을 넣어 섞은 후, 불을 끄고 식힌다.
❹ 라즈베리 소스가 식으면 리큐르를 넣고 섞는다.

Chocolate Tiramisu with Pistachio

피스타치오를 곁들인 초콜릿 티라미수

재료

Soft Flour(박력분)	30g	Almond Powder(아몬드파우더)	30g
Sugar(설탕)	70g	Unsalted Butter(무염버터)	30g
Egg(달걀)	2ea	Dark Chocolate(다크 초콜릿)	40g
Vanilla Essence(바닐라 에센스)	5ml	Medium Flour(중력분)	20g
Starch(전분)	10g	Sugar Powder(슈거파우더)	50g
Mascarpone Cheese(마스카르포네 치즈)	50g	Espresso Coffee(에스프레소 커피)	50ml
Brandy(브랜디)	10ml	Gelatin(젤라틴)	2ea
Cocoa Powder(코코아파우더)	15g	Vanilla Bean(바닐라빈)	1ea
Fresh Cream(생크림)	70ml	Rum(럼)	5ml

만드는 과정

❶ 초콜릿 스펀지를 만들어놓는다.
❷ 두 개의 스텐볼에 흰자와 노른자를 담아 각각 설탕시럽을 끓여 조금씩 넣고 거품기로 저어준다.
❸ 젤라틴은 찬물에 불려 따뜻한 물로 중탕시킨다.
❹ 스텐볼에 생크림, 설탕을 담아 거품기로 80% 정도 휘핑한다.
❺ 팬에 에스프레소 커피, 설탕을 넣어 커피시럽을 만든다.
❻ ②의 거품 올린 달걀 노른자에 마스카르포네 치즈를 섞는다.
❼ ②의 거품 올린 달걀 흰자에 ③의 젤라틴을 섞는다.
❽ 스텐볼에 ⑥, ⑦의 내용물을 담아 생크림과 함께 혼합한다.
❾ 몰드에 ⑧의 반죽을 넣은 후, 설탕시럽을 뿌린 스펀지를 층층이 올려 크림을 채운다.
❿ ⑨의 반죽을 냉동실에 30분 정도 넣었다 몰드에서 빼내어 초콜릿으로 가니쉬한다.

초콜릿 스펀지(Chocolate Sponge)

❶ 스텐볼에 중탕한 버터를 담아 부드럽게 거품기로 풀어준다.
❷ 밀가루, 아몬드파우더, 코코아파우더는 체에 내린다.
❸ ①에 설탕, 달걀 노른자를 넣어 아이보리색이 날 때까지 충분히 저어준다.
❹ 스텐볼에 달걀 흰자와 설탕을 넣고 거품기로 저어 80% 정도 거품을 올려준다.
❺ ①에 ④의 머랭을 넣고 주걱으로 섞어준 후, ②의 가루를 넣어 혼합한다.
❻ ⑤의 반죽을 몰드에 담아 200℃의 예열한 오븐에서 10분 정도 굽는다.

Cake Roll with Anglaise Sauce

앙글레즈 소스를 곁들인 롤 케이크

재료

Egg(달걀)	3ea	Cointreau(쿠앵트로)	5ml	Brandy(브랜디)	5ml
Sugar(설탕)	120g	Orange(오렌지)	1ea	Raspberry(라즈베리)	10ml
Soft Flour(박력분)	60g	Orange Jam(오렌지잼)	30g		
Milk(우유)	60ml	Pistachio(피스타치오)	5g		
Vanilla Bean(바닐라빈)	1ea	Mint Leaf(민트잎)	1ea		

만드는 과정

❶ 자루냄비에 물, 설탕, 바닐라빈을 넣고 끓여 시럽을 만든다.
❷ ①에 오렌지는 껍질을 벗겨 슬라이스하여 넣는다.
❸ ②의 오렌지 껍질이 투명해질 때까지 끓인 후, 오렌지만 건져 냉장실에 넣어 식힌다.
❹ 스펀지 케이크를 만든다.
❺ ①의 끓인 시럽에 쿠앵트로를 넣고 섞은 후, ③의 오렌지를 넣는다.
❻ ④의 스펀지 케이크의 구워진 쪽에 ⑤의 시럽을 붓으로 발라준다.
❼ 스패출러로 스펀지 케이크에 남은 ⑥의 잼을 바른다.
❽ 유산지는 바닥에 깔고 스펀지 케이크를 올려 만 후, 냉장실에서 식힌다.
❾ 오렌지잼을 살짝 데워 ⑧의 빵 위에 붓으로 바른다.
❿ ⑨에 ③의 얇게 썰어 끓인 오렌지 껍질과 다진 피스타치오를 뿌려준다.

스펀지 케이크(Sponge Cake)

❶ 스텐볼에 달걀 노른자, 설탕을 넣고 아이보리색이 날 때까지 거품기로 저어준다.
❷ ①의 반죽은 중탕하고, 걸쭉한 상태가 될 때까지 거품기로 섞어준다.
❸ ②에 체에 내린 밀가루를 넣고, 주걱으로 바닥부터 거품이 꺼지지 않도록 잘 섞는다.
❹ 철판에 쿠킹시트를 깐 후, ③의 반죽을 담아 스패출러로 표면을 평평하게 해준다.
❺ ④의 반죽은 180℃의 예열한 오븐에서 약 10분간 굽는다.

캐러멜 소스(Caramel Sauce)

❶ 자루냄비에 설탕과 물을 넣고 끓여 캐러멜상태가 되면 생크림을 넣고 저은 후, 다시 3~4분간 끓인다.
❷ ①에 레몬즙을 넣어 혼합해 준 후, 실온에 식힌다.

앙글레즈 소스(Anglaise Sauce)

❶ 우유와 설탕에 바닐라빈을 넣어 약한 불에서 끓인다.
❷ 스텐볼에 달걀 노른자와 설탕을 넣어 거품기로 저어준다.
❸ 우유가 끓기 직전에 불에서 내려 ②에 섞는다.
❹ ③을 약한 불에 끓여 바닥이 눌어붙지 않도록 잘 저으면서 걸쭉하게 만든다.
❺ 앙글레즈 소스가 완성되면 찬물에 식힌다.

※ 앙글레즈 소스는 불이 너무 강할 경우, 노른자가 익어 분리될 수 있으므로 불조절에 주의해야 한다.

Chocolate Souffle with Grand Marnier Chocolate Syrup

그랑 마니에르 초콜릿시럽을 곁들인 초콜릿 수플레

재료

재료	분량
Egg(달걀)	3ea
Butter(버터)	200g
Sugar(설탕)	300g
Medium Flour(중력분)	200g
Orange(오렌지)	1ea
Milk(우유)	200ml
Baking Powder(베이킹파우더)	5g
Cocoa Powder(코코아파우더)	20g
Sugar Powder(슈거파우더)	80g
Chocolate(초콜릿)	200g
Grand Marnier(그랑 마니에르)	50ml
Raspberry(라즈베리)	10ml

만드는 과정

❶ 자루냄비에 초콜릿을 넣어 중불에서 저어 녹으면 버터를 넣고 함께 중탕한다.
❷ 스텐볼에 달걀 노른자, 설탕을 넣어 아이보리색이 날 때까지 거품기로 저어준다.
❸ ②에 ①의 내용물과 체에 내린 밀가루를 넣어 주걱으로 잘 혼합해 준다.
❹ 푸딩 컵은 안쪽 면에 버터를 발라놓는다.
❺ ③의 반죽을 푸딩 컵에 담은 후, 끓는 물이 1/3 정도 잠기도록 한다.
❻ ⑤의 반죽은 180℃의 예열된 오븐에서 굽는다.
❼ ⑥의 초콜릿 수플레는 푸딩 컵에 담은 채로 식힌 후, 뒤집어서 분리시킨다.
❽ 접시에 초콜릿 수플레를 담아 초콜릿시럽을 곁들인다.

초콜릿시럽(Chocolate Syrup)

❶ 자루냄비에 생크림을 넣어 약한 불에서 서서히 끓인다.
❷ ①의 생크림이 끓으면 잘게 썬 초콜릿을 녹인 다음, 스텐볼에 담아 식힌다.

Fruit Tart of Vanilla Flavor

바닐라향의 과일 타르트

재료

Egg(달걀) 3ea	Melon(멜론) 30g
Flour(밀가루) 120g	Fresh Cream(생크림) 100ml
Sugar(설탕) 80g	Orange(오렌지) 30g
Vanilla Syrup(바닐라시럽) 20ml	
Butter(버터) 60g	
Rum(럼) 15ml	
Sugar Powder(슈거파우더) 30g	
Strawberry(딸기) a little	
Milk(우유) 50g	

만드는 과정

❶ 스텐볼에 버터를 담아 크림상태로 부드럽게 풀어준다.
❷ ①에 달걀 노른자, 설탕을 넣어 아이보리색이 날 때까지 거품기로 저어준다.
❸ ②에 체에 내린 밀가루를 넣고 가루가 보이지 않게 잘 뭉쳐지도록 주걱으로 섞어준다.
❹ ③의 반죽을 랩에 싸서 냉장고에서 30분 정도 숙성시킨다.
❺ 숙성시킨 반죽을 꺼내 바닥에 붙지 않도록 밀가루를 뿌려준 후, 3mm 두께로 밀어 펴준다.
❻ 타르트 반죽은 180℃의 예열된 오븐에서 노릇하게 구워준다.
❼ 바닐라크림을 만들어놓는다.
❽ ⑥의 타르트는 식힌 후, 안에 ⑦의 바닐라크림을 짤주머니에 담아 짜준다.
❾ ⑧의 타르트에 과일을 썰어 바닐라크림 위에 올려준다.

바닐라크림(Vanilla Cream)

❶ 자루냄비에 우유와 생크림을 넣고 끓인다.
❷ ①에 달걀 노른자, 설탕을 넣고 녹을 때까지 주걱으로 약한 불에서 서서히 저으며 끓여준다.
❸ ②의 크림이 완성될 시점에 바닐라시럽과 럼을 넣고 저은 후, 체에 내린다.

Fruit Savarin with Orange Sauce

오렌지 소스를 곁들인 과일 사바랭

디저트

재료

Medium Flour(중력분)	200g	Rum(럼)	30ml
Fresh Yeast(생이스트)	15g	Fresh Cream(생크림)	80ml
Milk(우유)	250ml	Starch(전분)	20g
Butter(버터)	150g	Kiwi(키위)	1/2ea
Sugar(설탕)	100g	Strawberry(딸기)	2ea
Salt(소금)	6g	Strawberry Jam(딸기잼)	100g
Lemon Zest(레몬 껍질)	1/2ea	Vanilla Essence(바닐라 에센스)	20ml
Egg(달걀)	3ea	Brandy(브랜디)	10ml
Orange(오렌지)	1ea	Lemon Juice(레몬주스)	10ml

만드는 과정

❶ 자루냄비에 우유, 바닐라 에센스를 넣고 끓여준다.
❷ 밀가루와 이스트는 반죽하여 10분 정도 숙성시킨다.
❸ 스텐볼에 버터를 녹여 중탕한다.
❹ 스텐볼에 달걀, 레몬주스, 소금을 넣고 거품기로 저어준다.
❺ 믹서기에 ①, ②, ③, ④의 재료를 넣고 혼합해 준다.
❻ ⑤의 반죽을 사바랭 몰드에 1/3 정도 채운 후, 25분 정도 숙성시킨다.
❼ ⑥의 반죽은 180℃의 예열된 오븐에서 10분 정도 굽는다.
❽ 팬에 설탕, 물을 넣고 서서히 끓여 레몬주스, 오렌지주스, 브랜디를 넣고 오렌지시럽을 만든다.
❾ 오렌지, 키위, 딸기는 썰어놓는다.
❿ ⑦의 사바랭은 몰드에서 꺼내 ⑧의 오렌지시럽에 충분히 담가놓는다.
⓫ ⑩의 사바랭 위에 ⑨의 과일로 가니쉬한다.

Caramel Pudding with Vanilla Sauce

바닐라 소스를 곁들인 캐러멜 푸딩

재료

Vanilla(바닐라)	5g	Lemon(레몬)	1/2ea
Sugar(설탕)	200g	Orange(오렌지)	a little
White Chocolate(화이트 초콜릿)	20g	Strawberry(딸기)	a little
Egg(달걀)	3ea	Melon(멜론)	a little
Milk(우유)	200ml		

만드는 과정

❶ 자루냄비에 물, 설탕을 넣어 끓인 후, 캐러멜을 만들어놓는다.
❷ ①의 내용물을 푸딩 컵에 얇게 깔아둔다.
❸ 스텐볼에 달걀, 설탕, 우유, 바닐라 에센스를 넣고 거품기로 잘 섞는다.
❹ ②의 푸딩 컵에 ③의 내용물을 담은 후, 호일을 씌운다.
❺ 자루냄비에 ④를 담아 푸딩 컵이 잠길 정도의 물을 넣고 끓이다가 15분 정도 식힌다.
❻ ⑤의 캐러멜 푸딩을 푸딩 컵에서 빼내어 접시에 담아 과일과 바닐라 소스를 곁들인다.

바닐라 소스(Vanilla Sauce)

❶ 자루냄비에 우유와 생크림을 넣어 끓인다.
❷ 스텐볼에 달걀 노른자와 설탕을 넣고 저어준 후, ①의 내용물을 조금씩 넣으며 섞어준다.
❸ 팬에 ②의 내용물을 넣고 저으면서 끓인 후, 소스의 농도와 색이 나면 바닐라 에센스를 넣어 체에 걸러 식힌다.

The Professional Western Cooking

Part 4
식재료 명칭 및 전문조리용어

제1장

식재료의 명칭

1) 식재료와 조리용어의 이해(Understanding of Ingredients and Cooking Term)

① 쇠고기 & 송아지(Beef & Veal/Boeuf & Veau)

영어(English)	한국어(Korean)	불어(French)
Beef	쇠고기	Boeuf
Head	머리부분	Tete
Neck	목부분	Collier
Chuck or Shoulder	어깨살, 꾸리살	Paleron Au Epaule
Ribs, Prime Ribs	갈비살	Cotes Au Train De Cotes
Sirloin	허리부위[꽃등심]	Aloyau
Loin	허리부분	Longe
Rump or Rump Steak	엉덩이살	Rom Steck
Aitch-Bone	볼기 뼈와 살	Culotte
Brisket	가슴부위	Poitrine
Head Brisket	양지머리	
Shank	정강이다리살	Boite A Noelle

영어(English)	한국어(Korean)	불어(French)
Buttocks	볼깃살	
Plate	앞갈비부분	Plat De Cotes
Skirt	뒷갈비부분	Bavettd D'Aloyau
Round	정육, 방심볼기	Globe Au Cuisse
Shank	허벅지살, 사태	Gite Au Trumeu
Eye Shank	아롱사태	
Shank	정강이살	Crosse
Flank	옆구리부위	Flanchet
Strip Loin	껍질 벗긴 등심	
Top Sirloin	안심 아랫부분	
Rib Eye	스테이크용 가슴살	
Tenderloin[Filet]	안심, 넓적다리살	
Fore Quarter	안심 앞부분의 1/4	
Hind Quarter	안심 뒷부분의 1/4	
Ear	귀	Oreille
Ox-Tongue	혀[우설]	Langue
Leg	다리	Jarret, Gigot
Foot	우족	
Knuckle	우족[관절]	Cuissot
Ox-Tail	우꼬리	Queue
T-Bone Steak	티본스테이크	
Knee Bone	도가니뼈	
Marrow Bone	사골	
Marrow Bone[Ox]	황소사골	
Bone	우잡뼈	O.S
Muscles	알스지	
Heart	염통[심장]	
Belly	양지	
Intestine	곱창	
Tripe Clean	깨끗한 양	
Stomach	양	
Liver	우간	

영어(English)	한국어(Korean)	불어(French)
Kidney	콩팥[신장]	Rognon
Tripes Cleaned	천엽	
Clotted Blood	우선지	
Fat	비계	
Boiled Head	우편육	
Thin Pibs	갈비살	Basses Cotes
Square	허리고기	Carres Couverts
Chump–End	샅다리고기	Quasi
Leg	넓적다리고기	Cuisseau
Udder or Flank	젖퉁이고기	Pis
Sweet Bread	송아지목살	Ris De Veau
Saddle	안장[말 따위]	Selle

② 돼지(Pork/Porc)

영어(English)	한국어(Korean)	불어(French)
Pork	돼지	Porc
Shoulder Picnic	어깨부분	Epeule
Shoulder Butt	어깨 밑부분	
Loin	돈등심[잡부]	
Round	돈방심	
Belly	삼겹살[양지살]	
Tenderloin	돈안심	
Spare Ribs	돈갈비	
Foot	돈족	
Bulky Fat	사가기름	
Lard	지방, 기름	Saindoux
Skin	돈껍질	
Sucking Pig	어린 돼지[젖먹이]	Marcassin
Wild Boar	멧돼지	Sanglier
Lamb	양	A'Gneau
Mutton	어린 양	Mouton
Venison[Deer]	사슴	Chevreuil

영어(English)	한국어(Korean)	불어(French)
Rabbit[Hare]	집토끼	Lievre, Lapin
Warniture	산토끼	
Leveret	어린 토끼	Levraut

③ 가금류 & 들짐승(Poultry/Voaille)

영어(English)	한국어(Korean)	불어(French)
Poultry[Game]	가금류/들짐승	Volaille[Gibier]
Poultry with White Meat	흰 육가금류	
Chick	병아리	Poussin
Cockerel	병아리	Coq Vierge
Spring Chicken	영계	Poulet De Grain
Pullet[Young Hen]	암평아리	Poulette
Chicken	닭	Poulet Reine
Hen	암탉	Poule
Poularde	풀라드	Poularde
Chicken Roast	닭장	
Chicken Fatted Fowl	살찌운 닭	Chapon
Capon	식용수탉[거세한]	
Game Hen	야생닭	Coq De Bruyere
Game Hen Black	검정 야생닭	
Korean Young Chicken	토종닭	
Black Bone Chicken	오골계	Dindonneau
Turkey	칠면조	
Young Turkey	어린 칠면조	
Guinea Fowl	뿔닭	Pintade
Durk	오리	Canard
Durkling	새끼오리	Caneton
Durk Wild	야생오리	Canard Sauvage
Goose	거위	Die
Gosling	새끼거위	Caneton
Dove	비둘기	Pigeon
Pheasant	꿩	Faisan

영어(English)	한국어(Korean)	불어(French)
Quail	메추리	Caille
Sparrow	참새	
Wild Goose	기러기	
Breast	가슴	Poitrine
Wing	날개[닭츄립]	
Legs	다리	
Giblet	근위[모래주머니]	
Gizzard	사낭	
Egg	알	Oeuf

④ 선어류 : 해수어(Sea Fish/Poissons de Mer)

영어(English)	한국어(Korean)	불어(French)
Cod Fish	대구	Cabillaud
Silver Cold Fish	은대구	
Cod Fish Dry	마른 대구	Mourue
Haddock	대구의 일종	Aigrefin
Whiting	명태	Merlan
Anchovy	멸치	Anchois
Herring	청어	Hareng
Sardine	정어리	Sardine
Sprat	스프래트	Esprot
Mackerel	고등어[황새치]	Maquereau
Tuna[Tunny]	참치	Thon
Conger Eel	붕장어[아나고]	Congre
Gray Mullet	회색 숭어	Meuille
Red Snapper/Red Mullet	붉은 숭어	Rouget/Surmullet
Hake	헤이크	Colin
Brill	브릴[넙치의 일종]	Barbue
Flounder	넙치류	Flet
Halibut	큰 넙치	Fletan
Lemon Sole	레몬넙치	Dab-Limande
Plymouth Sole	혀넙치, 박대	Sole

영어(English)	한국어(Korean)	불어(French)
Sand Dab[Flat Fish]	가자미	Carrelet
Turbot	광어[가자미]	Turbot
Skate[Skaterray]	홍어[가오리]	Raie
Ara	다금바리	
Amber Fish	방어	
Ecabard Fish	갈치	
File Fish	쥐치	
Dried Pollack	북어	
Goby	망둥이	
Horse Mackerel	전갱이	Carangue
Mackerel Pike[Saury]	꽁치	Moiked Pipe
Pollack[~Alaskan]	생태[명태]	
Pomfret	병어	
Sea Bass	농어	Bar
Sea Bream	도미	Daurade
Red Snapper	흙도미	
Smelt	빙어	Eperlan
Sweet Fish	은어	
White Bait	뱅어	
Trepang[Sea Cucumber]	해삼	Tripang
Tilefish	옥도미	
String Fish	우럭	
Croaker	민어	
Gizzard Shad	전어	
Hom Fish	사요리	
Globefish	복어	
Eel[Fresh Water]	뱀장어	Anguille
Perch	농어	Perche
Pike Perch	창꼬치, 농어	Sandre
Pike	창꼬치	Brochet
Grayling	살기	Ombre
Golden Trout	금빛 숭어	Ombre Chevalier
Lake Trout	호수 숭어	Truite De Lac

영어(English)	한국어(Korean)	불어(French)
Rainbow Trout	무지개 숭어	Truite Arcenciel
River Trout	강 숭어	Truite De Riviere
Salmon	연어	Saumon
White Fish	황어	Fera
Sturgeon	철갑상어	Esturgeon
Barbel	돌잉어 무리	Barbeau
Carp	잉어	Carpe
Chub	처브	Chevaine
Dace	데이스	Vangeron
Nez-Nasling[Broad-Snout]	네즈나슬링	Nez
Tench	텐치(잉어)	Tanche
Sheat-Fish[Wels]	메기	Silurus Glanis
Crucian	붕어	Carassin
Loach[Mud Fish]	미꾸라지	Loche
Rock Trout	놀래미	
Shellfish	갑각류	Fruits De Mer
Crab[Claw]	게[집게]	Crabe
Crab Horseshoe[Blue Crab]	꽃게	
Crab Spider	영덕게	
Crayfish	가재	Ecrevisse
Lobster	바닷가재	Homard
Scampo Lobster	스캄포 바닷가재	Langouste
Spiny Lobster	스피니 바닷가재	Langouste
Shrimp	새우	Crevette
Prawn Medium	중하	
Prawn	대하	
Tiger Prawn	식용 차새우[오도리]	
Mussels	홍합	Moule
Oyster	굴[석화]	Huitre
Clam	조개[대합]	Meretrice/Praire
Ark Shell	피조개	
Babyneck Clam Shell	바지락조개	
Cickle[Mirukai]	새조개	

영어(English)	한국어(Korean)	불어(French)
Short Clam	바지락[모시조개]	
Solen Shell	맛살조개	
Scallops	관자[가리비]	Coquille Saint-Jacques
Abalone	전복	Ormeau
Snail	달팽이	Escargot
Snail-River	우렁이	
Top Shell	소라	
Winkle	골뱅이	

⑤ 사용부위별 채소류

분류	이 용 채 소
종실[種實]	콩, 옥수수
구근[球根]	• [Root & Tubers = Legumes a Racines] • 회향[Fennel], 셀러리 뿌리(악), 감자, 고구마, 당근, 무, 황색 큰 무, 사탕무, 고추냉이, 선모
과채[果菜]	• 열매와 씨를 가진 채소[Legumes a Graines & a Fruits] • 아티초크, 토마토, 가지, 오이, 콩, 잠두콩, 완두, 옥수수, 호박(Zucchini)
엽채[葉菜]	• 잎채소[Leafy Vegetables = Legumes a Feuille] • 스위스 근대, 괭이 빵, 시금치
줄기채소	• [Stem Vegetables = Legumes a Cotes] • 아스파라거스, 셀러리, 아티초크의 일종[Cardoon]
샐러드채소	뿔상추[Endive], 치커리[Chicory], 워터크레스[Watercress], 상추, 겨자
뿌리만 쓰는 채소	• [Bulbous Vegetables = Oignons] • 양파, 마늘, 부추, 작은 옥파, 샬롯[Shallot]
캐비지	• [Cabbage = Choux] • 콜리플라워, 브로콜리, 브뤼셀 스프라우트, 적채, 그린 캐비지, 무결구 양배추

⑥ 채소류[Vegetables]

영어(English)	한국어(Korean)	불어(French)
Vegetables	채소/채소류	Legumes/Primeur
Amaranth	비듬나물	
Artichoke	엉겅퀴[돼지감자]	Artichaut
Artichoke Bottoms	아티초크 뿌리	Fouds D'Artichaut

영어(English)	한국어(Korean)	불어(French)
Asparagus	아스파라거스	Asperge
Aster	취나물	
Avocado	아보카도	Avocat
Arrow Root	칡뿌리	
Bamboo Shoots	죽순	Jeune Pousse De Bam Bou
Beans	콩	Haricots[Frais]
Bean Sprouts	콩나물	
Bean Sprouts Green	숙주나물	
Beet Roots	사탕무	Bette Nave
Beet Red	홍당무	
Bell Flower of Root	도라지	
Braken	고사리	
Broccoli	모란채[브로콜리]	Brocoli
Brussel Sprouts	방울배추	Choux De Bruxelles
Bud of Aralia	두릅	
Burdock	우엉	
Butterbur	머위	
Carrots	당근	Carotte
Cabbage Korean	배추	
Cabbage White	양배추	Choux De Blanc
Cabbage Red	적배추	Choux De Rouge
Cabbage Strig	얼가리배추	
Cabbage Chinese	통배추	
Cauliflower	꽃양배추, 콜리플라워	Choux Fleur
Celery	셀러리	Celeri
Celery Stalks	셀러리 줄기	Celeri En Branche
Chard Beet	근대	
Chyi/Wild Aster	취나물	
Codonopsis Lanceolata	더덕	
Coriander	고수	
Corn	옥수수	Mais
Cress	물미나리[양갓냉이]	Cresson

영어(English)	한국어(Korean)	불어(French)
Crawn Daisy	쑥갓	
Cucumber	취청오이	Concombre
Cucumber Korean	조선오이	
Chicory	치커리[풀상추류]	Chicoree
Day Lily	원추리	
Edible Shoots of Fatsia	두릅	
Endive	엔다이브	Endive
Eggplants	가지	Aubergine
Fennel	회향풀	Fenouil
Fernbrake	고사리	
Garlic	마늘	Ail
Garlic Spring	풋마늘	
Ginger	생강	Gingenbre
Ginseng	인삼	
Garland, Chrysanthemum	쑥갓	
Horseradish	서양냉이(호스래디시)	Ralfort
Kale	케일	
Leek	부추	Ooireau
Leek Chinese	중국 부추	
Leek Korean	조선 부추[한국 부추]	
Lettuce	양상추	Laitue
Lettuce Local[Korean]	잎상추	
Lotus Root	연근	Lotus
Marsh Mallow	아욱	
Mint Leaves	박하잎	Menthe Leaf
Mustard Leaves	갓	
Mungbean Sprouts	숙주	
Mugwort[Water]	쑥[물쑥]	
Okra	오크라	
Onion	양파[옥파]	Oignon
Onion Welsh[Spring Onion]	파[대파]	
Onion Spring[Chive]	실파	Ciboulette[Petit Oignons]

영어(English)	한국어(Korean)	불어(French)
Scallion	쪽파	
Shallots	골파	
Yellow Leek	움파	
Osmund	고비나물	
Parsley	파슬리	Persil
Parsley Chinese	향채[고수]	
Parsley Korean	미나리[돌미나리]	
Pepper Green[Korean]	풋고추	Poivre De Vert[Korean]
Twist Pepper	꽈리고추	
Pepper Red[Korean]	홍고추	Poivre De Rouge[Korean]
Piemento[Sweet Pepper]	피망[서양고추]	
Piemento Green	푸른 피망[청]	Piment[Poivron]
Piemento Red	붉은 피망[홍]	Poivron De Vert
Platy Coden	통도라지	Poivron De Rouge
Platy Coden Sliced	촙도라지	
Potato	감자	Pomme De Terre
Red Radish	적무	Radis Rouge
Red Beet	근대	
Royal Fern	고비	
Seasame Leave	깻잎	
Seasame Leave Sprout	깻잎순	
Shepherdspurse	냉이	
Sedum	돌나물	
Sowthistle	씀바귀	
Spinach	시금치	Epinard
String Beans	빈스[줄기콩, 채두]	Haricot Vert
Squash Western	애호박[긴호박]	Courgette
Squash Korean	조선호박	
Zucchini	어린 호박으로 길이 15cm 이하	
Pumpkin[Sweet Squash]	단호박	Potiron
Pumpkin[Old Squash]	늙은 호박	
Sweet Potato	고구마	

영어(English)	한국어(Korean)	불어(French)
Sweet Potato Sprout	고구마순	
Stem of Sweet Potato	고구마줄기	
Taro	토란	
Tomato	토마토	Tomato
Turnip	무	Navet
Young Radish	열무	
Watercress	물냉이, 크레송	Cressons
Wild Rocambole	달래	
Yacon	야콘	
Yam	산마	
Sea Laver	돌김	
Dry Seaweed	김	
Sea Lettuce	파래	
Sea Tangle	다시마	
Tangle	미역	
Dry Brown Seaweed	건미역	
Agar-agar	한천	Agar-agar
Tosaksnori[Green, Red]	도사카노리[청, 적]	

⑦ 버섯류 : 식용(Mushrooms/Champignons)

영어(English)	한국어(Korean)	불어(French)
Bay Boleta	베이 볼레타	Bolet Bai Brun/Boletus Badius
Shiitake Mushroom	표고버섯	Cepe
Chanterelle	샹트렐	Chanterelle
Common Morel	보통 모렐	Morille
Conical Morel	코니컬 모렐	Morille Pointue
Cultivated Mushroom	재배버섯	Champoignon De Couche
Field Mushrooms	들버섯	Agaris Des Pres Figfrious Campestris
Mushroom Agaric[Fungus]	느타리버섯	
Gyromitra	지로미트라	Gyromitre Esculenta
Horn of Plenty	플렌티 호른	Craterellus Cornucopioides

영어(English)	한국어(Korean)	불어(French)
Pholiota	폴리오타	Pholiota Caperata
St. Georges Mushroom	세인트조지버섯	Mousseron De La St. Georges
Saffron Milk Cap	사프란 밀크 캡	Orange Agaric–Lactaire Delicieux
Tawny Grisette	황갈색의 그리세트	Excelsa
Black Truffle	검은 트러플	Truffe
Summer Truffle	여름 트러플	Truffe D'Ete
White Truffle	흰 트러플	Truffe Blanche
Mushroom Juda's Ear	목이버섯	
Mushroom Manna Lichen	석이버섯	
Button Mushroom	양송이	Champignon
Winter Mushroom	팽이버섯	
Mushroom Wild [Pinea Garic]	자연송이	

⑧ 곡류/두류(Cereals & Grain/Cereales)

영어(English)	한국어(Korean)	불어(French)
High Milled	백미	
Rice	특미[쌀][7,000여 종]	Riz
Glutinous Rice	찹쌀	
Brown Rice[Unpolished Rice]	현미쌀	Riz Brut
Black Rice	흑미[검정쌀]	
Wheat Highly Milled	밀쌀	
Pressed Barley	할맥	
Barley	보리	Orge
Naked Barley	쌀보리	
Wheat	밀	Froment
Rye	호밀	Seigle
Millet[Foxtail Millet]	조[기장]	Millet
Glutinous Millet	차조	
Indian Millet[Sorghum]	수수	
Glutinois Indian Millet	차수수	
Corn	옥수수	Maris
Corn Syrup	산당화 엿	

영어(English)	한국어(Korean)	불어(French)
Oats	귀리	Avoine
Oat Meal	오트밀	
Japanere Barnyard Millet	피	
Buckwheat	메밀가루	
Buckwheat Vermicelli	메밀국수	
Wheat Flour	밀가루	
Wheat Noodles	밀국수	
Wheat Germ[Germ Barley]	엿기름	
Job's-Tear	율무	
Sesame Seed White	참깨	
Sesame Seed Black	검정깨	
Sesame Seed Wild	들깨	
Perilla	들깨	
Kidney Bean	강낭콩	
Lima Bean	잠두콩	
Pea	완두콩	
Victoria	황색 완두	
String Beans[French Beans]	줄기콩[빈스]	
Red Bean[Gray Or Black]	팥[검정팥]	
White Bean	흰팥[동부]	
Mung Bean	녹두	
Soy Bean Black	대두[검정콩]	
Soy Bean Yellow	대두[노란콩]	
Soy Bean Brown	대두[밤콩]	
Soy Bean Milk	대두[두유]	
Soy Bean Curd	대두[두부]	
Soy Bean Curd Fied	대두[유부]	
Soy Bean Curd Residue	대두[비지]	
Blue Beans Ground	청태가루	
Yellow Beans Ground	황태가루	
Seed & Nuts	씨 & 과실류	Noix
Almond	아몬드	Amande
Brazils Nuts	브라질 호두	

영어(English)	한국어(Korean)	불어(French)
Cashew	서인도산 옻나무과의 식물[의 열매]	
Chestnuts	밤	Marron
Filberts	개암나무[의 열매]	
Ginkgo Nuts	은행	
Hazelnuts	헤이즐넛	Noisette
Pine Nuts/Pine Almond	잣	Pignon
Peanuts	호콩[땅콩]	Cacahuete/Arachide
Pecans	미국 중 · 남부 지방의 Hickory나무 일종의 열매	
Pistachio	피스타치오	Pistache
Walnuts	호두	Noix

⑨ 과실의 구분

1. 장과류(漿果類) [Berries]	• 중과피(中果皮)와 내과피(內果皮)가 즙이 많은 육질로 구성 • 포도, 파인애플, 바나나, 딸기, 무화과 등
2. 인과류(仁果類) [Pomaceous Fruits]	• 꽃받침이 발달해서 생성된 것으로 과실의 꼭지와 배꼽이 반대편에 달려 있는 과실 • 배, 감, 귤, 사과, 석류 등
3. 핵과류(核果類) [Drupes]	• 씨방이 성장 · 발달한 과실 • 복숭아, 매실, 살구, 자두, 대추, 앵두 등
4. 견과류(堅果類) [Nuts]	• 과육이 단단한 껍질에 싸여 있는 과실 • 밤, 은행, 호두, 아몬드 등

영어(English)	한국어(Korean)	불어(French)
Banana	바나나	Banane
Raspberry	산딸기(나무딸기)	Framboise
Strawberry	딸기	Fraise
Grape	포도	Raisin
Grape Green	청포도	
Grape Black	흑포도	
Grape Red	적포도	
Grape Large	거봉	
Grape Golden Muscat	포도 골든머스캣	
Grape Delaware	포도 델라웨어	

영어(English)	한국어(Korean)	불어(French)
Wild Grape	머루	
Date	대추야자 열매	Datte
Mango	망고	
Fig	무화과	Figue
Kiwi	키위	
Melon	멜론	Melon
White Melon	백설 멜론	
Yellow Melon	노란 멜론	
Royal Melon	금싸라기 참외	
Papaya Melon	파파야 멜론	Papaya
Musk Melon	머스크 멜론	
Cantaloupe Melon	서양참외	
Water Melon	수박	
Pineapple	파인애플	Ananas
Apple	사과	Pomme De Fruit
Kuk-Kwang, Indo, Aori	국광, 인도, 아오리	
Red Type, Fuji, Staking	홍옥, 후지, 스타킹	
Pomegranate	석류	Grenade
Tangerine	감귤	Mandarine
Grapefruit	자몽	Pamplemousse
Lemon	레몬	Citron
Lime	라임	Limon
Orange	오렌지	Orange
Pear	배	Poire
Pear Wild	돌배	
Persimmon	감	Kaki
Mellow Persimmon	연시감	
Persimmon Hard	단감	
Persimmon Dry	곶감	
Quince	모과	Coing
Citron	유자	
Mulberry	오디	
Blackberry	블랙베리	Marel

영어(English)	한국어(Korean)	불어(French)
Blueberry	블루베리	Myrtille
Cranberry	크랜베리	Airelle
Gooseberry	구스베리	Groseille
Cherry	체리	Cerise
Korean Cherry	앵두(버찌)	
Avocado	아보카도	Avocat
Peach	복숭아	Peche
Peach White	백도	
Peach Yellow	황도	
Peach Nectarine	천도	
Apricot	살구	Abricot
Plum(Prune)	자두	Pruneau
Plum Humusa	후무사 자두	
Prune	말린 자두	
Olive	올리브	Olive
Almond	아몬드	Amonde
Chestnut	밤	Marron
Hazelnut	개암	
Jujube	대추	
Pistachio	피스타치오	Pistache
Walnut	호두	Noix
Coconuts	야자	

⑩ 특수채소(Herb Salad/Herbes)

영어(English)	한국어(Korean)	불어(French)
Herb Salad	특수채소	Herbes
Alfalfa	알팔파	
Beans Green	녹색빈스	
Beans Yellow	노랑빈스	
Beans Pupple	보라빈스	
Chamomile	캐모마일	
Chung Kyung Chai	청경채	

영어(English)	한국어(Korean)	불어(French)
Chung Chai	청채	
Chai Shim	채심	
Chervil	처빌	
Chive	차이브	
Chicory Green	그린 치커리	
Chicory Red	레드 치커리	
Carrot Baby	꼬마당근	
Cucumber Baby	꼬마오이	
Chicory Louver	미늘 치커리	
Chicory Curled	컬드치커리	
Corn Salad	콘샐러드	
Dandelion	단델리온	
Datsai	닷사이	
Eggplant Baby	꼬마가지	
Eggplant Ball	볼가지	
Endive Belgium	벨지움 엔나이브	
Ensai	엔사이	
Fennel	펜넬	
Gaten Cress	가텐 크레스	
Gaboo	가부	
Giona	교나	
Ginome	기노메	
Green Vitamin	그린 비타민	
Hyssop	히솝	
Hyuna	휴나	
Radish Sprouts	무순	
Kinomea	기노메	
Leave of Mustard	겨자잎	
Leek	릭	
Lemon Balm	레몬밤	
Lettuce Butter Head	버터헤드레티스	
Lettuce Romane	로메인레티스	
Lettuce Vabiron	바비론레티스	

영어(English)	한국어(Korean)	불어(French)
Maejiso	메지소	
Masiu	맛슈	
Mint Banga	방아잎	
Mixed Vegetable	혼합 샐러드	
Mustard Green	그린 머스터드	
Natto	낫토	
Okra	오크라	
Onion Red	빨간 양파	
Parsley	파슬리	
Parsnip Roots	파스닙 뿌리	
Pickling Onion Peeled	피클양파	
Pimento Red	홍피망	
Radish	래디시	
Radish Rainbow	레인보 래디시	
Radichio	라디키오	
Ravender	라벤더	
Lollo Rossa	롤로로사	
Rucola(Rocket)	루콜라(아루굴라)	
Rue	루	
Saladana	살라다나	
Sesame Japanese	일본깻잎(시소)	
Shiso	시소	
Sorrel	소렐	
Squash Yellow	노란 호박	
Summer Salad	서머 샐러드	
Sweet Pepper Pupple	보라 파프리카	
Sweet Pepper Yellow	노랑 파프리카	
Sweet Pepper Orange	주황 파프리카	
Sweet Pepper Red	빨강 파프리카	
Cherry Tomato	방울토마토	
Yellow Cherry Tomato	노란 방울토마토	
Petit Tomato	프티 토마토	
Italian Tomato	이태리 토마토	

영어(English)	한국어(Korean)	불어(French)
Water Convolvulus	공심채	Cresson
Watercress	크레송	
Wormwood	웜우드	
Caraway	캐러웨이	
Coriander	코리앤더	
Dill	딜	
Marjoram	마조람	
Apple Mint	애플민트	
Peppermint	페퍼민트	
Oregano	오레가노	
Rosemary	로즈메리	
Sage	세이지	
Sweet Basil	바질	
Taragon	타라곤	
Thyme	타임	
Motoki Blue	청 모도키	
Motoki Red	적 모도키	
Tosakanory Blue	청 도사카노리	
Tosakanory Red	적 도사카노리	
Chamomile Flower	캐모마일 꽃	
Chrysanthemum Flower	국화꽃	
Cresson Flower	크레송꽃	
Cucumber Flower	오이꽃	
Eggplant Flower	가지꽃	
Squash Flower	호박꽃	
Vegetable Flower	채화	
Yellow Squash Flower	황금호박꽃	
Mini Rose	식용 장미	
Orchid	양란	

⑪ 기타 식재료(Other Food/Miscellaneous)

영어(English)	한국어(Korean)	불어(French)
Milk	우유	Lait
Low Fat Milk	저지방우유	
Fresh Cream	생크림	Creme
Sour Cream	사워크림	
Dried Milk	분유	
Plain Yogurt	플레인 요구르트	
Drink Yogurt	드링크 요구르트	
Cheese	치즈	Fromage
Pizza Cheese	피자 치즈	
Devon Cheese	데본 치즈	
Ice Blocks	얼음	Glace
Water	물	Eau
Stock	육수	Bouillon(Food)
Vinegar Essence	빙초산	
Vinegar	식초	Vinaigrette
Soy Sauce	간장	
Sugar	설탕	Sucre
Brawn Sugar	황설탕	
Salt	소금	Sel
Pepper	후추	Poivre
Sesame Oil	참기름	
Olive Oil	올리브오일	Huile De Olive
Salad Oil	샐러드 오일	Huile De Salade
Fat	기름	Lard
Honey	꿀	Miel
Sugar Syrup	슈거시럽	
Starch Syrup	물엿	
White Wine	백포도주	Vin Blanc
Red Wine	적포도주	Vin Rouge
Brandy	코냑	Cognac
Bean Curd	두부	

영어(English)	한국어(Korean)	불어(French)
Soft Bean Curd	연두부	
Fried Bean Curd	유부	
Green Bean Jelly	청포묵	
Acorn Starch Jelly	도토리묵	
Boiled Fish Paste	어묵	
Fish Jelly	우묵	
Dried Red Pepper	마른 통고추	
Spring Red Pepper	실고추	
Crushed Hot Pepper	굵은 고춧가루	
Ground Hot Pepper	고운 고춧가루	
Hot Pepper Paste	고추장	
Bean Paste	된장	
Dried Peeled Walleye	깐 북어	
Dried Walleye	북어포	
Dried Cod Fish	대구포	
Dried Squid	마른 오징어	
Slice Dried Squid	오징어채	
Dried Octopus	문어포	
Dried White Octopus	백문어포	
Dried Shrimp	꽃새우포	
Dried Anchovy	건멸치	
Beef Jurkey	육포	
Peeled Walnut	백호두, 깐호두	
Peeled Chestnut	생률	
Ginkgonut	은행	
Pine Nut	잣	
Chinese Date	대추	
Dried Persimmon	곶감	
Peanut	땅콩	
Starch Noodle	당면	
Dried Brown Seaweed	미역	
Kasuo Bushi	가쓰오부시	
Bamboo Shoots	죽순	

영어(English)	한국어(Korean)	불어(French)
Spring Roll	춘권	
Macaroni	마카로니	
Spaghetti	스파게티	
Sweet Corn	스위트콘	
Cream Corn	크림콘	
Pop Corn	팝콘	
Corn Chip	콘칩	
Cornflakes	콘플레이크	
Flour	밀가루	Farine
박력 밀가루	단백질이 적어 부드럽고 바삭한 과자, 케이크를 만들 때 사용	
중력 밀가루	단백질이 중간 함량으로 과자나 브리오슈 같은 프랑스빵에 맞음	
강력 밀가루	단백질 함량이 높고, 점성과 탄력이 좋아 식빵, 파이에 주로 사용	
초강력 밀가루	단백질이 강력분보다 약간 더 함유되어 있음	
Bread Crumbs	빵가루	Mie De Pain
Yellow Beans Ground	황태가루	
Blue Beans Ground	청태가루	
Salted Anchovy	멸치젓	
Salted Pollack Roe	명란젓	
Salted Shrimp	새우젓	
Salted Oyster	진석화젓	

제2장

전문조리용어

A

A La 어떤 형태(풍)의

A La Carte 음식을 미리 준비하고 개별적으로 정가(가격)가 붙는 것

A La Francaise 프랑스풍

A La Minute 즉석의

Abats 찌꺼기, 식용되지 못하는 고기, 간, 신장, 심장, 송아지, 양새끼의 지라 또는 췌장(식용)

Abattis 가금류의 내장

Affine 치즈를 완전히 익힌 것

Agpumes 감귤류

Aiguillettes 얇게 썬 고기 슬라이스조각

Al Dente 채소 또는 면이 덜 조리되어 오도독오도독하는 상태의 조리 정도

Allonger 묽게 하기 위해서 물 같은 것을 더하는 것

Altereauy 부식 또는 전채요리에 나오는 꼬치에 끼운 고기, 가금류 또는 해산물에 소스를 뿌리고 빵가루를 넣고 말아 기름을 흠뻑 넣어 튀긴 것

Amuce-Gueule 칵테일에 나가는 가벼운 식사

Animelles 양의 맛이 좋은 부분, 또한 내장으로 알려져 있음

Annoncer 음식 주문을 스피커로 알려주는 사람

Appareil 미리 배합해 놓은 것

Appret 조리준비

Aprose 버터를 바르다.

Aromate 모든 향료, 씨와 뿌리들은 맛은 있지만 향기가 없다.

Arroser 로스트할 때 기름칠하기

Aspic 디저트나 전채, 혹은 샐러드용 젤라틴 베이스(Base)

Assaisonner 음식에 양념하기

Au Beurre 버터를 넣은

Au Bleu 고기에 열이 가해질 때, 매우 설익은 것을 의미한다.

Au Four 오븐에 굽는다.

Au Gratin 음식 위에 치즈, 빵가루 또는 난황과 크림을 섞어 휘저은 것이 오븐에서 갈색이 될 때까지 구운 것

Au Vin Blac 백포도주를 넣은 것

B

Bain-Marie 끓는 물에 데치다.

① 뼈와 고기의 경우 하얗게 만들기 위함

② 채소의 경우 외관을 유지하기 위함

③ 토마토의 껍질을 벗기기 위함

④ 재료들을 끓여 액체의 표면에 떠 있는 찌꺼기를 제거하기 위함

⑤ 감자를 처음 튀겼을 때 색깔을 내지 않고 조리하기 위함

Ballottine 준비한 고기, 가금류 또는 생선을 데치거나 삶아서 뜨거운 음식 또는 차갑게 고기젤리 안에 넣고 코팅한 것

Barder 가금류, 야조, 고기 또는 생선을 얇게 저며 돼지비계로 싸서 조리 중에 마르는 것을 방지한다.

Baron 양의 다리와 등심의 반으로 구성된 싱글 토스트(Single Roast)

Bat Out 날고기와 커틀릿 덩어리를 평평하게 뜬 것

Baveuy 수분, 보통 '오믈렛'에 이용되며, 미리 조리된다.

Beignet 튀김

Bele Vue(Eu) 가금류, 생선, 해산물에 장식해서 곁들여내는 것

Beurre 버터

Beurre Blanc 조미된 파, 레몬, 식초, 포도주 또는 레몬버터라 불린다.

Beurre Clarifie 탁하지 않은 버터, 녹인 버터의 거품과 물을 제거하고 가열하여 타지 않게 높은 온도로 열을 가하는 것

Beurre Maitre D'Hotel 버터에 다진 파슬리, 레몬즙, 소금, 후추를 첨가한 것

Beurre Manie 버터에 밀가루를 넣어 서로 비비다.

Beurre Nantais 레몬버터에 크림을 섞은 것

Beurre Noir 검은 버터

Beurre Noisette 개암열매 색깔의 버터

Blanc De Cuisson 물 대신 조리하는 방법 → 물과 밀가루를 혼합한 것, 레몬, 아티초크(양엉겅퀴) 버터처럼 채소를 조리하기 위해 이용

Blanchir

① 물을 함유하여 음식을 타지 않고 뜨겁게 유지시키기 위함

② 타는 것을 방지하기 위해 물을 얕게 함유시켜 조리

③ 깊고 좁은 용기에 핫소스, 수프 그레이비를 보관함

Bleu 보통 스테이크할 때 덜 조리된(익은)

Blologique 유기적 · 조직적 · 근본적 → 유기적으로 성장한, 성숙한

Blsouit 스펀지 케이크

Bordure 가장자리, 보통 장식

Botte 묶음, 다발, 단

Bouquet Garni 파슬리 줄기, 월계수잎, 타임을 셀러리와 파 줄기에 싼 것

Braiser 채소, 고기, 햄을 용기에 담아 퐁드보, 부용, 미르포아, 로리에를 넣고 서서히 오래 익히는 것

Brider 닭, 칠면조, 오리 등 가금류나 야조의 다리와 날개의 원형을 유지하기 위해 동여맨 것

Brunoise 채소를 작은 주사위형태로 자른 것

C

Canape 뜨겁거나 차가운 풍미 있는 전채요리를 대접하기 위해 토스트된 네모진 빵

Cannele 바퀴자국 또는 채널(홈이 있는 모양)로 장식한

Carte Du Jour 오늘의 메뉴

Casse-Croute 샌드위치 → 격식 없이 가벼운 식사

Cerneau 반쯤 껍질 벗긴 호두

Chambbper 실내온도에 맞추어 와인을 가져오고, 적당히 자연스러움을 부여한다.

Chambre 방 온도에 맞게 와인을 제공하는 것

Chapiot 4륜 손수레 또는 2륜 손수레로 제공

Charbonnee 숯불 위에서 구운 요리

Chartreuse 채소나 고기 또는 약초류를 틀에 넣어 같은 유형의 색깔이나 형태로 평평하게 썰어서 구성한 요리

Chateaubriand 쇠고기안심의 윗부분(머리쪽 부분)

Chateaubriand, Chateaubriant 보통 안심에서 머리쪽 부분이고, 두껍고 뼈 없는 고기를 말한다.

① 샤토브리앙을 조리한 Montmirail이란 사람의 방식대로 그의 주인에게 스테이크를 주기 위해 준비한 데서 그 이름이 붙은 것으로 보임

② 지방을 가진 소의 진가를 발휘하는 데 큰 역할을 함

Chaudfroid 조류의 냉동제품으로, Sauce Chaudfroid, Sauce Mayonnaise Collee를 바르고 Gelee-Aspic으로 장식한다.

Chaufroiter Chaudfroid Sauce로 만든다.

Chemise 반죽한 것을 싸거나 원래 살을 그대로 지키는 것

Chemiser 젤리 또는 아이스크림 틀의 덮개 또는 가득하게 채우는 것

Chiffonnade 상추나 대파 등을 가늘게 썰어 수프나 가니쉬에 사용한다.

Chinois 깔때기 모양의 가장자리 여과기

Ciceler 채소, 고기, 햄을 용기에 담아 퐁드보, 부용, 미르포아. 로리에를 넣고 천천히 오래 익히는 것

Clapipier 콩소메, 젤리 등을 만들 때 기름기 없는 고기 · 채소 · 달걀 흰자를 사용하여 투명하게 함

Compoter 고기 또는 채소가 잘 어울리도록 천천히 장시간 조리하는 것

Concasse 재료를 정사각형으로 자르거나 다진 것

Concomme 기본적인 맑은 Soup, 질긴 부분(사태)을 많이 사용

Confire 지방 속에 고기 또는 시럽 속에 과일을 넣어 아주 천천히 조리하는 것

Contiserr 햄, 혀, 송로버섯 등을 군데군데 끼운 것

Contrefilet 갈비뼈 부위 Faux-Filet

Cordon 얇은(가는) 선으로 된 줄 → 끈, 밧줄, 리본

Cf. Cordon Blue → 명요리사

Corse 진한 커피 등

Cote 갈비 또는 보통 갈비뼈에 붙은 양, 돼지, 송아지 따위의 고기 조각

Cottelette 커틀릿 모양으로 만든 고기 요리

Couls 과일, 채소, 또는 고기, 생선이 걸쭉한 액체상태. 과서 응결된 것

Court-Bouillon 포도주와 후추, 마늘, 향기 있는 풀, 초, 소금으로 만든 소스를 친 생선과 조개류 요리

Croustadthes 바삭바삭하게 튀긴 파이껍질. 바삭바삭한 틀에 채운 요리(파이요리)

Cuisson 요리방법(요리진행법)

D

Darlole

① 치즈와 과일이 든 파이 또는 치즈, 크림, 과일 따위를 넣은 파이

② 작은 크림, 아몬드, 설탕을 넣은 일종의 가루반죽 과자. 페이스트리

③ 원추형 또는 달걀 모양의 형태로 틀에 구워내는 것

Darne 생선을 뼈가 붙은 채로 둥글게 저민 것

Degorger 토해내다. 뚫다. 냉수로 씻어내다.

Demi Glace Espagnole과 분량이 같고, 갈색 스톡을 반 정도까지 조린다.

Demi Sel 얼마 안 되는 소금에 절인 치즈의 일종

Denerver 힘줄을 제거한 것

Depouiller 끓을 때 표면에 뜨는 찌꺼기(거품)와 기름기를 제거하기 위해 서서히 조리한 것

Dessaler 염분을 빼다.

Dorure 난황을 바르는 것

Dresser 접시에 요리를 담는다.

Duxelle 버섯을 아주 얇게 다진 것과 다진 가리비를 섞어서 조리한 것

E

Ebarber 가위나 칼로 굴, 가리비(조개관자), 털격판담치(쌍각류 조개) 또는 생선의 가장자리 부분을 제거하는 것

Ebouillanter 끓는 물에 담그다.

Ecaille 생선의 비늘을 벗기는 것

Egg Wash 세게 휘저은 달걀, 거품을 낸 달걀

Emonde 물에 몇 초 동안 담갔다 건져서 껍질을 벗기는 것

Ex) 토마토, 복숭아, 호두, 아몬드

En Crcute 가루반죽으로 만든 파이껍질로 싸진

Eninoep 얇게 조각 떠서 자른 것

Enireoote 갈비뼈고기

Enteree 제1코스 또는 전채요리(식사하기 전 처음에 제공됨)

Entrelarde 맛을 돋우기 위해 살코기에 돼지고기, 베이컨 따위를 끼워넣다.

Epice 향신료

Escalope 얇은 고기 조각

Etouffer 뚜껑을 덮고 매우 적은 수분으로 찐 것

Etuve 냄비의 뚜껑을 덮고 매우 천천히 조리한 것

F

Faisande 잘게 다진 고기를 생선이나 채소에 넣은 요리

Fapiner 가루를 뿌리다. 가루로 만들다.

Fapoir 고기, 생선의 속에 퓌레 등의 준비된 재료 등을 넣어 채운다.

Farce 잘게 다진 고기를 생선이나 채소에 넣은 요리

Feuilletahe 부푼 반죽

Fines-Herbes 약초가 혼합된(양파의 싹, 아스파라거스, 파슬리 다진 것)

Flamber 불꽃, 화염

Flan 과일이 든 파이

Fleurons 약이 든 당과(마름모꼴). 초승달 모양의 빵 또는 다른 형태로 만듦

Fond 기본적인 스톡

Fraper 얼음으로 식히다.

Fricassee 흰 스튜로 즉 고기, 가금류, 해산물이 조리되어 소스 안에 들어간다.

Friture 작은 생선을 기름으로 튀기거나 볶는 것

Fruit De Mer 모든 종류의 해산물. 굴, 게

Fruite 열매, 과실

Fume 훈제의, 훈연한

Fumet 향기, 냄새, 풍미

G

Galantin 돼지고기, 야조, 송아지, 토끼 또는 가금류의 뼈를 발라낸 것을 차게 채워넣은 전채요리로 틀에 넣고 젤라틴을 바른 것

Garde Manger 식료품, 찬장, 저장실

Garniture 장식물, 고명

Gasironome 식도락가, 미식가

Gateau 1인분이 넘는 케이크. 밀가루, 버터, 달걀의 3가지를 주재료로 한 것

Glace De Viande 송아지 또는 쇠고기 스톡에서 좋은 질의 부산물이 미리 준비된 고기육즙(농축육즙)

Glacer 음식을 아래에 놓고 샐리맨더에서 색깔을 내주는 것. 페이스트리 또는 카나페에 젤리를 넣은 것

Godiveau 송아지고기를 주재료로 한 혼합물로 Quenelle 소시지용 고기로 만든 것

Goumonnette 가자미(넙치), 다른 생선을 얇게 저민 것

Gourmand 식도락의, 식도락가, 잘 먹는, 대식의

Gratiner 오븐 안에 미리 준비된 음식에 빵가루 또는 치즈를 뿌려 좋은 색을 내기 위해 굽는다.

Grillade 석쇠구이, 불고기

H

Hacher 칼이나 기계를 사용하여 아주 잘게 다지는 것

Hachis 잘게 썬 고기

Hatelet 장식적인 작은 꼬치

Hors D'Oeuvre 전채로 처음 코스에 나오는 음식

I

Imbiber 액체에 적시다, 스며들다.

Infusion 달이다, 우려내기 → 약초차

Inoiser 베다, 자르다, 절개하다.

J

Jardiniere 채소를 막대기 모양으로 자른 것

Julienne 아주 얇게 껍질은 벗겨 채소를 성냥개비 모양으로 자른 것

Jus 즙, 육즙, 과즙

Jus-Lie 고기 국물을 진하게 하다.

K

Konvectomat 대류형 오븐

L

Larder 지방분이 적거나 없는 고기에 바늘이나 꼬챙이를 사용해서 가늘고 길게 썬 돼지비계를 찔러넣는 것

Levain 이스트에 물을 넣고 밀가루로 빵을 만들 때 이용 → 효모

Liaison 액체, 소스, 묽은 수프를 진하게 만드는 것

Lier 묶다, 연결하다, 소스나 끓는 즙에 밀가루, 전분, 난황, 동물의 피 등을 넣어 농도를 맞추는 것

Lyophilisation 냉동, 건조, 완만한 과정(음식을 건조시키거나 냉동시키는 온도, 양은 불변, 자연 그대로 보존시키게 함)

M

Macedoine 채소 또는 과일의 다른 종류를 주사위 모양으로 잘라 혼합한 것
Macepation 차고 향기로운 액체에 담가놓는다.
Macerer 맛을 주기 위해 과일을 액체에 몇 시간 담가서 부드럽게 하는 것
Mariner 여분의 맛과 부드러움을 주기 위해 마리네이드에 고기를 절이는 것(담가놓는 것)
Marmite 첫째, 스톡냄비, 둘째, 프랑스식 냄비에 뚜껑이 있는 유사한 스튜용 손잡이가 달린 냄비(팬)
Mijoter 물을 넣어 수분을 준, 스톡 또는 콩소메, 재료들을 약한 불로 천천히 오래 끓이는 것
Minute(A La) 즉석의
Mirepoix 거친 채소를 주사위 모양으로 얇게 잘라 미리 준비된 소스, 수프, 스톡 등에 이용한다.
Mis-En-Place 문자적으로 준비된 상태를 의미한다. 주방에서는 한곳에 모든 것이 준비되어 있다는 것도 뜻한다.
Mode(A La) 어떤 형태
Monter Au Beurre 소스 안에 단단한 버터를 혼합하는 것. 이것은 보통 내기 전에 끝으로 첨가하는 것
Mortifier 고기, 가금류 또는 야조를 좀 더 부드럽게 하다.
Mouiller 물을 뿌리다.

N

Nage 해산물로 조리된 향기 있는(향기로운) 스톡
Naper 조리된 음식에 소스를 바르다.
Nature 담백하고 (양념을 치지 않고) 간단하게 조리된 음식

P

Paillard 고기를 얇게 저민 것
Paner 다른 재료를 튀기기 전에 달걀과 빵가루를 입히는 것
Paper 다른 하나하나로부터 좋은 맛을 내기 위해 손질하고 제거하는 것
Papillote 고기 또는 생선을 은박지 또는 납지에 말아 굽는 것
Paysanne 얇은 조각, 3각의 둥근형 또는 4각으로 잘라진
Peluche 향기 있는 풀
Pershey Butter 버터에 레몬즙과 다진 파슬리를 함유하고 있는 것
Persillade 간 조미료와 다진 파슬리, 마늘을 넣고 혼합해서 조리시간의 끝에 더해준 것

Persille 다진 파슬리를 고명으로 하거나 기름이 군데군데 섞여 있는 고기

Pilaw-Pilaff 생선 또는 고기는 쌀 또는 보리와 조미해서 사용한다.

Pinoer 채소, 뼈 또는 닭이 수분이 생기기 전에 오븐에서 약간 색깔을 내주는 것

Piouep 비계를 정향 또는 마늘과 같이 끼워넣은 것

Piouer 고기 또는 가금류를 크고 가늘게 잘라 지방, 베이컨, 햄 또는 송로버섯 등을 삽입한다.

Plat A Sauter 바닥이 평평하고 낮은 팬

Pocher 냄비에 삶다. 데치다.

Pre-Sale 새끼양의 바다 가까운 목초지에서 기른다. 이것은 상당히 맛있는 고기에 속함

Primeur 채소, 과일 또는 새롭거나 얼마 안 된 포도주

Q

Quartiers 채소, 과일, 고기의 1/4분량

Quenelles 육류, 생선, 가금류 혹은 엽조류로 만든 덤플링(Dumplings)

R

Ragout 찜, 스튜

Raidoir 모양을 그대로 유지시키기 위해 고기나 재료에 끓는 듯한 기름을 빨리 부어 고기를 뻣뻣하게 하다. 표면을 단단하게 하다.

Raje ~을 갈다, ~을 긁다, ~을 갈기갈기 자르다(찢다).

Rapraichi 시원하게 하다. 술을 기분 좋게 한 잔하다.

Reduction 농축된 진한 맛을 내기 위해 액체를 끓여주는 것

Reovipe 소스와 스톡에 더 진한 농도와 풍부함을 주기 위해서 끓이는 것

Reposer 액체 또는 혼합물을 침전시켜 맑게 하기 위해 남겨두는 것

Rissoler 황금 갈색이 나게 튀기는 것. 또는 색깔을 주기 위해 뜨거운 지방 또는 버터에 넣어 뒤집는 것

Roux 밀가루와 혼합된 것

S

Sabayon 휘저은 달걀 노른자와 맛을 낸 액체를 크림과 같은 상태가 될 때까지 조리한 것

Saisir 스테이크 또는 다른 음식에 맛을 내기 위해서 강한 불로 튀기거나 굽는 것

Salamander 미리 준비된 음식. 즉 그라탱 요리 또는 글레이즈에 가스 기계 이용. 또는 위로부터 열이 가해지는 그릴형태

Salpicon 다양한 생산품의 혼합물을 주사위 모양으로 잘라 소스로 덮은 것

Sangler 빙과용의 얼음을 준비한다. 비율은 소금 1에 얼음 50이다.

Saumure 소금물

Saute 기름 또는 버터를 넣어 갈색이 나게 빠르게 볶아내는 것

Savces 미리 준비된 식품의 위 또는 둘레에 소스를 부어주는 것

Singer 안심 또는 닭의 가슴살, 야조 또는 생선이라는 명칭이 주어진 것

Sot-Liy-Laisse 닭 골반의 오목한 곳에 붙어 있는 맛 좋은 거무스름한 살점

T

Tomatee 준비된 다른 재료에 토마토 퓌레를 첨가하는 것

Tomber 채소와 버터를 섞어 물이 완전히 증발될 때까지 조리하는 것

Toque 주임요리사의 모자

Tournea 채소를 규칙적인 상태로 주는 것

Tranoher 얇게 저미다.

Troncons 가자미(넙치)뼈 위로 저민 것. 또는 생선이나 소꼬리를 두껍게 저민 것

V

Veloute 기본적인 소스

① 벨벳 또는 크림같이 부드러운 Potage Veloute

② 몸(체내)의 변화를 조절하는 것을 보조하기 위한 화학물질

참고문헌

강옥구 외, 최신서양조리기술, 도서출판 아트디자인, 2007.

고범석, 가드망제의 세계, 훈민사, 2006.

김동섭, 현대 서양조리 이론 및 실무, 백산출판사, 2015.

김동일 외, 전문서양요리, 대명사, 2008.

김헌철 외, 호텔식 전통 서양요리, 훈민사, 2007.

나정기 외, 프렌치쿠킹, 백산출판사, 2013.

롯데호텔 조리 직무 교재, 1997.

박경태 외, 글로벌 음식문화의 이해, 석학당, 2008.

박경태 외, 현대 서양조리 실무, 훈민사, 2004.

박희준, 와인 그리고 허브향이 그윽한 유럽의 코스요리, 현학사, 2007.

서민석 외, 기초서양조리, 효일, 2008.

송수익 외, 기초서양조리, 현문사, 2011.

안선정 외, 조리원리, 백산출판사, 2011.

염진철 외, 전문조리사를 위한 고급서양요리, 백산출판사, 2006.

염진철, 기초 조리이론과 조리용어, 백산출판사, 2007.

오석태, 애피타이저와 샐러드, 지구문화사, 2001.

오영섭 외, 고급서양조리예술, 백산출판사, 2008.

임성빈 외, 맛있는 프랑스요리, 굿러닝, 2008.

임효원 외, 서양조리실무, 훈민사, 2009.

정수식 외, 기초서양조리, 퍼시픽출판사, 2007.

최수근, 소스의 이론과 실제, 형설출판사, 1996

최수근, 최수근의 서양요리, 형설출판사, 1993.

최효근 외, 디저트의 이론과 실제, 형설출판사, 2000.

저자소개

김세한

경기대학교 일반대학원 관광학 박사
현) 서울롯데호텔 Sous Chef
대한민국 조리기능장
청운대학교 겸임교수
소믈리에타임즈 칼럼니스트
대한민국 조리국가대표 역임

정수식

경기대학교 일반대학원 관광학 박사
현) 동원대학교 호텔조리과 부교수
대한민국 조리기능장
서울프라자호텔 조리부 계장 역임
라마다르네상스호텔 과장 역임
그랜드인터컨티넨탈호텔 선임차장 역임

백태운

경기대학교 관광대학원 관광학 석사
현) 한화 호텔앤드리조트63 조리팀장
한국음식관광협회 이사
한국기능올림픽경기대회 심사위원
조리기능사 · 조리산업기사 심사위원
미국CIA 육류 특수부위 커리큘럼 이수

공석길

극동대학교 대학원 경영학 박사
현) 호원대학교 외식조리학부 교수
대한민국 조리기능장
WACS 세계국제요리대회 심사위원
노보텔앰배서더 강남호텔 총주방장 역임
동원대학교 겸임교수 역임

박경태

부경대학교 일반대학원 식품생명과학과 졸업, 이학석사
순천대학교 일반대학원 식품영양학과 졸업, 이학박사
경기대학교 일반대학원 외식조리관리학과, 박사수료
현) 가야대학교 호텔조리영양학과 교수
대한민국 조리기능장

김병일

경주호텔관광교육원 졸업
영산대학교 호텔관광학 석사
올림픽, 월드컵 급식전문위원
서울플라자호텔, 서울롯데호텔, 부산롯데호텔 조리장 근무
현) 동원과학기술대학교 호텔외식조리과 교수(학과장)

송수익

초당대학교 산업대학원 졸업(조리학 전공)
청주라마다플라자호텔, 리츠칼튼서울호텔, 노보텔앰배서더 강남호텔, 서울프라자호텔 근무
충청대학, 오산대학, 청강문화산업대학, 동남보건대학, 서원대학교 외래교수
현) 대원대학교 호텔조리계열 교수
대한민국 조리기능장

함형만

경기대학교 관광대학원 외식산업경영학과 관광학 석사
경기대학교 관광대학원 외식조리관리학과 관광학 박사
서울프라자호텔, 인터컨티넨탈호텔 근무
현) 동서울대학교 관광정보학부 호텔외식조리전공 교수

이재현

경기대학교 관광대학원 외식산업학과 졸업(석사)
Apro F&B 스테이크하우스 CEO
바비엥 레지던스호텔 조리부장(총책임자)
2002, 2012 서울국제요리대회 금상 수상/2013 한국국제요리경연대회 금상 수상
중국제남대학교 호텔관리학과 석좌교수
현) 한국호텔관광전문학교 서양조리교수

저자와의
합의하에
인지첩부
생략

고급 서양조리

2018년 3월 5일 초판 1쇄 인쇄
2018년 3월 10일 초판 1쇄 발행

지은이 김세한 · 정수식 · 백태운 · 공석길 · 박경태 · 김병일 · 송수익 · 함형만 · 이재현
펴낸이 진욱상
펴낸곳 (주)백산출판사
교 정 성인숙
본문디자인 장진희
표지디자인 오정은

등 록 2017년 5월 29일 제406-2017-000058호
주 소 경기도 파주시 회동길 370(백산빌딩 3층)
전 화 02-914-1621(代)
팩 스 031-955-9911
이메일 edit@ibaeksan.kr
홈페이지 www.ibaeksan.kr

ISBN 979-11-88892-16-7
값 30,000원